教育部人文社会科学研究青年项目

《两晋十六国时期"中国观"研究》（项目号 21YJC850015）资助

两晋与北方民族政权关系研究

庄金秋

著

辽宁人民出版社

©庄金秋 2024

图书在版编目（CIP）数据

两晋与北方民族政权关系研究 / 庄金秋著. — 沈阳：
辽宁人民出版社，2024.9. — ISBN 978-7-205-11250-9

Ⅰ. K280.037

中国国家版本馆CIP数据核字第2024PF4321号

出版发行：辽宁人民出版社
　　　　　地址：沈阳市和平区十一纬路 25 号　邮编：110003
　　　　　电话：024-23284325（邮　购）　024-23284300（发行部）
　　　　　http://www.lnpph.com.cn
印　　刷：辽宁新华印务有限公司
幅面尺寸：170mm×240mm
印　　张：16.75
字　　数：250 千字
出版时间：2024 年 9 月第 1 版
印刷时间：2024 年 9 月第 1 次印刷
责任编辑：顾　宸
封面设计：琥珀视觉
版式设计：▉ 鼎籍文化创意
责任校对：刘再升
书　　号：ISBN 978-7-205-11250-9

定　　价：68.00 元

目　录

绪 论

一、研究现状

目前，学术界已对两晋时期民族关系的相关问题做了比较深入的研究，取得了丰硕成果。主要集中在以下几个方面：

（一）北方民族在中原的发展及汉化

对北方民族及其政权发展的研究是学术界研究的主要内容之一，已取得了丰硕成果。如白翠琴先生的《魏晋南北朝民族史》[①]一书专门对魏晋南北朝时期鲜卑、匈奴、羯、氐、羌、夫馀、高句丽、挹娄、柔然、敕勒以及西域诸族、东南诸族、西南诸族、中南诸族进行了具体研究，全书从各民族的起源、社会状况、所建政权以及各民族在政治、经济、文化、外交等方面的政策进行了详尽的探讨，是我们了解这一时期民族史的一部重要参考文献。马建春的《中国西北少数民族通史·西晋十六国卷》[②]对匈奴、鲜卑、羌、氐、西域诸族的迁徙、分布、发展，以及他们所建政权的政治制度、法律制度、军事制度以及社会经济的发展等各方面均进行了系统的研究。王仲荦先生的《魏晋南北朝史》[③]，吕思勉先生的《两晋南北朝史》[④]，沈起炜的《细说两晋南北朝》[⑤]，万绳楠的《魏晋南北朝史论稿》[⑥]以及他整理的《陈寅恪魏晋南北朝史讲演

---

① 白翠琴：《中国历代民族史·魏晋南北朝民族史》，北京：社会科学文献出版社，2007年。
② 杨建新主编、马建春著：《中国西北少数民族通史·西晋十六国卷》，北京：民族出版社，2009年。
③ 王仲荦：《魏晋南北朝史》（上、下册），上海：上海人民出版社，1994年。
④ 吕思勉：《两晋南北朝史》（全二册），上海：上海古籍出版社，1983年。
⑤ 沈起炜：《黎东方讲史之续·细说两晋南北朝》，上海：上海人民出版社，2007年。
⑥ 万绳楠：《魏晋南北朝史论稿》，合肥：安徽教育出版社，1983年。

录》①，韩国磐的《魏晋南北朝史纲》②，杨建新先生的《中国西北少数民族史》③，唐长孺先生的《魏晋南北朝史论丛（外一种）》④，何德章的《中国魏晋南北朝政治史》⑤等对十六国的人口流动、胡族汉化、胡汉分治等方面的内容进行了详尽的阐述，系统论述了当时我国北方政局的变迁。罗宗真的《魏晋南北朝考古》⑥对这一时期的石窟、佛教遗址，帝王及世家大族的陵墓，以及出土的墓志、地券、手工业遗物等进行了论述，是我们研究两晋时期历史的宝贵财富。

除以上专著外，一些通史著作也从不同角度对两晋时期的历史进行了探究。如王锺翰先生的《中国民族史》⑦对鲜卑、匈奴、氐、羌、羯、西域诸民族都作了系统、全面的论述。赵信田的《北疆通史》⑧对鲜卑的崛起、柔然与敕勒的兴亡以及他们的经济、文化变迁问题进行了论述。钱穆先生的《国史大纲》⑨对北方形势变化、民族政权的汉化以及胡汉合作问题进行了论述。他的《中国通史参考资料》⑩为研究五胡的教育、礼乐提供了宝贵的参考资料。此外，范文澜先生的《中国通史》⑪，翁独健先生的《中国民族关系史纲要》⑫，白寿彝先生的《中国通史》⑬对北方少数民族首领及民族政权的发展变迁、胡汉融合、文化礼教等方面的内容进行了详尽的论述。

此外，还有专门介绍某一民族政权的专著，如马长寿先生在《北狄

---

① 万绳楠：《陈寅恪魏晋南北朝史讲演录》，贵阳：贵州人民出版社，2008年。
② 韩国磐：《魏晋南北朝史纲》，北京：人民出版社，1983年。
③ 杨建新：《中国西北少数民族史》，北京：民族出版社，2003年。
④ 唐长孺：《魏晋南北朝史论丛（外一种）》，石家庄：河北教育出版社，2000年。
⑤ 何德章：《中国魏晋南北朝政治史》，北京：人民出版社，1994年。
⑥ 罗宗真：《魏晋南北朝考古》，北京：文物出版社，2001年。
⑦ 王锺翰：《中国民族史》，北京：中国社会科学出版社，1994年。
⑧ 赵信田：《北疆通史》，郑州：中州古籍出版社，2003年。
⑨ 钱穆：《国史大纲》，北京：商务印书馆，2006年。
⑩ 钱穆：《中国通史参考材料》，澳门：东昇出版事业公司，1982年。
⑪ 范文澜：《中国通史》，北京：人民出版社，1994年。
⑫ 翁独健：《中国民族关系史纲要》，北京：中国社会科学出版社，1990年。
⑬ 白寿彝：《中国通史》，上海：上海人民出版社，2004年。

与匈奴》①一书第四节中专门对西晋入塞的匈奴以及十六国时期匈奴参与的民族运动进行了详尽的分析与研究。他的《氐与羌》②一书主要研究了魏晋时期氐族的分布与迁移,齐万年起义,前秦、后凉以及仇池建立的几个政权,对于羌族的研究则侧重于秦、雍、凉、益四州羌族的历史活动。林幹先生的《匈奴史》③一书专门对屠各、卢水胡、铁弗匈奴的活动及其所建政权进行了论述。

除专著外,近年来学术界发表了不少相关的论文,从不同层面对两晋时期民族关系史进行研究。首先是关于各民族融合的背景、进程、类型与影响等方面的研究。如白翠琴先生的《论魏晋南北朝民族融合对汉族发展的影响》④,《魏晋南北朝民族观初探》⑤及《论魏晋南北朝时期民族的迁徙与融合》⑥,周伟洲先生的《论魏晋南北朝时期北方的民族融合》⑦,蒋福亚先生的《魏晋南北朝的民族融合》⑧,胡祥琴的《民族政权构成与魏晋南北朝时期的胡汉融合》⑨,李克建的《再论魏晋南北朝的民族迁徙》⑩,钱国旗的《民族融合的良性发展模式——论南迁拓跋鲜卑与汉族的整合》⑪,郑小容的《慕容鲜卑汉化过程中所保留的本族文化》⑫等。

其次是关于民族政权的政治、经济、文化发展的研究。如李磊在

① 马长寿:《北狄与匈奴》,北京:生活·读书·新知三联书店,1962年。
② 马长寿:《氐与羌》,桂林:广西师范大学出版社,2006年。
③ 林幹:《匈奴史》,呼和浩特:内蒙古人民出版社,1977年。
④ 白翠琴:《论魏晋南北朝民族融合对汉族发展的影响》,《历史研究》1990年第3期。
⑤ 白翠琴:《魏晋南北朝民族观初探》,《民族研究》1993年第5期。
⑥ 白翠琴:《论魏晋南北朝时期民族的迁徙与融合》,《中央民族学院学报》1987年第1期。
⑦ 周伟洲:《论魏晋南北朝时期北方的民族融合》,《社会科学战线》1990年第3期。
⑧ 蒋福亚:《魏晋南北朝的民族融合》,《文史知识》1999年第12期。
⑨ 胡祥琴:《民族政权构成与魏晋南北朝时期的胡汉融合》,《西北第二民族学院学报》2005年第1期。
⑩ 李克建:《再论魏晋南北朝的民族迁徙》,《西南民族大学学报》2006年第7期。
⑪ 钱国旗:《民族融合的良性发展模式——论南迁拓跋鲜卑与汉族的整合》,《民族研究》1998年第4期。
⑫ 郑小容:《慕容鲜卑汉化过程中所保留的本族文化》,《西南民族大学学报》(人文社科版)2005年第2期。

《中华制度认同与后赵天王体制的演变》中指出后赵政权天王体制的尝试虽有一定突破，但并没有突破魏晋政权架构，体现了中华制度对少数民族政权的约束①。赵红梅在《慕容鲜卑"中国"认同观念探讨》②一文探讨了前燕对"中国"的历史认同、民族认同、政治认同、文化认同、国家认同。吴洪琳在《前秦苻氏的民族认同——兼谈其史书编撰》中探讨了在入主中原后前秦在民族认同上的模糊与混乱。③李椿浩发表了《陈元达与匈奴汉国政治》④《汉人王弥与匈奴汉国的地方政治》⑤及《匈奴汉国的中央官制特点》⑥等多篇文章对匈奴的政治问题进行探讨。罗君在《十六国匈奴政权特点》⑦一文中指出匈奴所建政权无论是政治制度、职官分配或是礼仪文化上都是胡汉结合，胡武汉文、胡重汉轻。其后又发表《十六国匈奴政权特色再探》一文，认为匈奴政权具有深厚的封建性，吸收汉族表层东西多，重封建礼法制度、文化建设而轻视经济建设。于志勇的《1995年尼雅考古的新发现》⑧一文对1995年尼雅遗址的考古发现作了详细的论述，对于我们了解当时的统治阶层、并进一步研究汉晋时期这一地区与中原的关系、与周边政权的关系以及它在丝绸之路上的作用等方面，提供了宝贵的材料。此外，吕一飞的《匈奴汉国的政治与氏羌》⑨，胡玉春的《大夏国铁弗匈奴社会经

① 李磊：《中华制度认同与后赵天王体制的演变》，《西南民族大学学报》（人文社科版）2021年第6期。

② 赵红梅：《慕容鲜卑"中国"认同观念探讨》，《黑龙江社会科学》，2017年第2期。

③ 吴洪琳：《前秦苻氏的民族认同——兼谈其史书编撰》，《西北民族论丛》2016年第2期。

④ [韩]李椿浩：《陈元达与匈奴汉国政治》，《唐都学刊》2006年第6期。

⑤ [韩]李椿浩：《汉人王弥与匈奴汉国的地方政治》，《西安文理学院学报》（社会科学版）2007年第1期。

⑥ [韩]李椿浩：《匈奴汉国的中央官制特点》，《中国边疆史地研究》2008年第4期。

⑦ 罗君：《十六国匈奴政权特点》，《西南师范大学学报》（人文社会科学版）2004年第2期。

⑧ 于志勇：《1995年尼雅考古的新发现》，《西域研究》1996年第1期。

⑨ 吕一飞：《匈奴汉国的政治与氏羌》，《历史研究》2001年第2期。

济状况探析》①，王志刚的《十六国北朝的史官制度与史学发展》②，牛润珍与杜英的《十六国史官制度述论》③，康亚军的《后赵国史研究》④，包文胜的《盛乐时期拓跋鲜卑历史初探》⑤，周平的《后秦史初探》⑥，魏益寿与吴晓轩的《罕见的后赵"丰货"》⑦，刘卫鹏的《咸阳出土后赵"丰货"钱》⑧也对民族政权的政治、经济、文化进行了深入探讨。

最后是对历史人物的研究。马建春的《中国西北少数民族通史·西晋十六国卷》⑨对刘曜、苻坚、乞伏国仁、秃发乌孤、吕光、姚兴、赫连勃勃、沮渠蒙逊、王猛等北方少数民族政权的重要人物均进行了全面论述。代表性的文章有崔明德教授的《苻坚评述》⑩、邓乐群的《刘渊宗汉立国的历史评价》⑪、何兹全的《苻坚和王猛》⑫、蒋福亚的《苻生论》⑬、刘国石的《十六国时期少数民族贵族的汉文化修养》⑭、李智文的《石勒改革略论》⑮、张秀平的《石勒军事战略述评》⑯、韩国磐的《谈谈石勒》⑰等。对这一时期人物的研究，多着重于从民族关系，民族关系思想的转变，政治、经济、文化的汉化等方面来对人物进行评述。

---

① 胡玉春：《大夏国铁弗匈奴社会经济状况探析》，《兰州学刊》2010年第3期。

② 王志刚：《十六国北朝的史官制度与史学发展》，《史学史研究》2008年第1期。

③ 牛润珍，杜英：《十六国史官制度述论》，《齐鲁学刊》1998年第4期。

④ 康亚军：《后赵国史研究》，兰州大学2005年硕士研究生学位论文。

⑤ 包文胜：《盛乐时期拓跋鲜卑历史初探》，内蒙古大学2005年硕士研究生学位论文。

⑥ 周平：《后秦史初探》，西北大学2010年硕士学位论文。

⑦ 魏益寿、吴晓轩：《罕见的后赵"丰货"》，《陕西金融》1995年第1期。

⑧ 刘卫鹏：《咸阳出土后赵"丰货"钱》，《陕西金融》1996年第5期。

⑨ 杨建新主编、马建春著：《中国西北少数民族通史·西晋十六国卷》，北京：民族出版社，2009年。

⑩ 崔明德：《苻坚评述》，《历史教学》1996年第12期。

⑪ 邓乐群：《刘渊宗汉立国的历史评价》，《南通大学学报》（社会科学版）2005年第4期。

⑫ 何兹全：《苻坚和王猛》，《历史教学》1963年第2期。

⑬ 蒋福亚：《苻生论》，《辽宁大学学报》1991年第5期。

⑭ 刘国石：《十六国时期少数民族贵族的汉文化修养》，《社会科学战线》2005年第6期。

⑮ 李智文：《石勒改革略论》，《河北大学学报》（哲学社会科学版）1989年第2期。

⑯ 张秀平：《石勒军事战略述评》，《民族研究》1987年第6期。

⑰ 韩国磐：《谈谈石勒》，《社会科学战线》1981年第3期。

（二）北方各民族政权的民族政策以及各政权之间的关系

除以上两个方面外，北方民族政权的民族政策以及民族关系也逐渐被学术界所关注，关于这方面的研究主要以论文为主。中国魏晋南北朝史学会编写的《魏晋南北朝史研究》①一书中论述了十六国时期的民族关系与苻坚的民族政策。其中吴孝铣在《试论秦王苻坚的民族政策》一文中将苻坚的民族政策从胡汉分治、任用汉人、宣扬封建文化等方面进行论述。崔明德教授的《中国古代和亲通史》②一书的绪论及第五章对魏晋南北朝时期民族政权之间的和亲关系进行了全面系统的研究，既对拓跋氏与匈奴，后秦与北魏，前燕与北魏，北凉与北魏，西秦与前秦、南凉的和亲进行了具体阐述，也对魏晋南北朝和亲的性质与特点进行了宏观论述，他指出魏晋时期的和亲多属结交军事同盟型，一方面少数民族上层人物纷纷建立政权，民族矛盾比较尖锐；另一方面抱有问鼎中原之志者甚多，互拉外援现象突出。

关于民族政策的代表文章有，潘云勇的《后赵民族政策研究》③对后赵政策的历史背景、胡汉分治政策、后赵对汉人的重用以及汉化措施、后赵民族政策的利弊进行了详细的论述。宋肃瀛的《论后赵和前秦的民族政策与宗教政策》④对两国的民族政策与宗教政策进行了评述。郭晓华的《试论十六国时期胡汉分治的几个问题》⑤对匈奴与羯所建政权的胡汉分治政策进行了论述，并对当时胡汉、汉族的民族观及其变化以及胡汉分治下的单于制度进行了分析。杨炳祥与陈金凤的《十六国时期胡汉合作的再认识》⑥对胡汉合作的特点、汉人在合作中的

---

① 中国魏晋南北朝史学会：《魏晋南北朝史研究》，四川：四川省社会科学院出版社，1986年。

② 崔明德：《中国古代和亲通史》，北京：人民出版社，2007年。

③ 潘云勇：《后赵民族政策研究》，西北师范大学2009年硕士研究生学位论文。

④ 宋肃瀛：《论后赵和前秦的民族政策与宗教政策》，《西南民族学院学报》（哲学社会科学版）1993年第6期。

⑤ 郭晓华：《试论十六国时期胡汉分治的几个问题》，四川大学2006年硕士学位论文。

⑥ 杨炳祥、陈金凤：《十六国时期胡汉合作的再认识》，《华中理工大学学报》（社会科学版）1998年第4期。

态度与作用等问题进行了探讨，有利于我们认识"胡汉合作"的现象
与本质。

关于各民族政权关系的代表文章有，陈勇的《拓跋嗣与姚兴联姻
考》①指出，在东晋、后秦与柔然的三重压力下，拓跋嗣选择与后秦联
姻，对《魏书》关于北魏与他国通婚用词提出质疑。陈勇的《汉国匈
奴与氐人联盟的解体——以刘乂案为中心》②与吕一飞的《匈奴汉国的
政治与氐羌》对匈奴汉国内部匈奴与氐、羌民族的联盟关系及其对汉
国的影响进行了探讨。李方的《前秦与西域东部关系考》③就前秦对西
域的管理问题进行了系统的论述。马志冰的《魏晋南北朝时期西域与
中原的贸易往来》一文对内地与西域的贸易往来进行了论述。赵越的
《前秦民族关系初探》④对前秦与北方周边政权、东晋的关系进行了论
述，较为系统地研究了前秦民族关系。姚宏杰的《参合陂之役前燕魏
关系略论》⑤对后燕与北魏由结盟到对抗的关系转变历程及其原因进行
了详尽的论述。

（三）西晋的民族政策以及东晋的北伐

关于两晋对内迁少数民族的政策，学术界主要以西晋初年的"徙戎
论"与东晋北伐为研究重点。如吕思勉先生的《两晋南北朝史》一书
在第一章第二节提到了"戎狄之患"，提出"远者宜结其欢心，致其乡
慕；近者宜加之绥抚，使获安生"，"移中国之民于塞外，以启穷荒；迁
四夷降者于域中，以资驾驭"⑥，并否定了"徙戎论"。中国魏晋南北朝
史学会编写的《魏晋南北朝史研究》一书，对魏晋南北朝史研究的现

---

① 陈勇：《拓跋嗣与姚兴联姻考》，《文史哲》2017年第5期。

② 陈勇：《汉国匈奴与氐人联盟的解体——以刘乂案为中心》，《历史研究》2009年第4期。

③ 李方：《前秦与西域东部关系考》，《新疆师范大学学报》（哲学社会科学版）2010年第
   2期。

④ 赵越：《前秦民族关系初探》，烟台大学2009年硕士学位论文。

⑤ 姚宏杰：《参合陂之役前燕魏关系略论》，《淮阴师范学院学报》（哲学社会科学版）2000
   年第1期。

⑥ 吕思勉：《两晋南北朝史》，上海：上海古籍出版社，1983年，第27、29页。

状、晋武帝的民族政策、王导与东晋的政治问题进行了论述。其中祝总斌的《评晋武帝的民族政策》一文，一改传统的对西晋民族政策的批评态度，他肯定了晋武帝的民族政策，认为西晋初年阶级矛盾与民族矛盾相对缓和，晋武帝在位期间两次大规模的反晋活动——刘猛、树机能起义另有原因，"它们的性质属于叛乱而不是起义"①。

　　东晋北伐是学术界研究的另一个重点。如田余庆先生的《东晋门阀政治》②一书对庾氏、桓氏、谢氏、刘裕等家族人物都作了非常详尽的论述，在《秦汉魏晋史探微》③一书中，他又对北府兵由组建到消亡以及它在重大历史事件中所发挥的作用都作了详尽的论述，为我们研究东晋北伐、东晋与北方民族政权的关系提供了更为广阔的背景空间。白寿彝的《中国通史》一书对祖逖、刘琨、王导、谢安、庾亮、陶侃、桓温、刘裕等北伐名将进行了深入探讨，为我们进一步研究南北方的民族关系、研究北伐提供了重要的参考资料。《细说魏晋南北朝史》一书对徙戎论、庾氏兄弟、殷浩与桓温北伐过程进行了详细的分析，为我们更为详尽、系统地了解这段历史起到了重要的辅助作用。杨德炳的《论祖逖与北伐》④对于祖逖在中国历史上的地位进行了评述。吴鈺鈺与林校生的《王导与"愦愦"之政与东晋初期的北伐问题》⑤认为祖逖北伐失败，主要是东晋统治集团没有真正支持过北伐，是当时东晋政策的失误。这是在 1985 年之前学术界普遍存在的观点，而在三年后刘伟航发表的《司马睿对祖逖北伐态度之我见》⑥对此提出了异议，他对东晋初年的政治、经济情况进行了具体分析，认为司马睿并非苟

① 中国魏晋南北朝史学会：《魏晋南北朝史研究》，成都：四川省社会科学院出版社，1986年，第204页。

② 田余庆：《东晋门阀政治》，北京：北京大学出版社，2005年。

③ 田余庆：《秦汉魏晋史探微》（重订本），北京：中华书局，2004年。

④ 杨德炳：《论祖逖与北伐》，《武汉大学学报》（社会科学版）1985年第2期。

⑤ 吴鈺鈺、林校生：《王导与"愦愦"之政与东晋初期的北伐问题》，《福建师范大学学报》（哲学社会科学版）1985年第4期。

⑥ 刘伟航：《司马睿对祖逖北伐态度之我见》，《许昌师专学报》（社会科学版）1988年第2期。

安江南，不支持北伐，而是受到客观条件的限制。郭丽萍的《北方少数民族统治与桓温北伐》①一文对北方民族政权的民族政策、汉化问题进行了论述，从而认为桓温北伐失败是因为北方建立了强有力的封建经济，而桓温北伐也并非民族战争而是封建政权间的地域争夺，所以得不到北方汉人的支持，难以成功。杨铭的《论刘裕北伐后秦之战及其历史影响——魏晋十六国时期民族战争的个例研究》②对刘裕北伐后秦的进程、胜利的原因以及北伐的影响进行了具体论述。此外，还有左华明的《刘裕北伐后秦考》③、杨铭的《论刘裕北伐后秦之战及其历史影响》④等文章都对北伐进行了较为深入的探讨。

（四）两晋与北方民族政权的关系

学术界在这方面的研究成果甚少。余太山先生的《西域通史》⑤对西晋与鲜卑在西域的斗争进行了论述，同时对西晋与西域的关系进行了详尽研究。周一良先生的《魏晋南北朝史札记》⑥一书中《王敦桓温与南北民族矛盾》一文对东晋北伐者及南北矛盾进行了深入系统的论述。陈金生在《中国古代民族关系中的质子研究》中对西晋与匈奴、鲜卑、羌、西域诸族的质子关系进行了全面的论述。

至今关于两晋与北方民族政权的关系，尚未引起学术界的广泛关注，文章有限。学术界仅对前燕、前秦与两晋的关系以及西晋对西域的统治政策进行过研究。关于前燕的研究文章主要有黄河的《慕容廆与两晋政治关系浅析》⑦、韩雪松与林革华的《慕容燕与两晋关系略

① 郭丽萍：《北方少数民族统治与桓温北伐》，《山西大学师范学院学报》（综合版）1991年第3期。

② 杨铭：《论刘裕北伐后秦之战及其历史影响——魏晋十六国时期民族战争的个例研究》，《西南民族大学学报》（人文社科版）2008年第2期。

③ 左华明：《刘裕北伐后秦考》，《武汉理工大学学报》（社会科学版）2007年第2期。

④ 杨铭：《论刘裕北伐后秦之战及其历史影响》，《西南民族大学学报》（人文社科版）2008年第2期。

⑤ 余太山：《西域通史》，郑州：中州古籍出版社，2003年。

⑥ 周一良：《魏晋南北朝史札记》，北京：中华书局，1985年。

⑦ 黄河：《慕容廆与两晋政治关系浅析》，《东北史地》2007年第4期。

论》^①、赵红梅的《两晋在慕容廆君臣中的地位与影响探论》^②、郭硕的《拓跋氏与魏晋政权的早期关系》^③。但是它们主要从前燕归附两晋后对前燕发展的影响方面来探讨，对前燕脱离东晋后的关系缺少研究。关于前秦的研究主要集中于淝水之战上，仅是两国关系中的一个方面，缺乏全面的研究。如曹永年与周增义的《淝水之战——前秦溃败原因之检讨》^④、孟永林与林双成的《苻坚"崇尚文教"与前秦败亡之原因》^⑤、常万生的《苻坚兵败淝水的军事因素》^⑥、万绳楠的《东晋的镇之以静政策和淝水之战的胜利》^⑦等。关于西晋与西域的关系，主要体现在西晋对西域的经营上。如周泓的《论魏晋十六国时期中原王朝对西域的管辖经营》^⑧一文从行政管辖与经济屯田两方面对中原对西域的经营进行了论述。何荣的《论魏晋南北朝时期中原与西域文化交流》^⑨对当时中原与西域在语言文字、礼仪风俗以及艺术等方面的交流进行了论述，认为中原与西域都是祖国历史的缔造者，同时也分享光辉灿烂的文化。

（五）北方民族政权对中原发展的影响

这主要体现在对中原经济、文化的影响上。如汤用彤在《汤用彤全集》（第一卷）^⑩中对两晋之际名僧、名士以及他们对佛教在中原的流

---

① 韩雪松、林革华：《慕容燕与两晋关系略论》，《东北史地》2008年第5期。
② 赵红梅：《两晋在慕容廆君臣中的地位与影响探论》，《学习与探索》2009年第4期。
③ 郭硕：《拓跋氏与魏晋政权的早期关系》，《烟台大学学报》（哲学社会科学版）2018年第6期。
④ 曹永年、周增义：《淝水之战——前秦溃败原因之检讨》，《内蒙古大学学报》（哲学社会科学版）1986年第1期。
⑤ 孟永林、林双成：《苻坚"崇尚文教"与前秦败亡之原因》，《社会科学战线》2006年第5期。
⑥ 常万生的《苻坚兵败淝水的军事因素》，《史学月刊》1984年第4期。
⑦ 万绳楠：《东晋的镇之以静政策和淝水之战的胜利》，《江淮论坛》1980年第4期。
⑧ 周泓：《论魏晋十六国时期中原王朝对西域的管辖经营》，《新疆师范大学学报》（哲学社会科学版）2003年第2期。
⑨ 何荣：《论魏晋南北朝时期中原与西域文化交流》，《新疆地方志》2005年第3期。
⑩ 汤用彤：《汤用彤全集》（第一卷），石家庄：河北人民出版社，2000年。

传与发展中所作的贡献进行了综合论述，有利于我们了解中原文化变迁，是少数民族为我国文化、宗教、哲学所作贡献的一个重要方面。王青的《石赵政权与西域文化》①从宗教、服饰、经济等方面论述了后赵统治者在中原对西域文化的提倡与传播。他的《论西域文化对魏晋南北朝道教的影响》②一文从方术、神话、服饰、音乐等方面分析西域文化对道教所产生的重大影响。华方田在《东晋十六国佛教》③一文中对十六国以及东晋政权对佛教发展所作的贡献以及佛教对中原文化的影响进行了具体论述。杨耀坤的《苻坚、姚兴与佛教》④对于苻坚、姚兴推行佛教政策进行了具体论述。

综上所述，学术界对两晋王朝及各民族政权的政治、经济制度、文化变迁都进行了较为深入的研究，这一时期民族关系的研究主要集中在北方各民族政权之间的关系上，而对于北方各民族政权与两晋的关系，或在论述其他方面时略有涉及，不够深入；或只针对某一政权如前秦、前燕与两晋的关系进行过较为深入的研究，但对于北方大部分少数民族建立的政权与两晋的关系则缺乏全面、深入、系统的探讨。

就整体而言，北方民族政权与两晋的关系是这一时期研究的一个薄弱环节，究其原因，大概有以下几个方面：第一，两晋尤其是东晋已经偏安江南，这一时期是各民族政权统治中原的时期，北方各民族是这一时期历史的活跃力量，学术界较多关注称霸中原的政权之间的关系，不太注意各民族政权与两晋的关系；第二，东晋与北方各民族政权南北相隔，他们的关系不及北方各民族政权的关系那么直接紧密；第三，这是中原历史上首次少数民族建立政权的时期，所以首先引起关注的就是这些少数民族及其所建立的政权，对这些政权与两晋的关系缺乏足够的重视。

---

① 王青：《石赵政权与西域文化》，《西域研究》2002年第3期。

② 王青：《论西域文化对魏晋南北朝道教的影响》，《世界宗教研究》1999年第2期。

③ 华方田：《东晋十六国佛教》，《佛教文化》2003年第5期。

④ 杨耀坤：《苻坚、姚兴与佛教》，《社会科学战线》1991年第2期。

笔者在充分吸收借鉴前人大量研究成果的基础上，从政治、经济、文化、阶级、民族等角度对两晋与北方民族政权的关系进行全面梳理和系统探讨，这对于全面、系统了解我国各民族及民族关系的发展历程都是十分重要的环节。

二、研究意义

两晋时期，是中国民族关系史上一个重要转型期。第一，少数民族入主中原，打破了汉族居中、四夷居边的格局。第二，胡汉合作出现新的局面，少数民族政权成为中原正统王朝，北方大族受其统领，与其合作。第三，各民族思想观念发生重大转变，少数民族政权逐渐汉化，并达成"华夷共祖"的共识，传统的"华夷之辨""尊夏贱夷"思想受到强烈冲击。第四，两晋时期是少数民族第一次大规模的主动以夏变夷、全方位汉化的时期，形成各民族相互交流与融合的第一次高潮。对于这样一个政权林立、各民族大变迁的具有鲜明民族特色的时代和有别于传统意义上的民族关系，无疑具有值得深入探讨研究的价值。

本书从政治、经济、文化、民族、阶级等方面对民族关系进行研究，从中找出两晋与北方民族政权关系的特征及发展趋势，有助于我们对两晋时期乃至中国历史上民族关系有一个较为清晰的认识，具体表现在以下几个方面：

其一，对于推动中国古代民族关系的研究具有重要意义。两晋时期民族关系不但是古代民族关系的组成部分，而且是我国历史上首次民族关系的大转折，它对于中国古代民族关系以及民族发展的影响都是不容忽视的。虽然从表面上看，各民族入主中原，是当时中原政局的主要活跃力量，但是两晋政权对中原、对各民族的影响也是潜移默化、不可忽视的。从目前研究成果来看，学术界对北方民族政权与两晋关系的研究还远远不够，忽视了两晋尤其是东晋对中原政局的影响。本书在弥补这一方面的不足，比较全面、系统地探讨两晋与北方民族政权的关系，对于研究两晋民族关系的历史作用以及中国古代民族关系的发展历程都是十分必要的。

其二，推动两晋历史的研究向纵深方向发展。两晋时期是我国北方民族十分活跃的历史时期，民族关系是两晋时期历史的重要组成部分，对南北关系的研究有利于完善两晋历史的研究，恢复两晋时期历史全貌。同时，两晋时期所建国家有二十余个，各民族政权之间的关系极其复杂，对两晋与北方民族关系的探讨可以完善两晋民族关系的研究体系。

其三，本书的研究也具有现实意义。魏晋南北朝时期是中国统一的多民族国家自秦汉形成以后第一次大分裂的时期，也是各民族相互交流、相互融合的时期，是中华民族形成与发展过程中的重要一环。我国是一个统一的多民族国家，在经济文化迅速发展的今天，能否处理好民族关系是关系国家统一、社会稳定、经济发展的重大问题。本书通过对两晋与各民族政权关系的研究，可以更好地为当前制定民族政策、处理现实的民族关系以及促进各民族全面发展提供历史和理论依据。

三、研究思路及研究方法

（一）研究思路

北方民族政权与两晋关系的研究主要从宏观与微观两个层面上进行。本书在宏观把握这一时期各民族发展与变迁的基础上，从微观上进一步研究每一民族政权与两晋的关系。最后，通过深入了解每一民族政权与两晋的关系，把握不同关系之间的联系、区别与发展，对这一时期民族政权与两晋的关系进行综合、深入的探讨，以恢复这一时期民族关系的原貌。

（二）研究方法

本书主要运用了以下几种研究方法：

1. 史料学方法。主要利用正史、古籍类书、相关考古资料与后人的研究成果等一系列资料。主要有以下几个方面：一是历史文献材料，主要有《晋书》《十六国春秋辑补》《南史》《北史》《魏书》《三国志》《资治通鉴》等；二是考古资料，主要是以出土的遗迹、遗物印证文献材料，通过与史料对比，得出更可信的研究结论。

2.个案研究与综合研究相结合。在了解两晋时期发展变迁的大背景下，去探究北方民族政权与两晋关系中的具体史实，再现当时民族关系；同时，在研究北方民族政权与两晋关系的特点、影响的同时，不忘结合具体个案，避免研究过于空泛。

3.比较研究法。将各民族政权与两晋关系的异同进行比较，将这一时期的民族关系与两汉、三国、曹魏时期的民族关系，以及与南北朝、隋唐关系进行比较，从而使研究能够与前后历史相衔接，避免研究陷于孤立。

4.运用多学科的知识和研究方法。民族关系的研究，涉及历史学、民族学、宗教学、文化史、边疆史、儒学史、地理学等多个领域，在研究民族关系的同时需要吸收、借鉴上述学科的研究成果，多角度地透视、研究两晋与各少数民族政权的关系。

四、研究重点、难点及不足

本书主要从以下三个方面入手，对两晋与北方民族政权的关系进行讨论。一是两晋时期各民族迁徙总体局势述略；二是两晋与各少数民族政权的关系；三是对两晋时期南北关系的特点及发展趋势等问题进行研究。本书主要以两晋与北方民族政权的关系、民族关系的特点及发展趋势、影响等内容为研究重点。

两晋时期，民族众多、迁徙频繁且相互混战，背景比较复杂。而关于少数民族的历史记载，多散见于汉族王朝历史的记载中，资料零散，对少数民族的记载不如汉族那么全面系统，所以在写作过程中，需要对材料进行整体把握，归纳整理，细心分辨。而且，在研究北方各民族政权与两晋关系的同时，必须了解、把握北方各民族政权之间的关系，以求全面了解当时的历史背景，使得研究更为精准。同时，我们还需注意，史书为汉人所编撰，不免受到当时民族观的局限；另外，受政治环境影响，曲笔现象也很突出。所以，我们在研读史书的同时，需要站在民族平等的立场上，并结合两晋时期的具体情况去研究。

两晋时期民族关系复杂，而且涉及政治、经济、文化、民族、阶级等多方面的交往，由于笔者积累尚浅，能力有限，对若干问题的把握难免力有未逮，或整体把握能力有限，或对问题的探讨不够深入，甚至由于笔者知识和理论水平所限，对某一问题的阐述或许会出现偏差，对于北方民族政权与两晋的关系研究还不够全面、深入。笔者将在今后加强对这些方面的研究，以弥补本书的不足。希望专家学者不吝批评指正。

第一章
两晋时期北方民族变迁概述

    两晋时期是中国历史上各民族最为活跃的历史时期，众多民族共同参与到社会的发展之中，汉族不再是唯一统治中原的民族，少数民族自此登上了历史舞台，在中国历史上发挥着越来越重要的作用。

第一节　西晋的兴衰

    关于西晋的发展，我们可以分为以下几个阶段：

一、司马氏家族的兴起

    据《晋书》载，司马氏为帝高阳之子重黎后裔，即夏官祝融。经历唐、虞、夏、商各朝，世代承袭这一官职。周朝改夏官为司马，周宣王时，赐司马作为族姓。楚汉之际，司马卬为赵国将领，与诸侯共伐秦国。秦国灭亡，司马卬被立为殷王，以河内为都。汉朝将其地定为郡，子孙长居于此，传第十二世至司马懿。

    司马懿生于东汉灵帝光和二年（179年），博学多闻，倾心儒学。建安六年（201年），曹操听闻司马懿声名而征召他作为上计掾人选，司马懿不愿失节效命曹操，托词拒绝。曹操任丞相后，强征司马懿为文学掾。建安二十四年（219年），孙权上疏称臣，并劝曹操称帝，司马懿对曹操说："汉运垂终，殿下十分天下而有其九，以服事之。权之称臣，天人之意也。虞、夏、殷、周不以谦让者，畏天知命也。"[1] 曹操虽早有称帝之心，但朝中官员拥汉者尚多，司马懿此言正中曹操之

---

[1] 《晋书》卷一《宣帝纪》，第1册，第2页。

意，因而得到曹操信任。

曹魏建立后，司马懿任太子中庶子，深得曹丕器重。曹丕即位后，司马懿常常参与重大决策，与陈群、吴质、朱铄共称四友。魏文帝临终任命司马懿、曹真、陈群等共同辅政，并嘱咐太子："有间此三公者，慎勿疑之。"①

太和元年（227年），魏明帝曹叡继位，改封司马懿为舞阳侯。六月，魏明帝令司马懿驻守宛，加都督荆、豫二州诸军事。太和四年（230年），司马懿升大将军，加大都督、假黄钺，与曹真共攻蜀国，遇大雨而还。次年，诸葛亮率军进犯天水，司马懿奉命驻守长安，都督雍州、凉州诸军事，率军讨伐诸葛亮，斩杀蜀军万余人。青龙二年（234年），诸葛亮率众十余万，屯兵于郿地渭水以南地区，司马懿再次迎战蜀军，双方对峙百余日，适逢诸葛亮病故，蜀军撤退。

延熙三年（240年），齐王曹芳继位，司马懿升任侍中、持节、都督中外诸军、录尚书事，和曹爽各自统兵三千，共同执掌朝政。正始八年（247年）四月，曹爽受何晏、邓飏等人蛊惑，"专擅朝政，兄弟并典禁兵，多树亲党，屡改制度。帝不能禁，于是与爽有隙"②。五月，司马懿称病不与朝政。次年三月，曹爽以为司马懿病重而欲废帝自立。嘉平元年（249年）正月，司马懿在高平陵发动政变，罢免曹爽兄弟官职，不久曹爽兄弟及其党羽以谋反罪被杀，并夷灭三族，司马懿独掌军政大权，司马氏家族自此开始把持朝政，为司马氏取代曹魏奠定了基础。

二、司马氏家族夺权

嘉平三年（251年）六月，司马懿崩，其长子司马师执政。正元元年（254年）正月，魏帝曹芳与中书令李丰、皇后父光禄大夫张缉、黄

---

① 《晋书》卷一《宣帝纪》，第1册，第4页。
② 《晋书》卷一《宣帝纪》，第1册，第16页。

门监苏铄、永宁署令乐郭、冗从仆射刘宝贤等人谋划以夏侯玄代替司马师辅政，反被司马师察觉。司马师杀害李丰，并将夏侯玄、张缉等人灭族。三月，司马师又逼曹芳废皇后张氏。此后，司马师为防曹芳夺权，密谋废黜曹芳。九月，司马师以失德为由将曹芳贬为齐王，立高贵乡公曹髦为帝。

正元二年（255年）正月，镇东大将军毌丘俭、扬州刺史文钦因不满司马师专权起兵反抗，假托太后令在郡国传檄文讨伐司马师，并派四子至吴为质以求援。二月，毌丘俭、文钦率众六万渡淮河西进，司马师亲自率众十万征讨，杀毌丘俭，文钦逃至吴国。不久，司马师因眼疾发作死于许昌。

司马师死后，其弟司马昭代为大将军、录尚书事。甘露二年（257年）五月，镇东大将军诸葛诞起兵寿春，讨伐司马昭，并以其子诸葛靓为质得到东吴支援。七月，司马昭与魏帝曹髦同至淮北征讨诸葛诞，次年，王师攻克寿春，夷灭诸葛诞三族。至此，王凌、李丰、夏侯玄、毌丘俭、诸葛诞等支持曹魏的势力基本被铲除。

景元元年（260年）四月，魏帝曹髦因司马氏三代辅政，政令非己所出，担心被废而召集百官计划放逐司马昭，不幸废除司马氏的行动再次失败，曹髦被刺死，曹璜被立为帝，曹璜即位后更名曹奂。在基本肃清曹魏势力后，灭吴蜀被提上日程。景元四年（263年）夏，司马昭征集各地兵众十八万，派钟会、邓艾、诸葛绪分兵三路伐蜀，十一月，蜀帝刘禅降。同年十月，魏帝封司马昭为晋公，以"并州之太原上党西河乐平新兴雁门、司州之河东平阳弘农、雍州之冯翊凡十郡，南至于华，北至于陉，东至于壶口，西踰于河，提封之数，方七百里"赐予司马昭，并"进公位为相国，加绿綟绶。又加公九锡，其敬听后命"[1]。其时，司马昭虽名为相国，却掌皇帝之权，魏帝所封官号，对于司马昭已形同虚设，司马昭曾屡次推辞魏帝所封官号。咸熙二年（265

---

① 《晋书》卷二《文帝纪》，第1册，第41页。

年），司马昭死，其子司马炎继任相国、晋王。十二月，司马炎代魏称帝，即晋武帝，封魏帝为陈留王，居邺宫。

三、西晋建立

司马炎称帝后，吸取曹魏亡国教训，在政治上大封同姓亲王。司马炎首次封王，就达二十七人，"封皇叔祖父孚为安平王，皇叔父干为平原王，亮为扶风王，伷为东莞王，骏为汝阴王，肜为梁王，伦为琅邪王，皇弟攸为齐王，鉴为乐安王，机为燕王，皇从伯父望为义阳王，皇从叔父辅为渤海王，晃为下邳王，瓌为太原王，珪为高阳王，衡为常山王，子文为沛王，泰为陇西王，权为彭城王，绥为范阳王，遂为济南王，逊为谯王，睦为中山王，陵为北海王，斌为陈王，皇从父兄洪为河间王，皇从父弟楙为东平王"①，此后又陆续增封，亲王达五十七人。这固然在初期加强了司马氏对全国的控制，但也为后来西晋亡国埋下了隐患。

司马炎执政后，采取了一些开明措施，革除前朝弊政。

首先，开通直言之路。泰始八年（272年），武帝与右将军皇甫陶议论国事，发生争执，散骑常侍郑徽请求责罚皇甫陶，武帝却说："谠言謇谔，所望于左右也。人主常以阿媚为患，岂以争臣为损哉！徽越职妄奏，岂朕之意。"②急于撇清与此事关系，罢免郑徽官职，以彰显贤德。

其次，减免租赋，鼓励农业生产。晋武帝下令"赐天下爵，人五级；鳏寡孤独不能自存者榖，人五斛。复天下租赋及关市之税一年，逋债宿负皆勿收。除旧嫌，解禁锢，亡官失爵者悉复之"③。泰始四年（268年）正月，武帝亲至藉田耕作，下令："方今阳春养物，东作始兴，朕亲率王公卿士耕藉田千亩。又律令既就，班之天下，将以

---

① 《晋书》卷三《武帝纪》，第1册，第52页。
② 《晋书》卷三《武帝纪》，第1册，第62页。
③ 《晋书》卷三《武帝纪》，第1册，第51页。

简法务本，惠育海内。宜宽有罪，使得自新，其大赦天下。"①泰始五年（269年），武帝再次告诫郡国官员要"务尽地利，禁游食商贩"②。次年，免除了陇西五郡遭敌寇入侵百姓租赋。

最后，实行德政。晋武帝令兼侍中侯史光等考察四方风俗，"除禳祝之不在祀典者"③，后有关部门请求建立七庙，武帝因徭役过重而不许。泰始四年（268年），武帝下令各郡国每三年巡行所属郡县一次，"见长史，观风俗，协礼律，考度量，存问耆老，亲见百年。录囚徒，理冤枉，详察政刑得失，知百姓所患苦。无有远近，便若朕亲临之。敦喻五教，劝务农功，勉励学者，思勤正典，无为百家庸末，致远必泥"④。

这些政策有利于统治阶级与人民共同为社会的稳定与发展而努力，在西晋初年确实出现了稳定的政治局面。

四、统一全国

在当时中国境内，尚有东吴与西晋分割天下，但吴国国主孙皓统治残暴，国力日衰，人心散乱，泰始十年（274年），吴国大将陆抗病死，东吴西线防御能力减弱。咸宁二年（276年），羊祜上表请求伐吴，"今江淮之难，不过剑阁；山川之险，不过岷汉；孙皓之暴，侈于刘禅；吴人之困，甚于巴蜀。而大晋兵众，多于前世；资储器械，盛于往时；今不于此平吴，而更阻兵相守，征夫苦役，日寻干戈，经历盛衰，不可长久，宜当时定，以一四海"⑤，但遭到贾充、荀勖等朝廷众臣反对。咸宁四年（278年），羊祜病重，再次陈说灭吴之计。同年，益州刺史王濬也上疏："臣数参访吴楚同异，孙皓荒淫凶逆，荆扬贤愚

---

① 《晋书》卷三《武帝纪》，第1册，第56页。
② 《晋书》卷三《武帝纪》，第1册，第58页。
③ 《晋书》卷三《武帝纪》，第1册，第53页。
④ 《晋书》卷三《武帝纪》，第1册，第57页。
⑤ 《晋书》卷三四《羊祜传》，第4册，第1018页。

无不嗟怨。且观时运，宜速征伐。若今不伐，天变难预。令皓卒死，更立贤主，文武各得其所，则强敌也。臣作船七年，日有朽败，又臣年已七十，死亡无日。三者一乖，则难图也，诚愿陛下无失事机。"[1] 贾充、荀勖等仍持反对意见，但此次晋武帝决心出兵。咸宁五年（279年）十一月，西晋分兵六路，共计二十万大军进攻东吴，晋军一路所向披靡，次年三月，孙皓降，东吴亡。

五、晋武帝后期的错误决策

司马炎称帝之初，"敷化导民，以佚代劳，以治易乱。……制奢俗以变俭约，止浇风而反淳朴。雅好直言，留心采擢，刘毅、裴楷以质直见容，嵇绍、许奇虽仇雠不弃。仁以御物，宽而得众"，所以"民和俗静，家给人足"[2]。但平吴后，"怠于政术，耽于游宴，宠爱后党，亲贵当权，旧臣不得专任，彝章紊废，请谒行矣"[3]，西晋已呈现腐败之风。司马氏历经几代方夺得大权，一统天下，然而却在第一任君主后期西晋就开始走下坡路。

与其他举措相比，晋武帝一生最大的过失莫过于传位给痴呆儿司马衷，此事与西晋的衰亡、司马氏家族的命运乃至整个中国各民族的命运都不无关系。而此事追根溯源要从晋武帝与贾充联姻说起，泰始七年（271年），晋武帝任命贾充都督秦、凉二州诸军事，赴西北平息拓跋秃发树几能叛乱。贾充不愿离开京师，托荀勖向武帝提出与太子结为姻亲。泰始八年（272年），贾充女贾南风被册封为太子妃。贾南风生性凶悍、诡诈，司马衷得以继承大统以及日后的八王之乱、西晋灭亡，都与她息息相关。

---

① 《晋书》卷四二《王濬传》，第4册，第1208页。
② 《晋书》卷三《武帝纪》，第1册，第81页。
③ 《晋书》卷三《武帝纪》，第1册，第80页。

六、八王之乱

太熙元年（290年）四月，武帝崩，司马衷继承帝位，即晋惠帝，尊皇后杨氏为皇太后，立妃子贾氏为皇后。武帝临终下诏杨骏与汝南王司马亮共同辅政，但最后被杨皇后篡改为杨骏单独辅政。晋惠帝痴愚，政权自然落入杨骏手中，而贾南风对此十分不满。永平元年（291年）三月，贾后与楚王司马玮联合发动政变，以谋反罪杀害太傅杨骏，并假托皇帝诏书将皇太后杨氏贬为庶人，迁到金墉城。自此，大权落入贾南风手中，而"八王之乱"也自此拉开了帷幕。

此后，贾后召大司马、汝南王司马亮为太宰，与太保卫瓘共同辅政。楚王司马玮因飞扬跋扈，不被司马亮与卫瓘所容，只好靠拢贾后。六月，贾后假托惠帝诏书，令楚王玮杀司马亮及卫瓘，又以司马玮擅杀二公罪将其杀害，"八王之乱"自此拉开序幕。

元康年间（291—299年），西晋在贾模、张华、裴頠主持下，政局比较平稳。永平九年（299年）十二月，贾后废太子司马遹为庶人，将司马遹及其子囚禁金墉城，杀太子母谢氏。次年三月，贾后矫诏在许昌杀害司马遹。贾后自以为除去多年心患，不料却招来杀身之祸。四月，梁王司马肜、赵王司马伦矫诏废贾后为庶人，不久，将其毒害。贾后党羽一并被清除，张华、裴頠也不例外。司马伦自称使持节、大都督、督中外诸军事、相国，辅佐皇帝。贾后死后，朝中无能制衡诸王者，于是诸王之间权力之争愈演愈烈。

司马伦不甘心辅佐晋惠帝，于永宁元年（301年）正月篡位，将司马衷迁至金墉城，称太上皇。三月，平东将军、齐王司马冏起兵讨伐司马伦，屯于阳翟。征北大将军、成都王司马颖，征西大将军、河间王司马颙，长沙王司马乂，豫州刺史李毅，兖州刺史王彦，南中郎将、新野公司马歆，皆举兵响应。四月，司马伦被杀，晋惠帝复位，齐王司马冏专政。

太安元年（302年）十二月，河间王司马颙上表言司马冏有篡位之心，与成都王司马颖、新野公司马歆、范阳王司马虓在洛阳会合，斩杀司马冏，长沙王司马乂掌权。司马颖、司马颙因不甘心司马乂专政，次年八月他们又起兵讨伐长沙王司马乂。太安三年（304年）正月，东海王司马越暗中拘捕司马乂，将其送至金墉城，并请晋惠帝下诏，罢免其官职，不久，被张方烧死。

永兴元年（304年）三月，惠帝以司马颖为皇太弟、都督中外诸军事、丞相，然而司马颖非人君之才，七月，东海王司马越挟惠帝讨伐司马颖。十二月，惠帝下诏罢免司马颖皇太弟身份，以豫章王司马炽为皇太弟。永兴二年（305年）八月，惠帝以司马越为太傅、录尚书事，掌管朝政，成都王司马颖在邺城被杀，河间王司马颙在赴洛阳途中被杀，"八王之乱"至此结束。同年十一月，惠帝中毒身亡，司马炽继承帝位，即晋怀帝，司马越独揽大权。

"八王之乱"持续十六年，社会生产遭受严重破坏，人民死伤、流亡不计其数，各地流民及反晋斗争不断，西晋统治陷入困境。惠帝本就痴傻，"政出群下，纲纪大坏，货赂公行，势位之家，以贵陵物，忠贤路绝，谗邪得志"[①]，而其后继者也多不能主持政局，所以"八王之乱"后，西晋已经进入末期。匈奴刘渊就是趁西晋内乱，以协助司马颖为名，召集匈奴人进入中原腹地，逐渐壮大的。

七、西晋灭亡

在"八王之乱"的同时，成汉李雄、匈奴刘渊分别建立政权。刘渊在北方建立政权，不断向西晋发起进攻。永嘉四年（310年），西晋京师洛阳已是四面受敌，而洛阳内部粮食匮乏，人心浮动，司马越杀害晋怀帝亲信中书令缪播、帝舅父王延等十多人，统治集团内部依然不团结。永嘉五年（311年）五月，晋怀帝本欲离开洛阳，但路遇强盗，只得返回。六月，刘曜、王弥攻入京城，俘获怀帝。永嘉七年（313年）二月，晋怀帝被刘聪杀害。

---

① 《晋书》卷四《惠帝纪》，第1册，第108页。

至此，西晋已近灭亡，但一些旧臣仍然怀有复兴晋室之念。晋怀帝侄子司马邺，被冯翊太守索綝、安夷护军麹允、安定太守贾疋等共同拥立为皇太子。永嘉七年（313年）四月，晋怀帝遇害消息传至长安，司马邺继承帝位，即晋愍帝。在麹允、索綝等人的奋力抵抗下，西晋又延续三年，建兴四年（316年）年底，长安城内饥荒严重，皇帝率群臣投降汉国，西晋灭亡。

第二节　东晋的兴衰

西晋灭亡第二年，琅邪王司马睿在建康称晋王，建宗庙社稷，改元建武，东晋自此始。东晋虽然已非中原政权，但是仍以正统自居，司马睿即晋王位，大赦天下，"其杀祖父母、父母，及刘聪、石勒，不从此令"[1]。次年，晋愍帝遇害消息传到建康，司马睿称皇帝，即晋元帝。

司马睿为司马懿曾孙，永嘉元年（307年），东海王司马越派司马睿镇守建邺，司马越参军王导随司马睿至建邺，这是东晋在江南立足之始。司马睿初到江南，既无名望又无功绩，江南士家大族多不归附，因得王导与王敦协助，才逐渐打开局面。为取得当地士族支持，司马睿以顾荣为军司马，贺循为参佐，王敦、王导、周顗、刁协皆引为心腹，待之以宾客之礼，于是"江东归心焉"[2]。永嘉五年（311年），洛阳陷落，北方士族大批南迁，司马睿多能重用其中贤士，东晋在江南逐步稳定下来。司马氏虽然得以在江南立足，皇权却被严重削弱，大权往往掌握在朝廷重臣手中，各方势力迭起、轮流掌权。

一、王敦之乱

晋元帝在江南得以立足，多依赖王导王敦兄弟，王敦镇守江左大镇，王导执掌朝政，时人称"王与马，共天下"。但王氏家族权势过

---

① 《晋书》卷六《元帝纪》，第1册，第145页。
② 《晋书》卷六《元帝纪》，第1册，第144页。

盛，必然引来晋元帝的猜忌。元帝启用琅邪王幕府旧人刘隗、刁协，抑制王导，王敦上疏希望元帝能信任王导。大兴三年（320年），元帝派司马承镇守湘州，并告诫他防范王敦。大兴四年（321年），元帝又任命戴渊为司州刺史，镇合肥，刘隗为青州刺史，镇淮阴。王敦无法容忍元帝一系列对自己的防范、抑制措施，在永昌元年（322年）发动政变。

永昌元年正月，王敦以讨伐刘隗为名，在武昌举兵，龙骧将军沈充率众响应。三月，元帝以王导为前锋大都督，戴若思为骠骑将军，丹阳各郡都加军号，加仆射周颙尚书左仆射，领军王邃为尚书右仆射，以太子右卫率周莚为冠军将军，统兵三千讨伐沈充，遣平南将军陶侃领江州，安南将军甘卓领荆州，牵制王敦后方。四月，王敦前锋攻陷石头城，建康大乱。王敦自称丞相、都督中外诸军、录尚书事，自封武昌郡公，食邑万户，晋元帝帝位名存实亡，其手下周颙、戴渊皆被杀害。十一月，晋元帝气恨而终，其子司马绍继位，即晋明帝。

王敦虽然手握重兵，却不得人心，其内部就有众多反对王敦起兵者。除乐道融、王峤、谢琨等人外，其家族内部王导、王舒、王允之也公开与王敦为敌。太宁元年（323年），王敦准备夺取帝位。四月，王敦屯兵姑孰的于湖城，迫近建康。次年，王敦病重，决定进攻建康，以求侥幸成功。

朝廷下诏谴责王敦罪行，加司徒王导为大都督、假节，领扬州刺史，以丹杨尹温峤为中垒将军，与右将军卞敦守石头；光禄勋应詹为护军将军、假节、督朱雀桥南诸军事；尚书令郗鉴为卫将军、都督从驾诸军事；中书监庾亮为左卫将军；尚书卞壸为中军将军。征召平北将军、徐州刺史王邃，平西将军、豫州刺史祖约，北中郎将、兖州刺史刘遐，奋武将军、临淮太守苏峻，奋威将军、广陵太守陶瞻等回京保卫都城。王敦此时已病入膏肓，以其兄王含为主帅，与钱凤、周抚、沈充等水陆军共五万人共攻建康。战争尚未结束，王敦已死，士气大损，军队连连战败，其部下也被斩杀。王敦之乱，使刚刚在江南稳定的东晋元气大伤。

太宁三年（325年）三月，立长子司马衍为皇太子。八月，太宰、西阳王司马羕，司徒王导，尚书令卞壸，车骑将军郗鉴，护军将军庾亮，领军将军陆晔，丹杨尹温峤受明帝诏命辅佐太子。八月，晋明帝驾崩，太子司马衍继位，是为晋成帝。

二、苏峻、祖约之乱

晋成帝年幼，庾太后临朝听政，王导与庾亮共同辅政，然实权却在庾亮一人之手。庾亮治国多有失误，又不能采纳良言，多次使东晋陷入危机。苏峻、祖约之乱，就是庾亮决策失误所致。

当时，陶侃、苏峻、祖约握有兵权，庾亮对三人持有戒心。咸和二年（327年），庾亮欲召苏峻入京为大司农，夺其兵权。王导、卞壸、温峤皆反对，但庾亮不肯听取忠言。苏峻不肯接受，遣使至建康，"昔明皇帝亲执臣手，使臣北讨胡寇。今中原未靖，无用家为，乞补青州界荒郡，以展鹰犬之用"[1]，被庾亮驳回。苏峻参军任让认为："事势如此，恐无生路，不如勒兵自守。"[2]于是，苏峻以讨伐庾亮为名，联合祖约作乱。十二月，彭城王司马雄、章武王司马休反叛，响应苏峻。

咸和三年（328年）二月，苏峻到达蒋山，王室军队连战皆败，尚书令、领军将军卞壸，丹杨尹羊曼，黄门侍郎周导，庐江太守陶瞻皆遇害，死亡数千人。庾亮与郭默、赵胤等逃往寻阳。司徒王导、右光禄大夫陆晔、荀崧等在太极殿护卫成帝，"百姓号泣，响震都邑"[3]，苏峻部队很快占领建康，挟持成帝。五月，吴兴太守虞潭与庾冰、蔡谟、王舒等在三吴起兵，反抗苏峻。温峤、庾亮与陶侃相约引兵直指建康，苏峻两面受敌。咸和三年（328年）九月，在与王室军事交战中，苏峻坠马被杀，叛军以苏峻弟苏逸为统帅。咸和四年（329年）正

---

① 《晋书》卷一百《苏峻传》，第8册，第2629页。
② 《晋书》卷一百《苏峻传》，第8册，第2629页。
③ 《晋书》卷七《成帝纪》，第1册，第172页。

月，冠军将军赵胤派部将甘苗在历阳战败祖约，祖约逃奔石勒，不久被害。二月，各路军攻克石头城，苏逸被杀。苏峻叛乱至此结束。咸康八年（342年）六月，晋成帝崩，弟司马岳继位，即晋康帝。

三、桓温专权

在以后十余年间，东晋统治集团虽然不甚和睦，但这一时段以对外北伐为主，内部并未出现叛乱事件，这种局面一直持续到桓温北伐失败。桓温是桓彝之子，北方士族。朝廷为驱逐庾氏势力，在庾翼死后，司马昱以桓温出任安西将军、持节、都督荆、司、雍、益、梁、宁六州诸军事，领护南蛮校尉、荆州刺史。桓温居形胜之地，为其日后专权打下了基础。

永和二年（346年），桓温率征虏将军周抚，辅国将军、谯王司马无忌以及建武将军袁乔进攻成汉，收复蜀地，威名大振。司马昱惧桓温势大难制，又重用殷浩，以期对桓温有所抑制。但殷浩不懂政治、军事，在北伐时屡屡失利，最后被桓温弹劾，贬为庶人。

永和十年（354年），桓温率军进攻关中。本欲借北伐提高威望，作为其夺权资本，但三次北伐两次失利，威名受损，桓温只好废帝，另立新帝，来增加威势。太和六年（371年）十一月，桓温赴京城，威逼司马奕退位，迎立会稽王司马昱为帝，是为简文帝。当时，因有司马奕的前车之鉴，简文帝即位后常常担心被废。咸安二年（372年）七月，简文帝死，其子司马曜继位，即孝武帝。桓温受遗命辅政孝武帝。宁康元年（373年）七月，桓温死，朝廷以右将军桓豁为征西将军，任命江州刺史桓冲为中军将军、都督扬豫江三州诸军事、扬州刺史，镇守姑孰。随着桓温死亡，东晋政治危机自然解除。

四、桓玄叛乱

孝武帝执政期间，正值前秦发展壮大，完成北方统一大业。太元八年（383年），苻坚率众南下，准备兼并东晋，统一全国，不幸却为东晋所败，非但没能统一南北，而且刚刚统一的北方再次陷入分裂，东晋得以继续偏安东南。

前秦威胁解除后，东晋内部再次出现叛乱。太元八年（383 年），孝武帝任命其弟司马道子为录尚书六条事。太元十年（385 年），谢安去世，司马道子领扬州刺史、录尚书事、都督中外诸军事，把持朝政。因司马道子宠信奸佞，卖官鬻爵，政刑紊乱，孝武帝对他多有不满。太元十五年（390 年），孝武帝任命王恭为都督青、兖、幽、并、冀五州诸军事，兖、青二州刺史，镇守京口，以节制司马道子。

太元二十一年（396 年），孝武帝被其宠姬所弑，太子司马德宗继位，即晋安帝。司马德宗是晋朝又一个愚痴皇帝，朝政继续由司马道子及其亲信王国宝把持。隆安元年（397 年）四月，王国宝劝司马道子裁减王恭、殷仲堪兵权，朝廷人心动荡。王恭遣使与殷仲堪商议讨伐王国宝，桓温之子桓玄也因仕途不得志而劝殷仲堪起兵，殷仲堪犹豫不决。王恭与庾楷起兵，讨伐王国宝。不久，王国宝、王绪被司马道子处死，王恭罢兵。

王恭罢兵后，司马道子以其子司马元显为征虏将军，又拉拢司马尚之与司马休之为心腹，共同谋划对付王恭、殷仲堪。隆安二年（398 年）七月，兖州刺史王恭、豫州刺史庾楷、荆州刺史殷仲堪、广州刺史桓玄、南蛮校尉杨佺期等再次谋反。北府兵刘牢之反对王恭起兵，将王恭擒获，送至建康。司马道子又任桓玄为江州刺史、杨佺期为雍州刺史，孤立殷仲堪，以桓脩代殷仲堪为荆州刺史，殷仲堪与桓玄、杨佺期渐生嫌隙。次年，桓玄发兵杀害杨佺期、殷仲堪。隆安四年（400 年），朝廷任命桓玄为都督荆、江、司、雍、秦、梁、益、宁八郡诸军事，领荆、江二州刺史，暂时安抚桓玄。

安帝元兴元年（402 年）三月，桓玄进入建康，废黜会稽王司马道子，杀司马元显。元兴二年（403 年）十二月，桓玄篡夺帝位，建国号楚，以安帝为平固王，囚禁在寻阳。桓玄上台后，骄奢荒淫，游猎无度，"大纲不理，而纠挞纤微……怨怒思乱者十室八九"[1]。元兴三年（404 年）二月，刘裕与毛璩、刘毅、何无忌等起兵讨伐桓玄，五月，桓玄被杀，桓楚政权灭亡，东晋大权落入刘裕之手。

五、孙恩、卢循起义

孙泰家族世奉天师道，后被孝武帝召至建康。隆安二年（398 年），孙泰以讨伐王恭为名征召士兵，三吴之人多依附于他。为防孙泰叛乱，司马元显将其诱杀，孙泰侄儿孙恩逃至海岛。次年十一月，孙恩进攻会稽，吴郡、临海、义兴、吴兴、会稽、永嘉、新安、东阳八郡皆起兵响应，部众发展到数十万。朝廷派会卫将军谢琰与辅国将军刘牢之镇压孙恩，官军训练有素，孙恩很快再次逃到海岛。

隆安三年（399 年）十月，东晋下令，"发东土诸郡免奴为客者，号曰'乐属'，移置京师，以充兵役"[2]，这不但使广大奴隶处境更加悲惨，而且损害了奴隶、佃客主人的利益。次年五月，孙恩伺机再次登陆，攻陷余姚、上虞。隆安五年（401 年）三月，孙恩进攻海盐，被刘裕所败。五月，孙恩进犯沪渎，杀吴国内史袁山松[3]，死者四千人。六月，孙恩至丹徒，建康内外全部戒严。十一月，刘裕大破孙恩军，孙恩实力大减，浮海远逃。

元兴元年（402 年）三月，孙恩寇临海，为临海太守击破，跳海而死。其余众数千人推举孙恩妹夫卢循为主，桓玄试图通过任命卢循为永嘉太守来安抚其势力。然而，卢循并未被收买，五月由临海进犯东阳，被刘裕击退。次年正月，卢循遣徐道覆进犯东阳，再次被刘裕击退。八月，刘裕屡破卢循，卢循浮海南走。元兴三年（404 年）十月，卢循寇南海，攻陷番禺。

---

① 《晋书》卷九九《桓玄传》，第8册，第2597页。
② 《晋书》卷六四《司马道子传》，第6册，第1737页。
③ 另作"袁崧"。参见《资治通鉴》卷一一二，"晋安帝隆安五年五月"条，第8册，第3523页。

义熙元年（405年）四月，卢循遣使进贡，时东晋刚刚平定桓玄之乱，无暇征讨卢循，任命卢循为广州刺史，徐道覆为始兴相，卢循部众与东晋建立名义上的臣属关系。为防刘裕对他们下手，徐道覆一直在做准备。义熙六年（410年）二月，趁刘裕北伐，徐道覆、卢循再次谋反。卢循进犯长沙，徐道覆进犯南康、庐陵、豫章等地，刘裕只得南归平叛。此次战争持续一年，直到十月，战争形势才偏向晋军，次年二月方平定叛乱。

六、刘裕篡权

在平定孙恩、卢循起义后，刘裕又平定蜀中割据势力，消灭后秦，进一步提高了在东晋的政治地位。此后，刘裕开始铲除异己。刘裕原与讨伐桓玄的何无忌、刘毅被合称为北府兵三强。何无忌在镇压卢循起义中被杀，刘毅虽然兵败，却也不肯向刘裕低头。义熙八年（412年）九月，刘裕抓获刘毅亲信刘藩、谢混，令其自杀。十月，刘裕与王镇恶共同讨伐刘毅，刘毅兵败自杀。刘毅死后，东晋豫州刺史诸葛长民感叹："'昔年醢彭越，今年杀韩信'，祸其至矣！"[1]次年三月，刘裕趁诸葛长民入建康，埋伏杀害诸葛长民。至此，刘裕铲除了异己，在东晋权势与日俱增。义熙十四年（418年）六月，刘裕任相国，进封宋公。十二月，刘裕缢杀晋安帝，立安帝弟司马德文为帝。元熙二年（420年）六月，司马德文被迫禅位于刘裕，东晋灭亡。

第三节　两晋时期北方民族的迁徙

魏晋时期，原居于周边的匈奴、鲜卑、羯、氐、羌等民族纷纷迁入中原，而原居中原的汉族则扩散向四边，形成前所未有的民族大迁徙与大融合。从迁徙的方向看，有游牧民族向中原的迁徙，中原汉族向东北、西北与江南的迁徙，各民族在中原的流动，少数民族在边疆

---

① 《资治通鉴》卷一一六，"晋安帝义熙八年十一月"条，第8册，第3655页。

地区的迁徙流动。至西晋初年，匈奴人分布在平阳、西河、太原、新兴、上党、乐平等地，羯族集中于并州上党的武乡、新兴、羯室等地，氐、羌分布在雍、凉、秦、益四州，鲜卑则由东北向西北与中原迁徙，跨度较大，其中慕容鲜卑分布地区至河北、山东、山西、河南、辽宁等地，拓跋鲜卑最终统一北方，散布于北方各地，西部鲜卑则分布于河湟地区。关于各民族发展与迁徙详情，笔者将在后面作具体论述。在此，我们先了解一下民族迁徙的原因和特点。

一、北方民族迁徙的原因

在经历秦汉四百余年统一后，中国再次进入分裂、动乱时期。两晋十六国上承三国曹魏，下接南北朝，各民族迁徙频繁、中原兵戈抢壤。据不完全统计，仅西晋初年中原少数民族人口已在三百万以上，之所以会出现上述情况，与统治者的民族政策、社会环境以及自然环境等因素密不可分。

其一，统治者的招引与强制迁徙政策。东汉末年以来，各地封建军阀长期混战，中原地区人口大量死亡，生产遭到严重破坏，三国及西晋统治者为补充兵源、发展生产，鼓励甚至强制少数民族入迁。时各方军阀军队中往往是戎夷共存，董卓军中杂有"并、凉之人，及匈奴、屠各、湟中义从、西羌八种"[1]，蜀汉精锐部队也有賨、叟、青羌等民族。《三国志·魏书·梁习传》记载，梁习对胡狄"诱谕招纳，皆礼召其豪右，稍稍荐举，使诣幕府；豪右已尽，乃次发诸丁强以为义从；又因大军出征，分请以为勇力。吏兵已去之后，稍移其家，前后送邺，凡数万口；其不从命者，兴兵致讨，斩首千数，降附者万计"[2]。西晋延续了曹魏这一政策，"诸部亦以匈奴胡人为田客，多者数千"[3]，氐

---

① 《后汉书》卷七〇《郑太传》，第8册，第2258页。
② 《三国志》卷十五《魏书·梁习传》，第2册，第469页。
③ 《晋书》卷九三《王恂传》，第8册，第2412页。

羌 "或侪僵于豪右之手，或屈折于奴仆之勤"①。晋武帝在位时，仅匈奴入塞者就有三十万左右。

进入东晋十六国时期，少数民族入主中原，为加强对其他各族的监控、发展生产、掠取兵源，各政权统治者常常大规模强制迁徙各族人民。大规模强制迁徙各族人口是十六国政权的一大特点，如匈奴汉国刘渊在其徙都平阳时，将民户也迁到平阳。永嘉六年（312年），刘曜与晋军连战皆败，"驱掠士女八万余口退还平阳"②。冉闵之乱时，青、雍、幽、荆地区氐、羌、胡、蛮数百万各还本土。在灭后燕后，前秦苻坚将关东胡汉人民十万户迁至关中。

其二，受自然或社会环境影响，各族人民为生存主动迁徙。自东汉始，我国气候逐渐变冷，自然灾害频发，"终魏晋之世，黄河、长江两流域间，连岁凶灾，几无一年或断。总计二百年中，遇灾凡三百零四次。其频度之密，远逾前代。举凡地震、水、旱、风、雹、蝗螟、霜雪、疾疫之灾，无不纷至沓来，一时俱见"③。在这种情况下，游牧民族不得不寻求新的生存空间。西晋初年，南匈奴及一部分羌人在得到西晋政府同意后自愿迁入塞内。东晋十六国时期，中原、关中、河东、河北、淮北等地战乱不止，人民为逃避战乱、饥荒、自然灾害以及阶级压迫、民族压迫，往往会迁至相对安定的地区。因前凉社会秩序相对稳定，"中州避难来者日月相继"④。《晋书·食货志》载："刘曜之逼，朝廷议欲迁都仓垣，人多相食，饥疫总至，百官流亡者十八九。"⑤晋朝统治中心南移后，为避战乱，大量汉族人民随晋室南迁，形成我国历史上第一次北方人口南迁的高潮。

总之，民族迁徙的主要原因在于各民族间交往的加强以及当时动乱

---

① 《后汉书》卷八七《西羌传》，第10册，第2899页。

② 《晋书》卷一〇二《刘聪载记》，第9册，第2662页。

③ 邓云特：《中国救荒史》，上海：上海书店，1984年影印版，第12—13页。

④ 《晋书》卷八六《张轨传》，第7册，第2225页。

⑤ 《晋书》卷二六《食货志》，第3册，第791页。

的政局，民族迁徙仍然是民族矛盾与阶级矛盾的结果，所以这一时期的民族迁徙具有民族与阶级的双重属性。

二、北方民族迁徙的特点

两晋时期的民族变迁，无论是从广度还是深度上来说，都是十分突出的。除迁徙原因复杂外，还有如下几个方面的特点：

第一，迁徙民族多，人口数量大。这一时期迁徙的少数民族包括匈奴、氐族、羌族、乌桓、羯、卢水胡、吐谷浑、鲜卑、柔然、敕勒、俚等，"粗略统计，自汉至晋，内徙匈奴有五六十万人，羯族最少也有二十余万，氐族有七八十万，羌族和氐族大体相当，乌丸有二三十万，鲜卑更多，将近三百万，总数几乎达到五六百万"[①]。

第二，迁徙范围广。汉族由中原腹地向周边地区扩散，一部分随晋朝重心南移，迁至淮河、长江、珠江流域，还有一部分北方汉人向东北慕容鲜卑、西北五凉等相对安定的地区迁徙。而少数民族也辗转于整个北方地区，如吐谷浑由东北迁往西北，匈奴、鲜卑、羯、氐、羌等内迁民族则在社会环境的推动下活跃于中原舞台，不断迁徙流动。

第三，迁徙方向不定，打破了原有的人口分布格局。西晋初期的民族迁徙，虽然使大量少数民族进入中原腹地，但是它是在西晋政府的引导下逐步实现的，中原仍是由西晋汉族政权所统治。而进入东晋十六国后，东晋汉族政权南迁，北方中原政权更迭频繁、政治中心不断转移，人口流动也表现得极其频繁与错杂。各族统治者出于本政权需要往往强制迁徙民众至政治中心，因政权存在时间短暂，无法形成统一的规划。

第四，强迫迁徙是这一时期的突出特点。中原战乱不止，人口大量减少，各族统治者为发展生产、增加军事实力以及加强对各民族的监控，不断强迁各族人民，如前赵刘曜徙氐、羌二十万充实长安，后赵

---

① 蒋福亚：《魏晋南北朝的民族融合》，《文史知识》1999年第12期。

石虎徙雍、秦二州华戎十余万户至关东。

综上所述，中国传统政治格局是汉族居中、四夷居边，各民族虽有交流，却各有自己的社会组织、生活方式、风俗习惯。经过魏晋长期的民族迁徙后，各族之间错居杂处，打破了各民族固有的居住环境以及长久以来形成的社会组织。迁徙过程虽伴有阶级压迫、民族压迫、民族隔阂、残酷战争等各种社会问题，但却在客观上推动了各民族间相互融合与交流，引起了包括汉族在内的各民族在政治、经济、文化、语言、风俗习惯、宗教信仰等方面的变迁，丰富了各民族的物质文化与精神文化，使各民族间联系更为密切，当时中国的政治格局发生巨大变化。

第四节　西晋关于民族问题的大讨论

西晋时期，少数民族大量入迁，一度引起朝臣的重视。在关于如何对待少数民族入迁问题上，西晋统治集团内部一直存在着两种观点，一种认为夷夏有别，提出了"徙戎论"，以傅玄、郭钦、江统等为代表；另一种则鼓励少数民族入迁，以晋武帝、阮种、王浑等为代表。

一、徙戎论

早在两周时，汉族前身——华夏族已经形成了非我族类、其心必异的观点。春秋战国时期，随着民族战争与民族交往日益增多，汉族政治家、思想家形成了系统的夷夏之别、夷不乱华、尊王攘夷的观点。曹魏时期，邓艾提出"离国弱寇"与"以渐出之"的主张。邓艾认为大量鲜卑入塞，势必危害中原，上疏曰："戎狄兽心，不以义亲，强则侵暴，弱则内附，故周宣有猃狁之寇，汉祖有平城之围。每匈奴一盛，为前代重患。自单于在外，莫能牵制长卑。诱而致之，使来入侍。由是羌夷失统，合散无主。以单于在内，万里顺轨。今单于之尊日疏，外土之威浸重。则胡虏不可不深备也。闻刘豹部有叛胡，可因叛割为二国，以分其势。去卑功显前朝，而子不继业，宜加其子显号，使居雁门。离国弱寇，迫录旧勋，此御边长计也"，又说："羌胡与民同处者，宜以渐出之，使居民表崇廉耻之教，塞奸宄之路。"①但是由于形势所迫，在正元三年（256年）至景元四年（263年）间，邓艾在都督陇右时，将鲜卑各部数万人迁到河西陇右的雍、凉二州之间。可见，严守夷夏之防的邓艾在时局面前也不得不妥协。

到西晋时期，少数民族入迁规模有增无减，傅玄、郭钦与江统等人再次对这一问题提出了对策。泰始四年（268年），傅玄上疏："臣以为胡夷兽心，不与华同，鲜卑最甚。本邓艾苟欲取一时之利，不虑后患，使鲜卑数万散居人间，此必为害之势也。秦州刺史胡烈素有恩信于西方，今烈往，诸胡虽已无恶，必且消弭，然兽心难保，不必其可久安也。若后有动衅，烈计能制之。惟恐胡虏适困于讨击，便能东入安定，西赴武威，外名为降，可动复动。此二郡非烈所制，则恶胡东西有窟穴浮游之地，故复为患，无以禁之也。"②傅玄主要针对鲜卑大量入迁而提出，他认为鲜卑本是野蛮民族，在其弱小之时，尚能受制于西晋，在其强大后，必会成为国家祸患。所以，他提出"更置一郡于高平川，因安定西州都尉募乐徙民，重其复除以充之，以通北道，渐以实边。详议此二郡及新置郡，皆使并属秦州，令烈得专御边之宜"③。

三年后，匈奴右贤王刘猛叛乱。次年，郭钦上疏："戎狄强犷，历古为患。魏初人寡，西北诸郡皆为戎居。今虽服从，若百年之后有风尘之警，胡骑自平阳、上党不三日而至孟津，北地、西河、太原、冯翊、安定、上郡尽为狄庭矣。宜及平吴之威，谋臣猛将之略，出北地、西河、安定，复上郡，实冯翊，于平阳已北诸县募取死罪，徙三河、三魏见士四万家以充之。裔不乱华，渐徙平阳、弘农、魏郡、京兆、上党杂胡，峻四夷出入之防，明先王荒服之制，万世之长策也。"④

① 《三国志》卷二八《邓艾传》，第3册，第776页。
② 《晋书》卷四七《傅玄传》，第5册，第1322页。
③ 《晋书》卷四七《傅玄传》，第5册，第1322页。
④ 《晋书》卷一○一《刘元海载记》，第9册，第2644页。

这是郭钦首次提出徙戎主张，意欲恢复中原旧有统治秩序。上郡与冯翊地区汉人较少，所以其主张实际上是将匈奴等少数民族聚居在一起，使胡汉分离，夷不乱华。郭钦的主张并未被晋武帝采纳，之后仍然有大量匈奴人进入中原。

元康四年（294 年），齐万年起兵，关陇地区为氐、羌所扰，王统"深惟四夷乱华，宜杜其萌，乃作《徙戎论》"①，对徙戎作了系统的阐述，着重论述了关中氐、羌、匈奴各族内迁，提出一旦"蕃育众盛，则坐生其心"，"居封域之内，无障塞之隔，掩不备之人，收散野之积，故能为祸滋扰，暴害不测"②。

综上所述，关于徙戎原因主要有以下几个方面：第一，强调"非我族类，其心必异，戎狄志态，不与华同"③，胡汉"言语不通，赘币不同，法俗诡异，种类乖殊"④。少数民族内徙，打破了社会的正常秩序。第二，认为关中土地肥沃，应由汉人居住。"厥田上上，加以泾、渭之流溉其舄卤，郑国、白渠灌浸相通，黍稷之饶，亩号一钟，百姓谣咏其殷实，帝王之都每以为居，未闻戎狄宜在此土也。"⑤对于当初统治者徙戎之由，江统认为"以四海之广，士庶之富，岂须夷虏在内，然后取足哉！"⑥第三，防止戎狄势强，危害中原。认为少数民族"性气贪婪，凶悍不仁，四夷之中，戎狄为甚。弱则畏服，强则侵叛"⑦，"咸熙之际，以一部太强，分为三率。泰始之初，又增为四。于是刘猛内叛，连结外虏。近者郝散之变，发于谷远。今五部之众，户至数万，人口之盛，过于西戎。然其天性骁勇，弓马便利，倍于氐羌。若有不

---

① 《晋书》卷五六《江统传》，第5册，第1529页。
② 《晋书》卷五六《江统传》，第5册，第1532页。
③ 《晋书》卷五六《江统传》，第5册，第1531—1532页。
④ 《晋书》卷五六《江统传》，第5册，第1532页。
⑤ 《晋书》卷五六《江统传》，第5册，第1531页。
⑥ 《晋书》卷五六《江统传》，第5册，第1534页。
⑦ 《晋书》卷五六《江统传》，第5册，第1530页。

虞风尘之虑，则并州之域可为寒心"①。当然，江统也意识到，少数民族的反抗与当地官员管理失当有关，"士庶玩习，侮其轻弱，使其怨恨之气毒于骨髓"②。但是因为江统对少数民族持有偏见，几乎没有将此考虑在内。

鉴于以上原因，江统提出了徙戎之策。旧有华夷格局为夷狄"或居绝域之外，山河之表，崎岖川谷阻险之地，与中国壤断土隔，不相侵涉，赋役不及，正朔不加，故曰'天子有道，守在四夷'"③，他认为应该恢复这样的统治秩序，"宜及兵威方盛，众事未罢，徙冯翊、北地、新平、安定界内诸羌，著先零、罕、析支之地；徙扶风、始平、京兆之氐，出还陇右，著阴平、武都之界。禀其道路之粮，令足自致，各附本种，反其旧土，使属国、抚夷就安集之。戎晋不杂，并得其所，上合往古即叙之义，下为盛世永久之规。纵有猾夏之心，风尘之警，则绝远中国，隔阂山河，虽为寇暴，所害不广"④。

二、晋武帝的民族政策

对于徙戎论，晋武帝及多数朝臣是持反对意见的。多数朝臣及豪强地主出于政治、经济等方面的考虑，支持少数民族内迁。阮种提出，"臣闻王者之伐，有征无战，怀远以德，不闻以兵"⑤，也即是表明以恩德安抚少数民族，与江统强制将少数民族迁出的建议是相左的。王浑则更是忽略了华夷之别，对匈奴刘渊"虚襟友之"⑥，并多次向晋武帝举荐刘渊。晋武帝没有对傅玄、郭钦、江统三人作出回应，之后不断有少数民族迁入，晋武帝也并没有禁止，已经表明了他的态度。

西晋鼓励少数民族入迁的目的决定了入迁的少数民族必然会受到

① 《晋书》卷五六《江统传》，第5册，第1534页。
② 《晋书》卷五六《江统传》，第5册，第1532页。
③ 《晋书》卷五六《江统传》，第5册，第1529页。
④ 《晋书》卷五六《江统传》，第5册，第1532页。
⑤ 《晋书》卷五二《阮种传》，第5册，第1445页。
⑥ 《晋书》卷一〇一《刘元海载记》，第9册，第2646页。

剥削与压迫。虽然剥削不可避免，但是晋武帝在位时期较为注重吏治与缓和阶级矛盾，实行了比较宽松的民族政策，招引了大量少数民族入迁。江统在《徙戎论》中说，"且关中之人百余万口，率其少多，戎狄居半"①，表明这一时期少数民族的数量已经相当可观，对他们征收贡赋成为政府一项重要的经济来源，也可以进一步加强对少数民族的统治。匈奴在初入中原时，政府对其是免贡赋的，"与编户大同，而不输贡赋"②，政府主要目的在于发展关中地区。其后统治者将其纳入编户，并征收赋税，但是他们的贡赋较汉族为轻，户调为汉族的"三分之二，边远者三分之一"③，田租"夷人输賨布，户一匹，远者或一丈。……远夷不课田者输义米，户三斛，远者五斗，极远者输算钱，人二十八文"④，《晋书》称："赋税平均，人咸安其业而乐其事。"⑤

少数民族内迁，之所以得到众多官吏及豪强地主的支持，与他们自身的利益是密不可分的。内迁少数民族除被政府征发为兵外，还常常被豪强地主虏为奴婢、佃客。由于汉族人口的减少，汉族豪强多将少数民族当作奴隶进行买卖，对他们进行经济剥削。不仅在边疆地区，就是京师内也有不少少数民族为奴者。"魏氏给公卿已下租牛客户数各有差，自后小人惮役，多乐为之，贵势之门动有百数。又太原诸部亦以匈奴胡人为田客，多者数千。"⑥不但少数民族平民被纳入编户，卖为奴婢，就是曾经强盛的匈奴贵族在这一时期也失去了往日的权力。匈奴刘渊叔祖刘宣曾言，"我单于虽有虚号，无复尺土之业，自诸王侯，降同编户"⑦，"晋为无道，奴隶御我"⑧。而后赵建立者石勒，年少时便为

---

① 《晋书》卷五六《江统传》，第5册，第1533页。
② 《晋书》卷九七《北狄匈奴传》，第8册，第2548页。
③ 《晋书》卷二六《食货志》，第3册，第790页。
④ 《晋书》卷二六《食货志》，第3册，第790页。
⑤ 《晋书》卷二六《食货志》，第3册，第791页。
⑥ 《晋书》卷九三《王恂传》，第8册，第2412页。
⑦ 《晋书》卷一〇一《刘元海载记》，第9册，第2647页。
⑧ 《晋书》卷一〇一《刘元海载记》，第9册，第2648页。

人耕作，并州饥荒时更被卖为奴。

从西晋政府政策看，晋武帝还是以恩德安抚为主，注重缓和阶级矛盾与民族矛盾。但是，因为当地官员及豪强对少数民族的压迫、剥削，所以民族矛盾在一定范围内有可能激化，最后演变为民族起义。而在任的官吏不但统御失当，在民族起义爆发后也无能力应对。《晋书·陈骞传》载："胡烈、牵弘皆勇而无谋，强于自用，非绥边之才。"①《晋书·阮种传》载："自魏氏以来，夷虏内附，鲜有桀悍侵渔之患。由是边守遂怠，郭塞不设。而今丑虏内居，与百姓杂处，边吏扰习，人又忘战。受方任者，又非其材，或以狙诈，侵侮边夷；或干赏啗利，妄加讨戮。夫以微羁而御悍马，又乃操以烦策，其不制者，固其理也。"②元康七年（297年），"关中饥，米斛万钱，……饥疫荐臻，戎、晋并困，朝廷不能振，诏听相卖鬻"③，秦、雍等六郡豪强和巴氏首领李特率领当地汉、賨、氐等各族十余万人在四川绵竹起义。所以，西晋初年边患，主要是用人不当，官吏及当地豪族对少数民族的压迫所致，少数民族内迁不应视为边患的缘由。

综上所述，我们可以得出以下几点认识：

1. 徙戎论是华夷之辨的反映，它认为少数民族入居中原违背正常统治秩序，会给中原带来祸患。这种观点不利于汉族与其他民族的融合，只会加深民族隔阂，在当时已经违背历史发展的趋势，是排斥、拒绝异族文化的狭隘民族观。

2. 徙戎论是脱离当时实际的。自东汉末年以来，中原混战不止，汉族人口锐减，急需少数民族入迁补充劳动力，少数民族入迁无论是对于中原经济的恢复与发展，还是少数民族自身的文化进步都无疑具有积极的历史意义。大量少数民族内迁，是多方面原因共同作用的结果，是历史的必然，徙戎只会造成历史的倒退、社会的变乱。此外，

---

① 《晋书》卷三五《陈骞传》，第4册，第1036页。
② 《晋书》卷五二《阮种传》，第5册，第1445页。
③ 《晋书》卷二八《五行中》，第3册，第839页。

数以百万的少数民族响应魏晋政府号召逐步迁入中原，一时间强迫他们全部迁出，势必会造成人心散乱，引起反抗，徙戎只会加剧民族矛盾。

3. 大量少数民族的内徙与繁衍，确实对中原政权的稳定带来一定威胁。在少数民族入迁的同时，少数民族上层与西晋统治者之间不可避免存在冲突，西晋统治者为防少数民族作乱，往往实行各种政策抑制少数民族上层势力，而少数民族上层在失去原有权力的同时必然会存在反抗情绪，时机成熟就会转化为起义或叛乱。入迁内地的少数民族人民也不可避免会受到汉族统治者的剥削与压迫，当少数民族受到压迫过于繁重的时候，也会转化为反抗西晋压迫的起义或斗争。

4. 江统认识到了当时的矛盾，但是因为对少数民族持有偏见，没有找到矛盾的源头，所以提出的解决方案是不可行的。柏杨版《资治通鉴·八王之乱》中曾对此作出评价："江统把灾难全部归罪于蛮族，根本没有触及问题核心；只看见疯子杀人，而没有看见是谁把致疯的毒药放到对方碗里；强迫蛮族喝下致疯的毒药，而痛责他们发疯，诟骂他们性情贪婪、凶悍残忍，是把事情本末倒置。"

5. 虽然民族迁徙对各族人民来说是一个痛苦的历程，但是从内迁的影响看，少数民族内迁是民族融合的重要条件，各民族在政治、经济与文化上接近于汉族，一部分最终融合于汉族之中；与此同时，少数民族在经济、文化等方面也为汉族注入了新鲜的血液。强制将汉族与其他民族分离，只会加剧各民族之间的隔阂，阻碍历史的进步。

第二章

两晋与匈奴各部的关系：
从甘于效力到反抗崛起

第一节　匈奴发展演变述略

一、匈奴的起源

匈奴之名，最早见于《战国策·燕策三》《逸周书·王会篇》《山海经·海内南经》等先秦古籍。《史记·匈奴列传》载："匈奴，其先祖夏后氏之苗裔也，曰淳维。唐虞以上有山戎、猃狁、荤粥，居于北蛮，随畜牧而转移。"《史记索隐》引乐彦《括地谱》云："夏桀无道，汤放之鸣条，三年而死。其子獯粥妻桀之众妾，避居北野，随畜牧移徙，中国谓之匈奴。"又引服虔云："尧时曰荤粥，周曰猃狁，秦曰匈奴。"[①] 王国维、梁启超等诸多学者认为，所谓鬼方、混夷、獯鬻、猃狁、匈奴等，皆是同族异名。但蒙文通、黄文弼等少数学者认为，匈奴属于义渠，秦昭王时"义渠既灭。余众北走，于后为匈奴，居河套南北"；"犬戎之名，宜即羌种"；或以为鬼方、荤粥、獯鬻、混夷、猃狁皆为古羌族，与匈奴不同，林胡、楼烦、义渠才是匈奴族[②]。陈连开先生认为："考古文化表明，匈奴与丁零的起源有共同的渊源，他们都可归入胡人族系。"[③]

---

① 《史记》卷一一〇《匈奴列传》，第9册，第2880页。

② 蒙文通：《周秦少数民族研究》《昆夷与羌族》《义渠与匈奴》，《蒙文通文集》第2卷《古族甄微》，成都：巴蜀书社，1993年；黄文弼：《古代匈奴民族之研究》，《边政公论》第2卷第3、4、5合期，1943年6月。

③ 王锺翰主编：《中国民族史》，北京：中国社会科学出版社，1994年，第135页。

二、西汉时期匈奴的发展与强盛

匈奴最初活动于今内蒙古自治区的河套及大青山一带，后来逐步移居漠北。公元前4世纪末期，匈奴乘七国争雄之机，将势力扩展到秦、赵、燕三国边境，并对三国构成严重威胁。秦朝时蒙恬重创匈奴，匈奴放弃河套地区及政治中心头曼城，向北退却七百余里。但是很快秦朝覆亡，中原再次陷入混战之中，匈奴头曼单于再次趁机向中原扩展。公元前209年，冒顿杀头曼自立，向东击破东胡王，俘虏了他的人民，抢掠了其牲畜财产；向西进攻并赶走了月氏；向南吞并了楼烦、白羊、河南王，完全收复了秦时蒙恬所夺取的匈奴土地和秦时所设的河南关塞；向北降服了浑庾、屈射、丁零、鬲昆及薪黎等国。在冒顿单于的领导下，匈奴成为当时唯一能与西汉抗衡的强大政权。

当时中原地区在经历了秦末农民战争及楚汉战争后，西汉政权初建，不但在政治上面临异姓诸王的威胁，经济也十分萧条。自高祖始至武帝元光六年（公元前129年），西汉一直奉行与匈奴和亲政策。总体来看，汉匈之间以和为主，通过和亲既减少了战争，又发展和密切了双方的政治及经济联系。经过六十余年休养生息，到汉武帝时期，西汉反击匈奴的时机已经成熟。元光二年（公元前133年），马邑之谋使汉匈关系彻底破裂。元光六年（公元前129年），匈奴入上谷，杀掠吏民，汉匈战争拉开帷幕。从元光二年（公元前133年）马邑之谋至征和四年（公元前89年）汉武帝颁布轮台罪己诏双方战争持续达44年，此后匈奴远遁漠北，"幕南无王庭"[①]。西汉经过长期战争，到昭帝、宣帝时期，经济比较困难，各种矛盾已经显现。为缓和矛盾，稳定社会，中央采取轻徭薄赋、与民休息的政策，不再主动进攻匈奴，汉匈关系朝着友好方向快速发展。此后，匈奴侵犯乌孙、丁零、乌丸等国时遭到猛烈反击，加之天灾的打击，国力日益衰落，其附属国也纷纷独立，统治阶级内部也发生争权夺利的斗争。神爵四年（公元前58

---

① 《史记》卷一一〇《匈奴列传》，第9册，第2911页。

年），匈奴内讧，五单于争立，呼韩邪单于在西汉帮助下，最终统一匈奴，并确立与西汉臣属关系。甘露三年（公元前53年），呼韩邪单于进京朝见汉宣帝，匈奴正式归属西汉王朝。竟宁元年（公元前33年），呼韩邪单于再次入京，提出和亲之请，汉元帝将王昭君嫁给单于。自汉宣帝以来，汉匈结束战争，进入和平共处阶段，促进了双方的社会稳定和经济发展。

初始元年（8年），王莽废汉立新，采取了更换单于印、将"匈奴单于"更名为"降奴服于"、在匈奴内部制造混乱和分裂以及对匈奴发动大规模战争等一系列错误的民族政策，致使汉匈关系不断恶化，战事再起，给双方在政治、经济等方面带来深重灾难。西汉末年，匈奴控制了整个西域及东北的乌桓、鲜卑等族，再次强盛起来。

三、匈奴南北分裂及南匈奴的内迁

东汉建立之初，统治者因忙于内部争夺，无力对付匈奴，只好派人到匈奴赠给金帛，贿赂单于，以求边境安宁。但匈奴单于却勾结北部割据势力如彭宠、卢芳等沿边抄掠，致使北方人民流离失所。东汉政权逐渐稳定后，匈奴却发生了严重自然灾害，"连后旱蝗，赤地数千里，草木尽枯，人畜饥疫，死耗太半"[1]。蒲奴单于害怕东汉乘虚出击，遣使至渔阳以求和亲。同时，匈奴统治集团内部因争夺单于之位而矛盾激化。建武二十四年（48年），日逐王比被匈奴八部大人共同拥立为单于，《后汉书》称其为南单于，率众至五原塞，表示"愿永为蕃蔽"[2]。至此，匈奴分裂为南北二部。次年，南单于遣侍子入汉，与汉重修旧约。汉朝让南匈奴入居塞内，在西河郡美稷县设立单于庭，并派遣中郎将带兵驻守保护。南匈奴进入北地、五原、朔方、云中、定襄、雁门、代等郡，因与汉人杂居，逐渐从事农业生产。

---

① 《后汉书》卷八九《南匈奴传》，第10册，第2942页。
② 《后汉书》卷八九《南匈奴传》，第10册，第2942页。

留在蒙古草原的北匈奴，经常与南匈奴交战，但多次为南匈奴所败，实力大为削弱。从汉光武帝末期到汉明帝初期，北匈奴不断向汉朝示好，"比年贡献"，希望与东汉和亲、互市，甚至还请求率西域诸国胡客"与俱献见"。①但东汉对此一直比较冷淡。胡邪尸单于在位时，从永平八年（65年）至永平十五年（72年）多次骚扰东汉渔阳至河西走廊北部边塞，甚至焚烧城邑，使河西城门白天都不敢打开。永平十六年（73年），汉明帝征发沿边官兵，分四道出击北匈奴，北匈奴"闻汉兵来，悉度漠去"②。由于不断遭到南匈奴、鲜卑和西域的攻击，又发生饥荒和蝗灾，加之出现内讧，北匈奴不少大臣纷纷投降东汉，北匈奴社会危机愈加严重。章和二年（88年），南单于欲并北匈奴，向东汉进言，"宜及北虏分争，出兵讨伐，破北成南，并为一国，令汉家长无北念"③。永元元年（89年）至永元三年（91年），在东汉与南匈奴联军夹击下，北匈奴大败，北单于率众西走乌孙，后转徙康居。北单于逃亡后，北匈奴离散为四部：一是北单于弟於除鞬率领的部众，两年后被汉军歼灭；二是北单于率领的部众，自宁康二年（374年）始分三期进入欧洲；三是加入鲜卑的部众，原北匈奴所占漠北被后起的鲜卑所占，留居漠北的北匈奴十余万户并入鲜卑；四是留在漠北西北角的部众，为柔然所灭④。

南匈奴内附后，受到东汉中央政府厚待，社会的经济、文化都取得很大进步。永和五年（140年），南匈奴内乱，左部句龙王吾斯及右贤王合兵围攻西河美稷，后又东引乌桓，西收羌、胡，侵掠并、凉、幽、冀四州。汉朝为避免匈奴侵扰，把西河、上郡和朔方等郡南移，原分布在此的匈奴人也随之南移，多集中到并州中部的汾水流域一带。中平四年（187年），南匈奴内讧，次年，右部落与屠各胡十

---

① 《后汉书》卷八九《南匈奴传》，第10册，第2947、2946页。

② 《后汉书》卷八九《南匈奴传》，第10册，第2949页。

③ 《后汉书》卷八九《南匈奴传》，第10册，第2952页。

④ 林幹：《匈奴通史》，北京：人民出版社，1986年，第108—110页。

余万人共杀羌渠单于，羌渠子于扶罗立。南匈奴中杀羌渠者另拥立须卜骨都侯为单于。此时正值黄巾起义，各地封建割据势力并起，而中央政府则在瓦解，于扶罗见已不能求助东汉，便与当时农民起义军的一支——白波军结合，进攻河内、太原诸郡，于扶罗的进攻受到东汉封建主的阻击，欲返回南庭，而南庭人民不予接纳，只好留在河东平阳县。此后几年，于扶罗周旋于汉族割据势力之间，兴平二年（195年），于扶罗死，弟呼厨泉继位，以于扶罗子刘豹为左贤王。

四、曹魏对南匈奴的治理

建安七年（202年），曹操遣司隶校尉钟繇等进攻呼厨泉，呼厨泉投降。曹操将其众安置在并州五郡（太原、上党、西河、雁门、新兴）及司隶河东、凉州安定等郡，势力日益强大。为削弱匈奴势力，曹操采取分散政策以便控制。建安二十一年（216年），单于呼厨泉来朝，曹操将其滞留于邺城进行监控，将其部众分为五部，"部立其中贵者为帅，选汉人为司马以监督之。魏末，复改帅为都尉。其左部都尉所统可万余落，尽于太原故兹氏县；右部都尉可六千余落，居祁县；南部都尉可三千余落，居蒲子县；北部都尉可四千余落，居新兴县；中部都尉可六千余落，居大陵县"①。从此，匈奴单于虽有名号，却无实际操控地域，中原王朝对匈奴控制愈加严密。曹魏时，邓艾提出将其逐步迁往塞外，他认为，"戎狄兽心，不以义亲，强则侵暴，弱则内附，故周宣有猃狁之寇，汉祖有平城之围。每匈奴一盛，为前代重患。……羌胡与民同处者，宜以渐出之，使居民表崇廉耻之教，塞奸宄之路"②。西晋初年，郭钦、江统再次提出将内地少数民族迁往塞外的主张，均未被朝廷采纳，致使匈奴在北方势力愈加兴盛。

西晋时期，一些匈奴人更进一步南迁。晋武帝泰始年间（265—

---

① 《晋书》卷九七《北狄传》，第8册，第2548页。
② 《三国志》卷二八《邓艾传》，第3册，第776页。

274 年），塞外匈奴大水，塞泥、黑难等两万余落归附；太康五年（284年），有匈奴胡太阿厚率其部落两万九千三百人归附；太康七年（286年），匈奴胡都大博及萎莎胡等率众十万余口归附；次年，匈奴都督大豆得一育鞠等率众万余口来降，单是这一阶段归附的匈奴人就有三十万左右。这一时期，按内迁匈奴与其他民族融合情况划分有十九种：屠各种、鲜支种、寇头种、乌谭种、赤勒种、捍蛭种、黑狼种、赤沙种、郁鞞种、萎莎种、秃童种、勃蔑种、羌渠种、贺赖种、钟跂种、大楼种、雍屈种、真树种、力羯种，其中以屠各种为最豪贵，统领其他部落，他们大致分布在今山西、陕西、内蒙古至甘肃一带。匈奴与其他民族融合主要有三大类：一是匈奴与汉族融合形成匈奴屠各部；二是匈奴与鲜卑融合形成拓跋鲜卑、宇文鲜卑、铁弗匈奴等；三是匈奴与其他杂胡融合形成卢水胡、稽胡等。其中以屠各种为主的匈奴在今山西、陕西一带建立了汉—前赵，卢水胡在今甘肃河西走廊与青海之间建立了北凉，铁弗匈奴在今陕北至宁夏、内蒙古河套地区建立了夏。

第二节　两晋与匈奴屠各部的关系

一、匈奴屠各部发展概况

《晋书·北狄传》将屠各部视为南匈奴后裔，历代学者对此提出多种不同观点，主要分为两派：一派是以唐长孺为代表的反对派，认为屠各并非南匈奴后裔，屠各即休屠，亦即休屠各、休著各省称；一派是以黄烈为代表的赞同派，认为屠各本与休屠为同指，但到西晋屠各与南匈奴就混用了，西晋以后的屠各已泛指内迁匈奴。李树辉先生在其《新疆木垒县菜子沟古墓出土石印考》一文中提出，屠各与汉武帝时降汉的休屠并非同指，而是乌古斯的一支，东汉时与南匈奴一同入塞。武沐先生在其《〈晋书·北狄传〉入塞屠各新论》一文中指出：屠各并非南匈奴后裔，但有一部分屠各与南匈奴一道迁入并州，成为并州屠各；只有并州屠各融入南匈奴之中，其他地方屠各没有与南匈奴融合。而建立汉赵政权的刘渊伪托南匈奴后裔，实为屠各人。[①]

八王之乱爆发后，西晋陷入诸王混战割据状态，政局极不稳定，经济也遭到严重破坏，人民流离失所。以匈奴贵族刘渊为首的各族上层集团乘机起兵，企图建立中原政权。刘渊在成都王司马颖军中任宁朔将军，后乘机以助司马颖为名，至并州召集匈奴五部，永兴元年（304年）在左国城起兵，以汉朝刘氏后裔自居称汉王，定国号为汉，此后开始了兼并西晋的战争。永嘉二年（308年），刘渊攻克平阳、河东二郡，迁都于蒲子（今山西隰县）。之后又徙往平阳（今山西临汾），进皇帝位，改元"永凤"。永嘉四年（310年），刘渊死，子刘和继位，刘和性好猜忌，驭下无恩，轻信谗言，欲出兵铲除楚王刘聪、齐王刘裕、鲁王刘隆、北海王刘乂，反被刘聪所害。刘聪即帝位，以其弟刘乂为皇太弟。永嘉五年（311年），刘聪命呼延晏、刘曜等进攻洛阳，俘虏晋怀帝。永嘉七年（313年）二月，刘聪杀晋怀帝，四月，晋臣在长安拥立秦王司马邺为帝。此后，刘曜率军开始多次进攻长安。西晋建兴四年（316年），刘曜攻克长安，晋愍帝司马邺出降，西晋灭亡。

西晋虽然灭亡，但是汉国内忧外患的局势愈加紧张。永嘉五年（311年），石勒杀王弥[②]，并其部众，"潜有跨据赵魏之志"[③]，刘琨曾言，"自东北八州，勒灭其七"[④]。石勒虽名为汉臣，实际上已处于半独立状态。建兴三年（315年），王弥部将曹嶷攻拔齐鲁郡县四十余处，部众十余万，"有雄据全齐之志"[⑤]。鲜卑逐步南进，遍布燕、代，并州一部分仍在刘琨手中，南面又有东晋与其对峙，所以刘聪真正能控制的地

---

① 武沐、尹玉琴：《〈晋书·北狄传〉入塞屠各新论》，《中国边疆史地研究》2006年第4期。

② 王弥：东莱（今山东莱州）人，晋惠帝末年参加刘伯根起义。起义失败后，于山东、河南一带流窜劫掠，有众数万，声势浩大。

③ 《晋书》卷一〇二《刘聪载记》，第9册，第2672页。

④ 《晋书》卷六二《刘琨传》，第6册，第1684页。

⑤ 《晋书》卷一〇二《刘聪载记》，第9册，第2668页。

区"东不过太行，南不越嵩、洛，西不逾陇坻，北不出汾、晋"①。然而刘聪在攻陷西晋都城洛阳后，日益腐化，"游猎无度，常晨出暮归，观渔于汾水，以烛继昼"②，"内兴殿观四十余所，重之以饥馑疾疫，死亡相属，兵疲于外，人怨于内"③，中军王彰进谏，却险遭杀身之祸。刘聪在位时非但连年对外用兵，而且统治阶级内部爆发了其子刘粲与刘乂争夺皇位继承权之争，加之阶级矛盾、民族矛盾日益尖锐，导致汉国在成立不久就已经处于崩溃的边缘。

太兴元年（318年），刘聪死，刘粲继位。刘粲在为丞相时就亲奸佞远忠贤，"任性严刻无恩惠，距谏饰非"④，继位后又大兴宫室，百姓昼夜劳作死亡相继。刘粲听信外戚靳准及后宫靳氏谗言，诛杀兄弟，自己沉于后宫，军国之事则委于靳准。同年八月，靳准发动政变，在光极殿执刘粲，数其罪而杀之，自立为大将军、汉大王，向东晋称臣。刘渊养子刘曜获悉后，发兵赴晋阳。十月，在太保呼延晏等人拥戴下，刘曜在赤壁（今山西河津市西北）即帝位。十二月，刘曜平定靳准叛乱。次年，刘曜返长安，改国号为赵，史称前赵。前赵虽然建立，但此时北方已经再次陷入分裂，太兴三年（320年），石勒自称大将军、大单于，完全独立于前赵，张轨占有凉州，氐人杨氏占有甘肃陇南一带，南阳王司马模子司马保仍然在秦州。面对如此多的外患，刘曜"不抚士众，专与嬖臣饮博，左右或谏，曜怒，以为妖言，斩之"⑤，前赵日益走向衰亡。东晋咸和三年（328年），刘曜在与后赵战争中兵败被杀。次年九月，石虎大败前赵军，擒刘曜子刘熙及南阳王刘胤，前赵亡。

---

① 顾祖禹：《读史方舆纪要》，北京：中华书局，2019年，第119页。

② 《晋书》卷一〇二《刘聪载记》，第9册，第2661页。

③ 《晋书》卷一〇二《刘聪载记》，第9册，第2663页。

④ 《晋书》卷一〇二《刘聪载记》，第9册，第2678页。

⑤ 《晋书》卷一〇一《刘元海载记》，第9册，第2700页。

二、匈奴汉国与西晋的关系

自匈奴归附汉朝始，汉朝对其主要是实行怀柔羁縻政策。东汉末年，匈奴人口日盛，为防匈奴势大难治，曹操开始加强对匈奴的管理，将其部众分为五部，"部立其中贵者为帅，选汉人为司马以监督之。魏末，复改帅为都尉。其左部都尉所统可万余落，尽于太原故兹氏县；右部都尉可六千余落，居祁县；南部都尉可三千余落，居蒲子县；北部都尉可四千余落，居新兴县；中部都尉可六千余落，居大陵县"①。诸王侯以下部民降为齐民编户，单于虚有其号，实权落入汉人手中。西晋起初沿袭曹魏政策，但是不久爆发八王之乱，匈奴趁机发展壮大，双方关系发生重大转变，主要体现在以下几个方面：

（一）刘渊立国前匈奴与西晋的质子关系

五凤元年（公元前57年），匈奴出现五单于争立的混乱局面，呼韩邪单于被郅支单于赶出单于庭。甘露元年（公元前53年），左伊秩訾王提出，"今事汉则安存，不事则危亡"②，呼韩邪单于接受建议，遣子入侍汉朝。这是汉匈正式建立质子关系之始，此后匈奴质子入侍中原王朝代代不绝。这一时期的质子是汉对匈奴羁縻牵制的行政手段。

东汉献帝建安二十一年（216年），呼厨泉单于来朝，曹操将其留于邺城，实为质子③。此时中原政权加强了对匈奴的控制，质子被作为控制匈奴、保障边疆的重要措施。曹魏末年，刘渊以质子身份留居洛阳，晋代魏后继续留在晋朝，深得晋武帝赏识。此次刘渊入侍晋朝，不但没有达到牵制并州匈奴的目的，反而使刘渊更进一步了解西晋社会形势，结交汉族士人，为其日后起兵建国奠定了基础。

（二）匈奴与西晋的册封关系

曹操将呼厨泉单于留在邺城，把匈奴分为五部，以刘豹为左部

---

① 《晋书》卷九七《北狄传》，第8册，第2548页。
② 《汉书》卷九四下《匈奴传下》，第11册，第3797页。
③ 《三国志·魏书》卷三十："建安中，呼厨泉南单于入朝，遂留内侍，使右贤王抚其国，而匈奴折节，过于汉书。"

帅，居于新兴（今山西忻州市北）。刘豹死，刘渊继任。西晋太康十年（289 年），晋武帝司马炎以刘渊为匈奴北部都尉。杨骏辅政后，以刘渊为建威将军、五部大都督，封汉光乡侯。成都王司马颖坐镇邺时，又封刘渊为行宁朔将军、监五部军事。这一时期，西晋对匈奴首领的封号看似颇高，其实徒有虚名，匈奴被分为五部后，匈奴部众的管辖权已落入汉族政权手中，单于已没有实际能够控制的地域。中原王朝对少数民族官员的册封本是中原笼络、控制少数民族的一种羁縻之道，但是这一时期的册封超越了羁縻的界限，引起了匈奴上层的怨愤，刘宣在起兵反晋时曾说，"我单于虽有虚号，无复尺土之业，自诸王侯，降同编户"①。所以，在西晋爆发内乱后，匈奴上层趁机复兴匈奴旧业。

匈奴汉国建立后，西晋统治集团仍然不团结，人心浮动，晋怀帝、晋愍帝先后为汉国所虏，臣侍汉帝刘聪。攻陷洛阳后，刘聪以晋怀帝为特进、左光禄大夫、平阿公。刘聪在光极殿设宴，逼晋怀帝行酒，行酒乃侍者所为，西晋旧臣见状痛心之至，庾珉、王儁等还当场大哭，刘聪极为不满。因有人告庾珉等谋划与刘琨呼应，刘聪将庾珉等人杀害，并毒害了晋怀帝。刘曜攻陷长安，晋愍帝投降，刘聪以愍帝为光禄大夫、怀安侯。刘聪在上林打猎，以晋愍帝为行车骑将军，身着戎服执戟在前，行三躯之礼。建兴四年（316 年），刘聪再次在宴会上羞辱晋帝，晋朝旧臣痛哭流涕，尚书郎辛宾甚至抢步上前抱住愍帝，刘聪将其斩首。匈奴归顺中原日久，魏晋已经从实质上控制了匈奴部众，形成真正意义上的统治与被统治的关系。刘聪对晋帝的羞辱，一方面是宣泄东汉末年以来匈奴受压制的怨愤之情，昭示匈奴的复兴，另一方面少数民族首次在中原建立政权，对晋帝的册封、羞辱都是从心理上让中原人民认清现实，认可匈奴汉国的正统地位。

---

① 《晋书》卷一〇一《刘元海载记》，第9册，第2647页。

（三）西晋群臣关于刘渊的大讨论

刘渊自幼习好汉文化，师上党崔游，学习《毛诗》《京氏易》《马氏尚书》等儒家经典，尤好《春秋左氏传》《孙子兵法》，博览《史记》《汉书》及诸子之书，而且"猿臂善射，膂力过人"①，文武兼修，深得东晋崔懿之、公师彧、王浑等人推崇。入侍西晋期间，刘渊结交了一批有名望的士族，以期建立功名。受王浑引荐，晋武帝召见刘渊，称赞刘渊"容仪机鉴，虽由余、日磾无以加也"②。但是，刘渊的才能也引起了西晋某些朝臣的忧虑，以"非我族类，其心必异"③为由，反对重用刘渊。在刘渊任用问题上，西晋朝廷曾展开两次大讨论，但终以刘渊为异族而搁置。

西晋灭蜀后，朝廷正选拔人才进攻吴国，王济举荐刘渊："陛下若任之以东南之事，吴会不足平也。"④而另一些大臣则认为若对刘渊委以重任，恐其兵变。孔恂、杨珧认为，"臣观元海之才，当今惧无其比，陛下若轻其众，不足以成事；若假之威权，平吴之后，恐其不复北渡也"⑤。晋武帝默然，任用刘渊之事作罢。

咸宁年间（275—280 年），关陇地区氐人树机能起义，朝廷屡次镇压皆以失败告终。晋武帝欲选拔得力将帅，上党人李熹认为"诚能发匈奴五部之众，假元海一将军之号，鼓行而西，可指期而定"，但是孔恂却认为"元海若能平凉州，斩树机能，恐凉州方有难耳。蛟龙得云雨，非复池中物也"。⑥任用刘渊之事再次被搁置。

自匈奴被分为五部后，单于已失去统领的部众，入仕西晋成为他们建功立业的重要出路。刘渊两次仕进受阻，心中颇为不满。在为王弥饯行时抱怨此事："王浑、李熹以乡曲见知，每相称达，谗间因之而

---

① 《晋书》卷一〇一《刘元海载记》，第9册，第2646页。
② 《晋书》卷一〇一《刘元海载记》，第9册，第2646页。
③ 《晋书》卷一〇一《刘元海载记》，第9册，第2646页。
④ 《晋书》卷一〇一《刘元海载记》，第9册，第2646页。
⑤ 《晋书》卷一〇一《刘元海载记》，第9册，第2646页。
⑥ 《晋书》卷一〇一《刘元海载记》，第9册，第2646页。

进，深非吾愿，适足为害。吾本无宦情，惟足下明之。恐死洛阳，永与子别。"①齐王司马攸知晓后，向武帝进言除去刘渊，否则并州不稳。而王浑却认为"大晋方表信殊俗，怀远以德，如之何以无萌之疑杀人侍子，以示晋德不弘"②。

之所以有关于刘渊问题的大讨论，源于当时民族关系的变化，西汉武帝金日磾被重用时匈奴人在中原尚不成气候，而到西晋时匈奴人在数量上足以对中原政权构成严重威胁。关于刘渊的讨论，王浑、李憙等人忽视了西晋时期尖锐的民族矛盾，其观点是不足取的。孔恂、杨珧等人的观点是历年来中原王朝牵制匈奴政策的延续，他们的忧虑有一定道理，但是若无故将刘渊杀害，不但会引起汉匈矛盾，而且大大降低西晋在其他民族中的形象。在发生刘猛、树机能反晋事件后，晋武帝未能依据当时民族关系调整政策，未能处理好与匈奴上层的关系，使得民族矛盾进一步激化。

（四）八王之乱时，刘渊与地方割据势力司马颖的联合

刘渊有才能有野心，西晋政权稳定时他幻想像金日磾一样在朝廷为官，一展宏图，一旦西晋内乱，包括刘渊在内的匈奴人便有了复国之想。八王之乱，司马氏诸王相攻，寇贼蜂起，西晋对少数民族控制能力大大减弱。屠各部左贤王刘宣等人欲趁西晋内乱而振兴匈奴，阴以刘渊为大单于。时刘渊仕于邺城，脱离匈奴五部，刘渊先令刘宣等以援助司马颖为名召集匈奴五部、宜阳诸胡，为日后起兵做准备。孔恂、杨珧的忧虑终于变成了现实。

永兴元年（304年）三月，司马颖废太子司马覃而自兼皇太弟、丞相与都督中外诸军事。并州刺史司马腾、幽州刺史王浚联合乌桓及段部鲜卑共同攻伐司马颖，刘渊趁机以助司马颖为名进言，"今二镇跋扈，众余十万，恐非宿卫及近都士庶所能御之，请为殿下还说五部，

---

① 《晋书》卷一〇一《刘元海载记》，第9册，第2646—2647页。
② 《晋书》卷一〇一《刘元海载记》，第9册，第2647页。

以赴国难"①，为求自保，司马颖拜刘渊为北单于，参丞相军事，令他回部落招集部众。刘渊至左国城，短短二十天已集结了五万部众，并在离石建都。刘渊派左于陆王刘宏率精骑五千与司马颖部将王粹共同抵抗司马腾，王粹为司马腾所败，刘宏无功而返。同年八月，司马腾向拓跋鲜卑乞师进击刘渊，拓跋鲜卑猗㐆率十余万骑，昭帝禄官同时也率军助司马腾，大破刘渊于西河、上党。八王之乱持续十几年，王室内耗，社会动荡，刘渊复国指日可待。刘宣等人认为复兴匈奴应以乌桓、鲜卑为援，不宜与之为敌，刘渊自此完全脱离西晋的掌控，于永兴元年十月，以复兴汉室为名建立汉国，与西晋分庭抗礼。

（五）汉国灭亡西晋的战争

魏晋以前，匈奴进行战争主要是为了掠夺人口、畜产和财物，即使在汉弱匈强的西汉初年，冒顿单于也因既得利益而放弃进攻中原。西晋时期，由于长期受到汉文化的熏陶，刘渊虽为匈奴人，但其思想却更接近于汉人，开始要建立正统王朝，与西晋争天下。匈奴汉国建立，八王之乱仍在继续，西晋中央政权名存实亡，只有与汉国同处并州的地方势力曾征伐刘渊。而刘渊利用西晋尖锐的阶级矛盾与民族矛盾，以复兴汉室为号，得到数万胡汉人民的归附，势力正盛。双方经过十二年相互混战，西晋最终为汉国所灭。这一时期的战争主要可分为三个阶段：

第一阶段刘渊时期与西晋的战争。刘渊建国后，首先与西晋并州刺史司马腾展开了争夺战。永兴元年十二月，司马腾派将军聂玄与刘渊战于大陵，玄兵大败。刘渊开始反击行动，连克泫氏（今山西高平）、屯留、长子、中都（今山西榆次）、介休。次年，司马腾派司马瑜、周良、石鲜等再次讨伐刘渊，与汉将军刘钦在汾阳激战，刘钦四战皆捷。光熙元年（306 年），司马腾任车骑将军，镇守邺城，刘琨出任并州刺史，双方进入短暂的休战、恢复期。

---

① 《晋书》卷一〇一《刘元海载记》，第9册，第2648页。

刘渊建国后，汉国并未有大的发展，又永兴二年（305 年）离石饥荒，处境极为困难。晋永嘉元年（307 年），石勒、王弥、刘灵①等率部来投，刘渊实力有所增加。永嘉二年（308 年），侍中刘殷、王育进谏："殿下自起兵以来，渐已一周，而颛守偏方，王威未震。诚能命将四出，决机一掷，枭刘琨，定河东，建帝号，鼓行而南，克长安而都之，以关中之众席卷洛阳，如指掌耳。"②刘渊接受二人进言，派刘聪南据太行，石勒东下赵魏。七月，汉军攻克平阳、河东二郡，陷蒲子，上郡鲜卑陆逐延、氐酋单徵皆降汉，汉国势力由离石扩展到平阳、河东、上党、乐平等郡。与此同时，汉国另一支王弥在中原屡破晋城。永嘉二年三月，王弥攻掠青、徐、兖、豫四州，破城杀官，青州刺史苟晞屡次与其交战皆不能胜。四月，攻入许昌。五月，王弥打到洛阳城外，被晋军所败。

此后，刘渊开始了进攻西晋都城——洛阳。永嘉三年（309 年）正月，太史令宣于脩之向刘渊进言，"不出三年，必克洛阳。蒲子崎岖，难以久安；平阳气象方昌，请徙都之"③，刘渊接受其建议。不久，晋左弩将军朱诞降汉，言洛阳空虚，劝刘渊攻之。刘渊以朱诞为前锋都督，刘景为大都督先攻黎阳，又破延津。因刘景将延津男女三万投河，刘渊大怒，降刘景为平虏将军，进攻洛阳行动暂停。同年夏，刘渊命王弥与刘聪共攻上党壶关，又以石勒为前锋将军。并州刺史刘琨、东海王司马越皆派兵救援，却被刘聪、王弥军所败，之后又攻克屯留、长子，上党太守降。八月，刘渊命刘聪进攻洛阳，刘聪大败晋平北将军曹武等，长驱直入宜阳（今河南宜阳西）。九月，弘农太守垣延诈降，夜袭刘聪，聪军大败而归。十月，刘渊派遣刘聪、王弥、刘曜、刘景率精骑五万再次进攻洛阳。此次进攻，汉军呼延翼、呼延颢

---

① 刘灵：阳平（今山东莘县）人，公师藩起兵后，纠集一批人马自称将军，在河北以劫掠为生。

② 《晋书》卷一〇一《刘元海载记》，第9册，第2650页。

③ 《资治通鉴》卷八七，"晋怀帝永嘉三年正月"条，第6册，第2740页。

先后被杀，晋太傅司马越防守严密，宣于脩之再次向刘渊进言，"岁在辛末，乃得洛阳。今晋气犹盛，大军不归，必败"[①]，刘渊召刘聪等撤军。直至永嘉四年（310年）刘渊病亡，汉军也未能攻下洛阳。

第二阶段汉国攻克洛阳，俘虏晋怀帝。刘聪继位后，继续进攻西晋，争夺中原霸主的政策。此时西晋都城洛阳粮食匮乏，东海王司马越独揽大权，诛杀异己，人心浮动。西晋各地流民起义仍在不断发生，石勒转战于洛阳东北赵魏诸郡，王弥、曹嶷活动于洛阳以东兖、豫、青、徐地区，洛阳南有王如流民起义，汉国控制了平阳、河东、上党诸郡，形成对洛阳包围之势。永嘉四年（310年）十月，刘粲、刘曜、王弥率众四万进犯洛阳，石勒率骑兵两万与刘粲会合，直入洛川，石勒为陈留太守王讚所败，退守文石津。年底，石勒引兵渡黄河，欲攻南阳。被王如、侯脱、严嶷等人所阻，因起义军内讧，石勒很快攻下宛城，兼并了侯脱、严嶷军队。石勒向南攻克长江以西三十余处营垒，驻扎于长江以西。十一月，司马越以讨伐石勒为名率兵四万前往许昌，洛阳城更加混乱。

永嘉五年（311年）五月，刘聪派呼延晏率众两万七千由宜阳入洛川，又命王弥、刘曜及镇军将军石勒进师与之会合。呼延晏到河南，晋军连战皆败，损失三万余人。六月，刘曜、王弥攻入洛阳，杀太子及诸王公大臣二十余人，士民死者三万余人，怀帝、惠帝羊后、传国玉玺被送至洛阳。八月，刘聪又派军向长安进发，南阳王司马模因"仓库虚竭，士卒离散"[②]降于汉。刘聪以刘曜为车骑大将军、雍州牧，镇守长安。此时，西晋已濒临灭亡，但是仍有大臣在做最后的抵抗。

第三阶段汉国攻陷长安，西晋灭亡。刘曜攻占长安后，周围一些地方仍为西晋地方官吏所控制。冯翊太守索綝、安夷护军麴允与频阳令梁肃共奔安定，推举安定太守贾疋为平西将军，率军五万进攻长安。

---

① 《资治通鉴》卷八七，"晋怀帝永嘉三年"条，第6册，第2746页。
② 《资治通鉴》卷八七，"晋怀帝永嘉五年八月"条，第6册，第2767页。

雍州刺史麴特、新平太守竺恢与扶风太守梁综响应贾疋，率众十万与之会合。晋军大败刘曜、刘粲军队，刘粲退守平阳。晋军军威大振，"关中戎晋莫不响应"①。十二月，阎鼎护送秦王司马邺入雍城。永嘉六年（312 年）九月，贾疋等奉司马邺为皇太子，阎鼎为太子詹事，总领百官。十二月，贾疋为汉军所杀，梁综与阎鼎争权，被阎鼎所杀，麴允、索綝等不满阎鼎专权，联合进攻阎鼎，阎鼎出走为氐人所杀，麴允领雍州刺史，主持朝政。

永嘉七年（313 年）四月，晋怀帝被杀消息传至长安，司马邺即皇帝位，即晋愍帝。五月，晋愍帝下诏："今当扫除鲸鲵，奉迎梓宫。令幽、并两州勒卒三十万直造平阳，右丞相宜帅秦、凉、梁、雍之师三十万径诣长安，左丞相帅所领精后二十万径造洛阳，同赴大期，克成元勋。"②愍帝虽有雄心复兴晋室，却忽略了当时形势，王浚趁机割据一方，而刘琨、右丞相司马保力量薄弱，所以诏书只能成为一纸空文。此后，刘曜多次进攻长安，麴允、索綝等虽然多次击败匈奴军队，但终因生产破坏，军粮供应无源而被迫投降。建兴四年（316年），刘曜攻下长安，晋愍帝降，西晋亡。西晋灭亡后，汉国统一中原，达到全盛时期。此后，东晋偏安江南，中原成为各民族争夺霸主的舞台。

（六）西晋并州势力与匈奴汉国的抗争

在进攻西晋都城的同时，汉国与并州刺史刘琨的争夺从未停止。光熙元年（306 年），西晋以刘琨为并州刺史、领护匈奴中郎将。当时晋阳"府寺焚毁，僵尸蔽地，其有存者，饥羸无复人色，荆棘成林，豺狼满道"，刘琨"收葬枯骸，造府朝，建市狱……抚循劳徕"，甚得人心。③刘琨在任一年，晋阳渐渐恢复，流亡百姓也渐渐回来。时晋阳南面是匈奴汉国，北面是拓跋鲜卑所建代国，东面是王浚与段部鲜卑的

---

① 《晋书》卷一〇二《刘聪载记》，第9册，第2660页。
② 《资治通鉴》卷八八，"晋愍帝建兴元年"条，第6册，第2799页。
③ 《晋书》卷六二《刘琨传》，第6册，第1681页。

结盟。为抵抗汉军，刘琨先后与拓跋鲜卑、段部鲜卑联合，防御、攻打汉国。

而刘渊与司马腾的长年争战，为并州人民带来深重灾难，百姓"动足遇掠，开目睹寇"，刘渊即使以复兴汉室为名也无法再得到并州人民的支持。刘琨到任后派人离间刘渊军中各方俘虏，使得叛汉附晋者达万余落[1]。刘渊恐惧，迁到蒲子。

正值晋阳渐渐恢复时期，却因刘琨不善抚众而使晋阳再次陷入战祸。永嘉六年（312年），刘琨手下徐润与令狐盛有隙，刘琨轻信谗言杀害令狐盛，令狐盛之子令狐泥投靠刘聪。七月，刘聪得知晋阳军情，派刘粲与令狐泥袭击晋阳，太原太守高乔投降。十月，刘琨为向导，引拓跋猗卢率众二十万进攻晋阳，刘曜大败，死者十之五六。战后，晋阳百姓或死于战祸，或被迫与汉军同去，刘琨对晋阳的经营落空，将中心移至阳曲（今太原北、阳曲西南）。

刘琨实力锐减，只能依靠拓跋鲜卑及段部鲜卑来与汉国抗衡。建兴四年（316年），石勒攻打乐平，太守韩据向刘琨求援，刘琨不听劝阻率全部士众出击，反中石勒埋伏，全军覆没，刘琨率残众投靠段匹磾。建武元年（317年），刘琨与段匹磾相约共攻石勒。段匹磾弟段末波受石勒贿赂，挑拨段匹磾与其兄段疾陆眷、叔父段涉复辰关系，致使段疾陆眷与段涉复辰退兵，刘琨、段匹磾因实力不足而退兵。次年，刘琨因段部内斗受牵连而遇害。

刘琨在并州与汉国征战十余年，即使在全军覆没、西晋灭亡时，仍然坚持在并州与匈奴汉国抗争，其百折不挠的精神以及对西晋的忠心是值得肯定的。但是他空有"立功河朔"[2]的决心，却"短于控御，一日之中，虽归者数千，去者亦以相继"[3]，加上得不到朝廷援助，实力薄弱，终不能挽救危局。

---

① 《晋书》卷六二《刘琨传》，第6册，第1681页。
② 《资治通鉴》卷九十，"晋元帝建武元年三月"条，第7册，第2845页。
③ 《晋书》卷六二《刘琨传》，第6册，第1681页。

（七）刘渊招纳汉人

西晋政权是在士族官僚的支持下建立起来的，士族门阀势力是其统治支柱。在匈奴上层乃至单于徒有虚号的时期，结交士族对刘渊在西晋为官建功立业是极为重要的，所以为质期间刘渊很注意结交当地名士。太原王浑十分赏识刘渊，多次向晋武帝提起，其子王济甚至举荐刘渊担任灭吴重任，终因孔恂、杨珧等人的反对而作罢。后来归附刘渊的王弥，也是刘渊为质期间所结识，"刘元海昔为质子，我与之周旋京师，深有分契"[1]。

刘渊回到匈奴后，"明刑法，禁奸邪，轻财好施，推诚接物"[2]。永兴元年（304年），汉冠军将军乔晞攻取西河介休，介休令贾浑不降，晞杀贾浑夫妇，刘渊得知后大怒，将乔晞降秩四等，并收殓贾浑夫妇尸首安葬。所以，得到幽冀名士的认可，不远千里投奔汉国。

匈奴立国之初，刘渊已经网罗了大批汉族士人。如雁门人范隆，"博通经籍，无所不览"，晋惠帝时"隐迹不应州郡之命"，[3]刘渊建汉后，范隆与好友朱纪投奔刘渊，刘渊以范隆为大鸿胪，朱纪为太常，并封公。范隆死后，刘聪追赠他为太师。崔游、朱纪、范隆、崔懿之等人皆在汉国担任要职。据周伟洲先生《汉赵国史》统计，史籍所载汉赵官员263人，匈奴刘渊家族有44人，刘氏宗亲有30人，其他匈奴任职官员40人，汉族官员131人，其他少数民族官员18人，[4]汉人占一半。汉国虽为匈奴所建，但是中原汉族的力量也是不可轻忽的，他们对于汉国的支持，有利于政权的稳固，并且他们将汉族的政治制度、管理经验、经济文化等带入汉赵政权，对匈奴在政治、经济、文化等方面的完善与发展做出了重要贡献。

---

① 《十六国春秋辑补》卷九《王弥传》，第66页。

② 《晋书》卷一〇一《刘元海载记》，第9册，第2647页。

③ 《晋书》卷九一《儒林传》，第8册，第2352页。

④ 白翠琴：《中国历代民族史·魏晋南北朝民族史》，北京：社会科学文献出版社，2007年，第123页。

三、两晋与前赵的联合关系

刘渊建国之初，为得到汉人支持以"汉"为号，至刘曜时西晋已灭，开始恢复匈奴后裔身份。因刘曜曾为中山王，中山原为赵地，故以"赵"为号。刘曜虽然继承汉国建立前赵，但是实际统治领域远远小于汉国，石勒建立后赵在北方崛起。这一时期，前赵忙于在北方的扩张、应付日益强大的后赵，在消灭晋朝北方残余势力后，暂无南下打算。而东晋建立后就出现主弱臣强的政局，开国君主司马睿虽然不满前赵[①]，但是因他本以江南为根基，无意北伐。所以，这一阶段双方并未发生大规模的军事冲突，甚至为对付共同的敌人——后赵，有过短暂的联兵。

（一）晋朝北方残余势力与前赵叛将联合抗击前赵

太兴二年（319年），南阳王司马模子司马保占据秦州，自号大司马，联合陇右氏羌，在陈仓一线与前赵对垒。同年，路松多在新平、扶风起兵，聚集数千人依附司马保。司马保任命其将领杨曼为雍州刺史，王连为抚风太守，占领陈仓；张顗为新平太守，周庸为安定太守，占领阴密。路松多攻下草壁，秦陇氏、羌多归附于路松多。刘曜派车骑刘雅、平西刘厚进攻陈仓，相持二旬不克。刘曜亲率大军进攻陈仓，王连战死，杨曼奔南氏。刘曜又进攻草壁，路松多军大败，路松多奔陇城，司马保迁往桑城，氏、羌也随司马保同去。次年五月，司马保为其部将张春、杨次所杀，立司马保宗室子司马瞻为世子。陈安[②]向刘曜表请讨伐司马瞻，攻陷长安，并斩杀司马瞻、杨次。至此，晋朝在北方统治势力消亡。

（二）前赵与东晋联兵对付后赵

太宁三年（325年）五月，后赵石生攻略河南东晋辖区，晋司州刺史李矩、颍川太守郭默军数败，又乏食，遣使请求归附前赵。刘曜派

---

① 《晋书》卷六《元帝纪》载，司马睿即晋王位，大赦天下，"其杀祖父母、父母，及刘聪、石勒，不从此令"。

② 司马模死后，都尉陈安降于司马保，受到张春等排挤而称藩于刘曜。

中山王刘岳率众一万五千至孟津，镇东将军呼延谟率荆、司二州之众自崤、渑而东，与晋李矩、郭默共攻石生。六月，石虎攻陷石梁，擒刘岳及其部将八十余人，氐、羌三千余人。郭默、李矩奔建康，司、豫、徐、兖等四州皆为后赵所据。

四、两晋对匈奴发展的影响

自西汉武帝始，不断有匈奴部众归附中原政权，匈奴社会的经济文化在潜移默化中发生了变化。尤其在匈奴汉国建立后，统治者开始建立封建政权，无论是在政治、经济或文化上都表现出明显的汉化倾向。

（一）在政治制度上，匈奴由单于制转变为以封建君主制为主，单于台为辅

西晋初，匈奴仍然实行单于制，据《晋书·北狄匈奴传》载："其国号有左贤王、右贤王、左奕蠡王、右奕蠡王、左于陆王、右于陆王、左渐尚王、右渐尚王、左朔方王、右朔方王、左独鹿王、右独鹿王、左显禄王、右显禄王、左安乐王、右安乐王，凡十六等，皆用单于亲子弟也。其左贤王最贵，唯太子得居之。"①汉赵立国后开始仿效汉族政权建立封建职官体系，这一方面是为适应统治中原的需要，另一方面也是宗汉立国的需要，其目的是要建立中原正统王朝，与西晋争天下。

在官制方面，汉国完全仿效魏晋官制。永兴元年（304年），刘渊称汉王，初定百官，"以刘宣为丞相，崔游为御史大夫，刘宏为太尉，其余拜授各有差"②。确立以丞相、太尉、御史大夫为核心的中央职官体系。建兴二年（314年），刘聪进一步完善职官体系。确立丞相、太师、太傅、太保、大司徒、大司空、大司马"七公"③，又置辅汉，

---

① 《晋书》卷九七《北狄传》，第8册，第2550页。

② 《晋书》卷一〇一《刘元海载记》，第9册，第2650页。

③ 《晋书·刘聪载记》："以其子粲为丞相、领大将军、录尚书事，进封晋王，食五都。刘延年录尚书六条事，刘景为太师，王育为太傅，任颛为太保，马景为大司徒，朱纪为大司空，刘曜为大司马。"

都督，中军，上军，辅军，镇、卫京，前、后、上、下军，辅国，冠军，龙骧，武牙大将军等武职。

汉赵实行"胡汉分治"政策，在沿袭魏晋官制的同时又设立单于台来统治六夷。单于台最高长官是大单于，一般由下任国君担任。永嘉四年（310年），刘渊病重，以其子刘聪为大单于，置单于台于平阳西，这是汉赵设置单于台之始。刘聪继位后，以其弟刘乂为大单于，声称"待乂年长，复子明辟"①。后刘聪有意将位传于其子刘粲，于建兴二年（314年）立刘粲为大单于，总领百官，代替刘乂之位。

值得注意的是，这一时期"胡汉分治"并非完全民族意义上的划分，更多是出于文化上的区分，匈奴汉化较深、从事农耕者属于编户齐民，而其他保有游牧习俗的则隶属于单于台统治②。"胡汉分治"政策的实施，一方面是为了吸引更多人的归附，得到胡汉民众的认可，另一方面也是匈奴多年来汉化的结果，是刘渊吸收中原政权"因俗而治"经验的一次伟大创新，适应了这样一个多民族的政权。

（二）在经济上，以农业定居为主，游牧经济在一定范围内仍然存在

根据考古发掘，早在公元前3世纪匈奴已经有了农业。文献中也有不少关于匈奴农业的记载，《史记》载卫青出击匈奴至赵信城，"得匈奴积粟食军"③，可见西汉武帝时匈奴不但有了农业，而且已经出现余粮，但游牧业是其主要经济类型。匈奴内迁以后，自然环境与社会环境发生变化，生产方式也随之变更。有些进入长城以内，逐渐转变为农业定居或半农半牧的生产方式。西晋初，内迁匈奴部众已"降同编户"，甚至沦为汉族士人的佃客，"太原诸部亦以匈奴胡人为田客，多者数千"④。

汉赵国在经济上以农业为主，其次是畜牧业，匈奴部众或从事农

---

① 《晋书》卷一〇二《刘聪载记》，第9册，第2658页。
② 周伟洲：《汉赵国史》，桂林：广西师范大学出版社，2006年，第188页。
③ 《史记》卷一一一《卫将军骠骑列传》，第9册，第2935页。
④ 《晋书》卷九三《王恂传》，第8册，第2412页。

业，或农牧兼营，或从事牧业。据江统所述："夫关中土沃物丰，厥田上上，加以泾渭之流溉其鸟卤，郑国、白渠灌浸相通，黍稷之饶，亩号一种。"① 据不完全统计，建兴二年（314 年），平阳、河东、河西、上党等地人口达 63 万户，从事农业者就有 43 万户。② 统治者曾采取一些措施来保护、推进农业的发展，刘曜下令，"自季秋农功毕，乃听饮酒，非宗庙社稷之祭不得杀牛，犯者皆死"③，这一方面保护了农业生产的正常运行，另一方面也保护了农业生产所需牲畜。此外，因关中人口激增，刘曜下令"省丰水囿以与贫户"④"复百姓租税之半"⑤ 来推进农业发展。

因为这一时期，中原地区一直处于各民族混战中，汉赵国内兵役、徭役繁重，农业发展相当缓慢。统治者虽然采取一些保护农业发展的措施，但中原地区的经济仍然遭到严重破坏，甚至出现"饥馑疾疫，死亡相属"⑥ 的局面。

（三）汉族思想文化得到广泛传播

首先，受天人合一思想影响，感生神话形成。先秦时帝王多神化祖先，而自刘邦以来历代帝王多通过神化自我来树立权威形象、表明君权神授。对于政治人物的神化是渲染其地位的一种重要手段。刘渊出生前其母"祈子于龙门"，见一大鱼，"顶有二角，轩鬐跃鳞而至祭所"⑦，十三月后生刘渊。对于大鱼形象的描述酷似传说中的龙，另外与龙门相结合不难联想到鱼跃龙门之意。这些神话色彩的记载最终是为证明，刘渊称帝是天命使然。同样刘聪的感生神话与其类似。刘曜出

---

① 《晋书》卷五六《江统传》，第5册，第1531页。
② 白翠琴：《中国历代民族史·魏晋南北朝民族史》，北京：社会科学文献出版社，2007年，第122页。
③ 《晋书》卷一〇三《刘曜载记》，第9册，第2692页
④ 《晋书》卷一〇三《刘曜载记》，第9册，第2690页
⑤ 《晋书》卷一〇三《刘曜载记》，第9册，第2699页
⑥ 《晋书》卷一〇二《刘聪载记》，第9册，第2663页
⑦ 《晋书》卷一〇一《刘元海载记》，第9册，第2645页。

生虽未被渲染，但是其成长中一些奇事却也是让人感知其并非常人。如刘曜八岁与刘渊在西山打猎，于树下避雨，"迅雷震树，旁人莫不颠仆，曜神色自若"，又如刘曜成年后隐匿于管涔山，夜有二童子献剑，并称，"管涔王使小臣奉谒赵皇帝"①。

其次，这一时期匈奴上层文化修养极高，并且在国内大力推行汉族文化。除刘渊外，刘聪十四岁便精通经史、百家之言。非但如此，还擅长草书、隶书，且作诗百余篇，赋颂五十余篇。刘曜则对于兵书尤其精通，自比乐毅、萧何、曹参。汉赵统治者不仅自身精通经史，而且还在国内大力提倡儒学，并以此为标准选拔官员。刘曜在长乐宫东立太学，在未央宫西立小学，从百姓中选一千五百人学习儒学，并选择朝中精通儒家经学之人教授课程。他还亲"临太学，引试学生之上第者拜郎中"②。儒家文化在汉赵国迅速传播，匈奴后部人陈元达，"少而孤贫，常躬耕兼诵书，乐道行咏，忻忻如也"③。卜珝少好读《易》，为当时易学大师。虽然现实中民族隔阂依然存在，但是在思想文化上差异却在日渐缩短。

最后，刘渊父子在了解汉族历史的同时，开始编修本国历史，设置左国史。刘聪时，"领左国史公师或撰《高祖本纪》及功臣传二十人，甚得良史之体"。但是因其"讪谤先帝"，刘聪怒而杀之。刘曜时，"平舆子和苞撰《汉赵记》十篇，事止当年，不终曜灭"④。历来统治者重视历史、编修历史无外乎两方面原因，一是以史为鉴，二是将统治者的文治武功载入史书，以确保该政权在历史上占有一席之地。汉赵国作为第一个少数民族正统王朝，更注重第二方面的原因，即宣扬其功绩，确保其正统之名，未重视对于中原政权兴衰经验的借鉴，最终踏上了覆亡之路。

---

① 《晋书》卷一〇三《刘曜载记》，第9册，第2683页。
② 《晋书》卷一〇三《刘曜载记》，第9册，第2692页。
③ 《晋书》卷一〇二《刘聪载记》，第9册，第2679页。
④ 《史通》卷12《古今正史第二》，第59页。

（四）刘渊宗汉立国政策引发了少数民族的寻根现象以及认同心态

西汉初年，汉弱匈强，西汉与匈奴和亲以求边疆安稳，匈奴也因既得利益而放弃南下。而后匈奴因西汉打击、天灾等原因渐弱，归附中原的匈奴人因和亲之故以西汉外甥自居。曹魏将南匈奴五部迁于并州，南匈奴"自谓汉氏外孙，因改姓刘氏"①。而到西晋时，和亲则成为刘渊能够安稳立国的重要依据。

刘渊称汉国"上可成汉高之业，下不失为魏氏"②。而在当时，少数民族建立正统王朝是史无前例的。刘宣拥立刘渊为主，是要"复呼韩邪之业"，西晋并州刺史刘琨也曾言"自古以来诚无戎人而为帝王者"③。当然，刘渊也知少数民族建立正统王朝，会遭受多方阻力，过程极为艰难。④ 为提高政治影响力，刘渊认为"汉有天下世长，恩德结于人心，是以昭烈崎岖于一州之地，而能抗衡于天下"⑤，因以"汉"为号，赢得了数万人的归附。此后，永兴元年（304 年），刘渊即汉王位，以汉朝外甥自居，"追尊刘禅为孝怀皇帝，立汉高祖以下三祖五宗神主而祭之"⑥。这有利于打破"非我族类，其心必异"的民族隔阂，在实际上推动了民族融合。

刘渊宗汉立国政策引发了少数民族的寻根现象以及认同心态。如赫连勃勃建立大夏，"自以匈奴夏后氏之苗裔也，国称大夏"⑦。姚苌建立大秦"其先有虞氏之苗裔。禹封舜少子于西戎，世为羌酋"⑧。无论其寻根和认同的动机为何，都是值得肯定的，这有利于提高少数民族自信

---

① 《资治通鉴》卷七九"晋武帝泰始六年"条，第6册，第2514页。
② 《晋书》卷一〇一《刘元海载记》，第9册，第2649页。
③ 《晋书》卷一〇四《石勒载记》，第9册，第2715页。
④ 《晋书·刘元海载记》："晋人未必同我。"
⑤ 《晋书》卷一〇一《刘元海载记》，第9册，第2649页。
⑥ 《晋书》卷一〇一《刘元海载记》，第9册，第2650页。
⑦ 《晋书》卷一三〇《赫连勃勃载记》，第10册，第3202页。
⑧ 《晋书》卷一一六《姚弋仲载记》，第9册，第2959页。

心，也便于得到汉人的认同。①此外，秦汉时期汉族的"华夷共祖"观念，在两晋时期得到北方少数民族统治者的认同，有利于胡汉人民在感情上的沟通，有利于胡汉民族的融合。

（五）匈奴社会习俗的变更

受儒家文化熏陶，汉族伦理观念开始渗透并影响了匈奴的社会习俗。

首先，忠君观念在匈奴文化逐渐突显。攻下洛阳后，刘曜又派军向长安进发。平西赵染进至下邽，南阳司马模降。刘粲杀司马模及其子司马黎，遭到刘聪责备。刘粲认为司马模身为晋室，却不能为洛阳守死节，理应被杀。刘曜攻陷三渚，刘聪追赐晋司徒传祗为太保，谓传祗之子，"尊公虽不违天命，然各忠其主，吾亦有以亮之"②。司马模因不救洛阳而被杀，传祗因忠于西晋而被尊重，说明这一时期汉族的忠君观念已经为匈奴汉国所吸纳。刘和继位，其舅父呼延攸认为刘渊以刘欢乐、刘洋等总揽兵权对刘和之位构成重要威胁，建议刘和早日去除心患，但是刘盛却认为："先帝尚在殡宫，四王未有逆节，今忽一旦自相鱼肉，臣恐人不食陛下之余。"③

其次，原盛行于匈奴的收继婚制在这一时期走向灭亡。在儒家思想影响下，收继婚被视为乱伦行为，汉族女子与其夫家亲属之间的性关系是绝对不容许的。在司马昭为晋王时，就曾下令："重奸伯叔母之令，弃市。淫寡女，三岁刑。崇嫁娶之要，一以下娉为正，不理私约。"④《晋书·刘聪载记》载："伪太后单氏姿色绝丽，聪烝焉。单即义之母也，义屡以为言，单氏惭恚而死。"⑤这则材料说明单氏母子已经默认原盛行于匈奴的收继婚为乱伦。刘聪烝单氏，而没有收娶其他守寡

---

① 崔明德：《李陵·拓跋氏·黠戛斯——兼论汉唐时期北方少数民族的寻根现象和认同心态》，《烟台大学学报》（哲学社会科学版）1995年第1期。

② 《晋书》卷一○二《刘聪载记》，第9册，第2662页。

③ 《晋书》卷一○一《刘元海载记》，第9册，第2653页。

④ 《晋书》卷三十《刑法志》，第3册，第927页。

⑤ 《晋书》卷一○二《刘聪载记》，第9册，第2658页。

的后母或兄嫂，也说明他绝非是延续收继婚，而是因单氏颇有姿色。单氏羞愧自尽，成为对收继婚否定最好的证据。

最后，匈奴由"以母名为姓"转变为子从父姓。《南齐书·魏虏传》载："胡俗以母名为姓。"由刘渊开始匈奴子从父姓。此后，匈奴独孤部、铁弗匈奴皆以刘为姓，夏国建立者赫连勃勃因"子而从母之姓，非礼也"[1]继而改姓赫连，卢水胡以沮渠为姓。虽然姓氏不尽相同，但是子从父姓的习俗已经形成。

综上所述，我们可以得出以下几点认识：

1. 西晋统治者错误的民族政策，是匈奴起兵反晋的根本原因。不仅匈奴上层"降同编户"[2]，而且地方政府强迫匈奴民众纳租调，服力役，"部曲服事供职，同于编户"[3]。汉族地主还常以匈奴人为佃客、奴婢。所以匈奴右贤王刘宣才说："晋为无道，奴隶御我。"[4]

2. 西晋内乱为匈奴复国提供了契机。晋惠帝时期，西晋诸王争权夺利，中央政权名存实亡，"政出群下，纲纪大坏"[5]。刘渊建国后，除与其同处并州的司马腾、刘琨外，西晋中央并未因汉国建立而作出战略安排，来自西晋的阻力大大减弱。

3. 汉赵政权虽然是匈奴所建，但是却完全不同于以往意义上的少数民族政权，该政权带有浓厚的汉族特色，是汉式的封建政权。自汉以来，中原王朝便对各少数民族政权采取羁縻之道，很少直接干涉管辖少数民族具体事务。单于台的保留其实也是对这一政策的延续，不同的是最高统治者是少数民族。只是单于的地位已经降为与大司徒、封疆大吏相等，不再是政权最高首领。尽管仿效的形式多于内容，却开启了少数民族主动以夏变夷的高潮，加快了少数民族汉化的步伐。

---

① 《晋书》卷一三十《赫连勃勃载记》，第10册，第3206页。
② 《晋书》卷一〇一《刘元海载记》，第9册，第2647页。
③ 《三国志》卷十五《魏书·梁习传》，第2册，第469页。
④ 《晋书》卷一〇一《刘元海载记》，第9册，第2648页。
⑤ 《晋书》卷四《惠帝纪》，第1册，第108页。

4. 自刘渊建国至前赵灭亡，前后二十余年，之所以如此短暂与匈奴人对中原政治历史的了解浮于表面有关。匈奴虽然入主中原多年，但他们仍然是以单于制为主，对于中原制度缺乏实质的了解，对于政权的巩固与发展缺乏管理经验。在政权尚未巩固之时，统治阶级内部已经展开争夺皇位的斗争，开始大修宫室，国内人民兵役、徭役繁重，统治者一系列倒行逆施，使得前赵政局动荡，经济基础薄弱，最终走向灭亡。

5. 匈奴汉国是少数民族建立的第一个中原政权，揭开了少数民族入主中原的序幕，引发了中国历史上第一次政局的大变动。原处中原的汉族政权在东晋时偏安江南，原处周边的其他各民族则在中国北方展开了激烈地争夺中原霸主的斗争。这一方面加速了中国各民族的相互交流与融合，加快了各民族发展的步伐；另一方面少数民族统治者在中原争夺战持续百余年，严重阻碍了北方经济的正常发展。

第三节　两晋与铁弗匈奴的关系

一、铁弗匈奴的形成

铁弗匈奴原为南匈奴一支，首领刘氏是南匈奴单于后裔。《魏书·铁弗刘虎传》记载："北人谓胡父鲜卑母为'铁弗'，因以为号。"[1] 他兴起于3世纪末、4世纪初，其首领刘虎，是并州匈奴右贤王去卑之孙、并州匈奴北部帅刘猛从子。

因曹操采取分散政策，加强对南匈奴监控，南匈奴贵族失去对部众统治权，引起匈奴贵族的不满。泰始七年（271年），匈奴右贤王刘猛叛出塞。十一月，刘猛进犯并州，并州刺史刘钦等击破之。次年正月，西晋监军何桢讨伐刘猛，刘猛左部帅李恪杀刘猛投降。关于刘猛起兵原因，史书缺乏明确记载，仅江统在《徙戎论》中提及："咸熙之

---

① 《魏书》卷九五《铁弗刘虎传》，第6册，第2054页。

际，以一部太强，分为三率。泰始之初，又增为四。于是刘猛内叛，连结外虏。"①也即刘猛反叛是对西晋政府剥夺匈奴上层贵族统治权的一种反抗。此次反叛，之所以很快被平定，是因为刘猛势单力孤，没有得到其他各部的支持，仅仅因为其一名部将叛离，此次叛乱就结束了。

刘猛死，其子奔拓跋鲜卑，去卑另一子诰升爰代领部众。因刘猛叛离，西晋很可能不再册封诰升爰，刘元海就曾因"部人叛出塞"而被免官。②此后，去卑一支与西晋王朝联系日益减少。就在此时，拓跋鲜卑南迁至代北一带，与诰升爰所领部众错居杂处，经过长时间的交往，两族逐渐融合成为铁弗匈奴。铁弗匈奴正式形成，大概是在刘虎统治时期。永嘉三年（309年），诰升爰死，子刘虎代立，这时部众号称"铁弗"匈奴。

二、大夏国的兴衰

正值西晋"八王之乱"，刘虎率众依附刘聪。晋永嘉四年（310年），刘虎与白部鲜卑联合，进攻新兴、雁门二郡，被晋并州刺史刘琨所败。刘虎西渡黄河，占据朔方肆卢川。咸康七年（341年），刘虎死，铁弗匈奴经过刘务桓、阏陋头、悉勿祈三传至刘卫辰。升平三年（359年），刘卫辰继位，对前秦时服时叛。至前秦大乱，刘卫辰占据朔方，控弦之士达三万八千。太元十六年（391年），刘卫辰进攻北魏，反被北魏所败，刘卫辰被杀，仅幼子刘勃勃得以逃脱，辗转投奔后秦。义熙三年（407年），因后秦与北魏通好，刘勃勃反叛。同年，刘勃勃称天王、大单于，以匈奴夏后氏苗裔自居，故建国号"大夏"。

铁弗匈奴原为刘姓，后民族意识逐渐增强，勃勃耻于从母姓。当初，匈奴冒姓刘，是为了拉近与汉族政权的关系，刘渊起兵时更以西

---

① 《晋书》卷五六《江统传》，第5册，第1534页。
② 吴洪琳：《铁弗匈奴的形成及早期历史》，《西北民族论丛》第五辑，2007年。

汉后裔自居，得到众多胡汉人民的认同。但随着少数民族纷纷进入中原建立政权，少数民族统治者多有强调自身为正统的倾向，其民族意识也在这个过程中不断增强。义熙九年（413年），刘勃勃下书："朕之皇祖，自北迁幽朔，姓改姒氏，音殊中国，故从母氏为刘。子而从母之姓，非礼也。古人氏族无常，或以因生为氏，或以王父之名。朕将以义易之。帝王者，系天为子，是为徽赫实与天连，今改姓曰赫连氏，庶协皇天之意，永享无疆大庆。系天之尊，不可令支庶同之，其非正统，皆以铁伐为氏，庶朕宗族子孙刚锐如铁，皆堪伐人。"①"徽赫实与天连"反映了赫连勃勃强烈的民族自豪感与自信心，这与刘渊起兵之时已迥然不同。"庶朕宗族子孙刚锐如铁，皆堪伐人"，更是赫连勃勃对本民族强大军事战斗力感到自豪的表现。

夏与东晋本有后秦相隔，义熙十二年（416年），姚兴死，氐、羌、匈奴各族多次起兵反秦，刘裕趁机出兵后秦。义熙十三年（417年），刘裕进入关中，攻灭后秦。赫连勃勃早就料到："刘裕伐秦，水陆兼进，且裕有高世之略，姚泓岂能自固！吾验以天时人事，必当克之。又其兄弟内叛，安可以距人！裕既克长安，利在速返，正可留子弟及诸将守关中。待裕发轸，吾取之若拾芥耳，不足复劳吾士马。"②

为拉拢赫连勃勃，刘裕攻灭后秦，遣使致赫连勃勃书信，请求通好，约为兄弟。不久，赫连勃勃还统万，刘裕立即返回建康谋取帝位，留其子刘义真镇守关中。赫连勃勃以子赫连璝都督前锋诸军事，领抚军大将军，率骑两万南攻长安，前将军赫连昌屯兵潼关，以王买德为抚军右长史，往南截断青泥之路，赫连勃勃率大军继发。东晋驻守长安官员在此时发生内讧，沈田子因私怨杀害王镇恶，刘义真长史王脩又杀害沈田子。刘义真听信谗言，又将王脩处死，长安失去主谋将才，刘义真年仅十二岁，不能主持大局。赫连璝夜袭长安，赫连勃

① 《晋书》卷一三〇《赫连勃勃载记》，第10册，第3206页。
② 《晋书》卷一三〇《赫连勃勃载记》，第10册，第3207—3208页。

勃进据咸阳，关中郡县皆降夏军。刘裕遣朱龄石镇守长安，命刘义真南还。义熙十四年（418年）十一月，赫连勃勃攻入长安，又破朱龄石军队，东晋灭秦成果，被夏轻易窃取。不久，赫连勃勃在灞上即皇帝位，遣其将领叱奴侯提率步骑两万至蒲坂进攻晋并州刺史毛德祖，毛德祖逃奔洛阳。勃勃以叱奴侯提为并州刺史，镇守蒲坂。

赫连勃勃性情凶暴好杀，"常居城上，置弓剑于侧，有所嫌忿，便手自杀之，群臣忤视者毁其目，笑者决其唇，谏者谓之诽谤，先截其舌而后斩之"，国人躁动不安，民不聊生。宋元嘉二年（425年），赫连勃勃死，子赫连昌继位。元嘉五年（428年），赫连昌为魏军俘获，其弟赫连定在平凉即位。元嘉八年（431年），赫连定为避北魏西迁，被吐谷浑所俘，夏亡。

第三章
两晋与羯胡的关系

第一节　羯胡的发展概况

一、羯族的起源

羯胡，常为晋人对杂胡的泛称，南北朝时又称契胡。狭义的羯胡主要分布在并州上党郡的武乡羯室及新兴郡一带。《晋书·石勒载记》载："其先匈奴别部羌渠之胄。"关于其族源，因为史书缺乏明确记载，学术界一直存在以下几种观点：

第一，为匈奴苗裔或别部。《世说新语·识鉴篇》称石勒为匈奴苗裔，《晋书·石勒载记》称羯为匈奴别部。杨建新先生认为："羯族很可能是匈奴和其他西域人的混血儿，或者是匈奴统治下的某种部落，与匈奴在族属上关系很密切，完全可以称作匈奴的一种。"[1]韩国磐先生认为："羯族是匈奴的一支，源出于匈奴羌渠种，和匈奴其他各种同迁居塞内，住在并州上党一带。"[2]

第二，为西域胡一种，或谓与康居人有渊源，或谓与月氏有渊源。持此观点的学者较多。万绳楠先生认为：石氏出自康国枝庶石国王室，被匈奴作为战俘裹胁而来，故亦称为"羯"或"羯人"。羌渠即为康国，力羯与羌渠同为羯人，"羯人中以羌渠种为贵，力羯种则具平民的色彩"[3]。王仲荦先生认为，石勒祖先可能是《隋书》所说的石国人，移

---

① 杨建新：《中国西北少数民族史》，第66页。
② 韩国磐：《魏晋南北朝史纲》，第155页。
③ 万绳楠：《魏晋南北朝史论稿》，第140页。

居中原后，以石为姓①。谭其骧先生认为："羯人与康居本土人本非同族，特以其同为康居国民，'北狄以部落为类'（《晋书·匈奴传》），故自匈奴人视之，则等是羌渠②种人，等是羌渠之胄耳。"③姚薇元先生认为："余考羯乃匈奴治下之月氏也。"④陈寅恪先生认为："羯人实即赭羯之人，亦即月氏人。"⑤

第三，羯胡是杂胡。唐长孺先生认为：内徙匈奴诸部很多曾经只是匈奴役属，不是匈奴族，魏晋期间匈奴部族瓦解，杂胡、山胡、羯胡一般都号为匈奴，是极其含糊的泛称。羯胡中西域胡所占比重较大，却不等同于西域胡⑥。

第四，呼揭人后裔。陈可畏先生认为，呼揭人"就是西晋末年'五胡乱华'中著名的羯族"⑦。

综上，从羯人容貌特征、姓氏、语言、宗教信仰及婚丧习俗等方面，诸多学者已经做过考察，认为羯族更接近于西域胡。但是在由西域到并州的迁徙过程中，尤其在各民族大量内迁时期，西域胡与匈奴、氐、羌、汉人融合，最终形成了羯胡，所以，晋人又常常以羯胡泛指杂胡。

二、后赵兴衰

（一）后赵的兴起

石勒父祖皆为"部落小帅"⑧。石勒年少时，曾代父管理部落，又替邬人郭敬、阳曲宁驱"力耕"。郭敬、宁驱对石勒宽厚，常常资助石

---

① 王仲荦：《魏晋南北朝史》，上海：上海人民出版社，1994年，第242页。
② 谭其骧：《长水集》（上）："当时秉笔者未遑深究，未由知其即系马、班所谓'康居'，遂别创'羌渠'之新译耳"，北京：中国地图出版社，1982年。
③ 谭其骧：《长水集》（上），北京：中国地图出版社，1982年，第230—231页。
④ 姚薇元：《北朝胡姓考》，北京：中华书局，1962年，第356页。
⑤ 万绳楠整理：《陈寅恪魏晋南北朝史讲演录》，贵阳：贵州人民出版社，2008年，第78页。
⑥ 唐长孺：《魏晋南北朝史论丛》，石家庄：河北教育出版社，2000年，第399—411页。
⑦ 陈可畏：《古代呼揭国及其民族试探》，《中国边疆史地研究导报》1989年第6期。
⑧ 《晋书》卷一〇四《石勒载记上》，第9册，第2707页。

勒。晋太安年间（302—303 年），并州饥荒，石勒与其他诸胡离散，被卖给茌平人师权为奴。师权家与马牧相邻，石勒因善于相马而与牧率汲桑结识。永兴二年（305 年），石勒与汲桑率数百骑兵投奔公师藩①。次年，公师藩为兖州刺史苟晞所杀，石勒与汲桑逃至苑中，率牧人劫掠各郡县囚犯，又招引山泽流民，自称大将军，声称为成都王司马颖讨伐东海王司马越、东瀛公司马腾，不久，起义军又被苟晞所败，汲桑为晋师所杀，石勒奔乐平。时胡人部落首领张督、冯莫突在上党有部众数千，石勒前往归附，并劝服他们归附刘渊。刘渊以石勒为辅汉将军、平晋王，统领张督、冯莫突部众。石勒在匈奴汉国通过为刘渊收服了乌丸张伏利度军队，树立了威信，刘渊将张伏利度部众交与石勒，活动于黄河中下游各地。

永嘉二年（308 年），石勒与刘零等进攻魏郡、汲郡、顿丘等地，"百姓望风降附者五十余垒；皆假垒主将军、都尉印授，简其强壮五万军士，老弱安堵如故"②。次年，又攻占钜鹿、常山和冀州郡县堡垒百余处，众至十余万，并将"衣冠人物集为君子营"③。在此，石勒得张宾，引为谋主，又以"刁膺、张敬为股肱，夔安、孔苌为爪牙，支雄、呼延莫、王阳、桃豹、逯明、吴豫等为将率"④。

永嘉五年（311 年），石勒攻灭东海王司马越军十余万，又与刘曜、王弥攻陷洛阳。永嘉六年（312 年），石勒屯兵葛坡，进攻建业，但"会军中饥疫，死者太半"⑤，石勒采纳张宾建议，北上经营河北，夺得幽州、冀州、并州。太兴元年（318 年），前赵靳准反叛，石勒由平阳进攻靳准，十余万落巴人、羌人和羯人归附石勒，石勒将他们全部迁至其统治郡县内。太兴二年（319 年）二月，石勒派长史王脩向前

---

① 司马颖故将，在赵魏起兵，自称将军，有众数万。
② 《资治通鉴》卷八六，"晋怀帝永嘉二年十一月"条，第6册，第2739页。
③ 《晋书》卷一〇四《石勒载记上》，第9册，第2711页。
④ 《晋书》卷一〇四《石勒载记上》，第9册，第2711页。
⑤ 《资治通鉴》卷八七，"晋怀帝永怀五年正月"条，第6册，第2758页。

赵献捷。石勒舍人曹平乐因出使刘曜处任职，言石勒将攻刘曜，刘曜撤销对石勒的太宰之封，石勒大怒，以此为由称赵王。太宁元年（323年），石勒消灭曹嶷部众。至此，北方仅剩前赵与后赵两大势力。

太宁二年（324年），后赵司州刺史石生攻击前赵河南太守尹平，劫掠民众五千多户返回。自此，前赵与后赵结怨，河东、弘农一带民不聊生。咸和三年（328年），石勒率军攻洛阳，斩杀刘曜。次年，石虎进攻上邽，坑埋刘氏亲族党徒三千余人，将前赵朝廷的文武官员、关东流民、秦州和雍州的大族九千多人迁徙到襄国，又在洛阳坑杀五郡的屠各五千余人，前赵灭亡。之后，后赵又平定秦州、陇西，氐族王蒲洪、羌族首领姚弋仲都归降石虎。凉州牧张骏大惧，遣使称藩，将氐族和羌族的十五万村落居民迁徙到司州和冀州。

咸和五年（330年）二月，石勒称赵天王，行皇帝事，立妃子刘氏为王后，世子石弘为太子，大封同姓诸王。石勒又仿效汉制，以左长史郭敖任尚书左仆射，右长史程遐任右仆射、兼领吏部尚书。左司马夔安、右司马郭殷、从事中郎李凤、前郎中令裴宪，皆任为尚书；参军事徐光为中书令、领秘书监。其余文武官员，拜官封爵各有差等。石虎本想当大单于，却为石勒之子所得，心中颇为不满。九月，石勒即帝位，立石弘为皇太子。

（二）后赵的衰亡

石虎，石勒从子，在石勒夺取赵魏的争战中屡立奇功，但为人残忍贪暴，任情杀戮。石虎坐镇邺城时，掌管胡羯六夷事务，权势日盛。后石勒在邺城建宫殿，将石虎迁出，石虎心中颇为不满。咸和五年（330年），石勒称赵天王，行皇帝事。以石弘为太子，石宏为大单于，封石虎为太尉、守尚书令、中山王。石虎更是不满，对其子石邃说："成大赵之业者，我也。大单于之望实在于我，而授黄吻婢儿，每一忆此，令人不复能寝食。待主上晏驾之后，不足复留种也。"[1]石勒在位

---

① 《晋书》卷一〇六《石季龙载记上》，第9册，第2762页。

时，徐光、程遐屡次劝告石勒石虎意欲夺权，石勒最终未能听从。石勒刚死，石虎便杀害徐光、程遐，石弘虽然继位，但“勒文武旧臣皆补左右丞相闲任，季龙府僚旧昵悉署台省禁要”[1]。咸和九年（334年），石虎废除石弘，自居摄赵天王。

石虎在位时期，内修宫殿，外事征伐，百姓兵役、徭役繁重。对内仅在邺城建立台观就四十余所，又营建洛阳、长安两处宫室，参与建筑百姓达四十余万。咸康八年（342年），石虎曾下令，“征士五人出车一乘，牛二头，米十五斛，绢十匹，调不办者斩”，百姓不能供给军需，“自经于道树者相望”。[2]石虎耽于玩乐，永和元年（345年），下令百姓不得伤害禽兽，并派御史监察。御史趁机作威作福，一百余家百姓被处以死刑，“海岱、河济间人无宁志矣”。[3]同年，石虎又征诏百姓女子入宫为官，被杀妇人之夫达三千余人，荆、楚、扬、徐各州百姓叛离殆尽。永和二年（346年），后赵出现“听吏告其君，奴告其主，威刑日滥，公卿已下，朝会以目，吉凶之问，自此而绝”[4]的局面。对外，石虎向东进攻慕容鲜卑、段部鲜卑，向西进攻前凉，向南又进攻东晋，百姓不堪重负，社会生产遭到严重破坏。石虎在位时，为政苛暴，滥杀无辜，激化了各种社会矛盾，农民起义、士兵反戈不断，“荆楚、扬、徐之民流叛略尽”[5]。咸康八年（342年），贝丘人李弘联合奸党反叛。永和五年（349年），高力督梁犊在雍城率众反抗，至长安时部众已达十万，最后石虎借助氐、羌之力方才平定叛乱。

石虎死后，石世继位，其母刘太后辅政，以张豺为丞相，石遵、石鉴为左右丞相。姚弋仲、苻洪、石闵等平定秦、洛叛乱后班师回朝，劝石遵讨伐张豺。石遵攻入邺城，即皇帝位，杀害石世母子。

---

① 《晋书》卷一〇五《石勒载记下》，第9册，第2754页。
② 《资治通鉴》卷九十七，“晋成帝咸康八年”条，第7册，第3053页。
③ 《晋书》卷一〇六《石季龙载记上》，第9册，第2777页。
④ 《晋书》卷一〇六《石季龙载记上》，第9册，第2778页。
⑤ 《资治通鉴》卷九七，“晋穆帝永和元年条”，第7册，第3063页。

石虎已死，后赵内乱，前燕、东晋皆开始准备进攻后赵。与此同时，后赵内部矛盾也愈演愈烈。当初，石遵曾许石闵以太子之位，后立石衍，石闵颇为不满。永和五年（349年）十一月，石闵遣将军苏亥、周成杀害石遵及太子石衍，拥立石鉴为帝。此时，石祗在襄国与姚弋仲、苻洪联合讨伐石闵、李农。石鉴以石琨为大都督，与张举及侍中呼延盛率步骑七万分别讨伐石祗。石闵下令，"与官同心者住，不同心者各任所之"①，于是百里之内赵人皆入城，而离城的胡羯也堵满城门。石闵知胡人不能为己所用，"班令内外赵人，斩一胡首送凤阳门者，文官进位三等，武职悉拜牙门"②，一日斩杀胡人数万。石闵又亲率赵人诛杀胡羯，无论贵贱男女老少，死者达二十余万。

石闵诛杀胡人暴行，引起后赵人心慌乱，各方势力趁机起兵，割据一方。太宰赵鹿、太尉张举、中军张春、光禄石岳、抚军石宁、武卫张季及诸公侯、卿等万余人出奔襄国。石琨据守冀州，抚军张沈屯兵滏口，张贺度据守石渎，建义段勤据守黎阳，宁南杨群屯兵桑壁，刘国据守阳城，段龛据守陈留，姚弋仲据守混桥，苻洪据守枋头，各拥兵数万。王朗、麻秋投奔洛阳，王朗接受石闵命令杀王朗部胡人千余名，后奔襄国，麻秋率众奔苻洪。

（三）后赵分裂及冉魏兴亡

永和六年（350年）二月，石闵杀石鉴，灭石氏子孙。石闵称帝，改国号大魏，改姓冉。三月，石祗在襄国称帝，以姚弋仲为右丞相、亲赵王，以苻健为都督河南诸军事、镇南大将军、开府仪同三司、兖州牧、略阳郡公。十一月，冉闵率步骑十万围攻襄国。次年四月，石祗被其部将刘显所杀。七月，刘显在襄国称帝。永和八年（352年），冉闵消灭刘显及其他官吏百余人。后赵汝阴王石琨归附东晋，在建康被杀，石氏彻底灭亡。四月，前燕慕容恪率兵进攻冉魏，冉闵被俘，

---

① 《晋书》卷一〇六《石季龙载记下》，第9册，第2791页。
② 《晋书》卷一〇六《石季龙载记下》，第9册，第2792页。

冉魏灭亡。

第二节　两晋与后赵的关系：从被奴役到联合匈奴反抗

一、石勒与西晋的关系

西晋末年，石勒曾投靠多方势力，共同与西晋抗衡。首先，在冀州集结支雄、夔安等人为强盗集团，后又投奔公师藩，在多次与人联合后石勒最终选择投奔刘渊，为汉国消灭西晋起到了重要推动作用。

（一）石勒反抗西晋的斗争

其一，石勒与汲桑等人共同反抗西晋压迫的斗争

在西晋，匈奴贵族尚且受西晋奴役，羯族小部落首领地位可想而知。虽然祖父耶奕于、父亲周曷朱为部落小帅，石勒在西晋仍然是下层劳动人民，以经商和为人耕作来谋生。太安年间，并州饥荒，石勒与其族人离散，被司马腾部将送往冀州，卖给茌平人师欢为奴。在西晋所受奴役，使石勒产生了对西晋王朝深深的仇视心理以及对百姓的关爱之情。

石勒到达冀州后，因善于相马而与牧率汲桑结识，与王阳、夔安、支雄、冀保、吴豫、刘膺、桃豹、逯明八骑士结为群盗，后郭敖、刘徵、刘宝、张曀仆、呼延莫、郭黑略、张越、孔豚、赵鹿、支屈六又前来归附，号称十八骑，以劫掠丝缯财物为生。"十八骑"实为强盗团伙，是西晋末年作乱势力之一，这一时期石勒的活动更加速了社会的动荡。

永兴二年（305年），公师藩因成都王司马颖被废在赵魏起兵，自称将军，有众数万，石勒与汲桑率数百骑兵投奔公师藩①。此时，石勒开始了反抗西晋统治集团的斗争，但公师藩很快为兖州刺史苟晞所杀。永嘉元年（307年），石勒与汲桑逃至苑中，以为司马颖讨伐司马

---

① 公师藩：司马颖故将，在赵魏起兵，自称将军，有众数万。

越、司马腾为名，率牧人劫掠各郡县囚犯，又招引山泽流民，结成团伙，不久又为苟晞所败，汲桑奔马牧，为晋师所杀，石勒奔乐平。

其二，协助刘渊灭亡西晋

部众被苟晞消灭殆尽后，石勒选择依附当时反晋最为强大的政权——匈奴汉国。匈奴曾经强盛一时，有再次崛起之势，投效匈奴汉国成为石勒与晋朝抗衡的明智之选。

石勒首先归附上党胡人部落首领张䀜督、冯莫突，很快说服其部族投奔刘渊。石勒初至汉国便收服了乌丸张伏利度军队，深得刘渊赏识。永嘉二年（308年）十一月，石勒、刘灵率众三万寇魏郡、汲郡、顿丘，百姓望风降附者五十余垒。次年，石勒占据钜鹿、常山、冀州郡县，南取襄阳，攻占江西壁垒三十余所，兵力达十余万。永嘉五年（311年）四月，石勒在苦县大败司马越军十余万人。不久，又俘获司马越长子及宗室四十八人，歼灭西晋主力。十月，石勒又进攻豫州各郡，至长江而还，驻扎葛坡。

由于史料所限，石勒起兵初衷是反抗西晋压迫抑或在乱世成就霸业，已不得而知，但其对抗西晋是无可争辩的。正因受到西晋多年的压迫，石勒才在屡次失败后，仍然寻求与西晋抗衡的势力，最后之所以选择投靠刘渊，一方面是少数民族认同心态，无论族源为何，羯族在入居中原后，始终为匈奴别部，并且双方同受西晋的民族压迫；另一方面，刘渊是当时与西晋抗衡力量中的佼佼者，他不仅得到了各少数民族的响应，也得到不少汉人的支持。而石勒也借助汉国，在战争中逐渐强大起来，谋得了自己的势力范围。石勒虽名为汉臣，却拥有相对独立性，以襄国为据点，已经开始经营河北。

（二）石勒与西晋北方残余势力的战争

在西晋行将灭亡之际，石勒开始进据河朔，巩固在北方的统治。而此时西晋在北方的主要势力就是幽州王浚与并州刘琨。王浚、刘琨坐镇幽并重地，是西晋在北方的重要力量，然而在西晋危亡之时，双方仍然以己方利益为重，内斗不止。石勒通过分化瓦解、欲擒故纵等策略，逐渐吞并二州，扩大了在北方的势力。

一是与王浚争夺幽冀的斗争。

王浚趁西晋衰弱之际，意欲称霸一方，但是其自身力量有限，除将领祁弘外，主要依靠鲜卑及乌桓兵力。石勒势力的迅速增长，威胁了王浚在幽冀二州的统治。永嘉三年（309年）九月，王浚派部将祁弘率鲜卑段务尘十余万骑讨伐石勒，在飞龙山大败石勒。石勒退守黎阳，命诸将进攻尚未攻克及叛变的城堡，降服三十余处，设守宰以安抚当地民众。十一月，石勒进攻信都，杀害冀州刺史王斌，王浚则趁机自兼冀州刺史。永嘉四年（310年）二月，石勒进攻冀州诸郡，九万多百姓归附石勒。

永嘉六年（312年）十二月，游纶、张豺拥众数万，占据苑乡，接受王浚统领。石勒派夔安、支雄等七位将领攻打苑乡，破其外垒。王浚派督护王昌与鲜卑段就六眷、段末杯、段匹磾等率众五万进攻襄国。石勒擒获段末杯，并以其为质，遣使向段就六眷请和，约为兄弟。不久，王浚将领祁弘在征讨石勒途中遇害。王浚实力大减，外无声援，内无强兵，但他仍然相信谶语，延续其皇帝梦，"幽州自去岁大水，人不粒食，浚积粟百万，不能赡恤，刑政苛酷，赋役殷烦，贼害贤良，诛斥谏士，下不堪命，流叛略尽。鲜卑、乌丸离贰于外，枣嵩、田矫贪暴于内，人情沮扰，甲士羸弊"[1]。

正值此时，石勒卑辞厚礼，假意投降，令舍人王子春、董肇厚赠珍宝，并奉表推崇王浚为天子："伏惟明公殿下，州乡贵望，四海所宗，为帝王者，非公复谁？"[2]因段疾陆眷以及士人、百姓的叛离，石勒的归附使王浚感到意外欣喜。建兴二年（314年），王浚使者至后赵，石勒藏匿精兵以示羸弱，并遣使奉表至王浚，愿亲至幽州奉上尊号。在众人反对王浚称帝之时，石勒此举深得王浚之心，所以石勒得以轻松

---

[1]《晋书》卷一○四《石勒载记上》，第9册，第2722页。

[2]《晋书》卷一○四《石勒载记上》，第9册，第2721页。

进城，拘捕王浚，将其押至襄国斩首。

由整个过程来看，王浚失败是历史的必然：首先，王浚在西晋危亡之际，不思报国，却意图篡位称帝，不得人心，反被石勒利用。其次，王浚对内统治残暴，固执己见，不听贤臣劝谏，不但百姓纷纷离去，贤良之臣也被戕害。再次，石勒不但分化王浚外援成功，段部鲜卑、刘琨皆坐视王浚灭亡，而且赢得幽冀百姓归附，使王浚被彻底孤立。

二是与刘琨的关系。

与王浚不同，刘琨任并州刺史后志在挽救危局，他曾欲将石勒收为己用，却被石勒婉拒。当初，石勒在平原被卖，与母亲王氏失散。永嘉五年（311年），刘琨派张儒将王氏送至石勒处，劝说石勒报效西晋，"存亡决在得主，成败要在所附；得主则为义兵，附逆则为贼众。义兵虽败，而功业必成；贼众虽克，而终归殄灭"，并以官位相诱，"今相授侍中、持节、车骑大将军、领护匈奴中郎将、襄城郡公，总内外之任，兼华戎之号，显封大郡，以表殊能，将军其受之，副远近之望也。自古以来诚无戎人而为帝王者，至于名臣建功业者，则有之矣"。① 石勒送刘琨名马珍宝以谢其送母，却以"吾自夷，难为效"为由断绝与刘琨往来。石勒之所以拒绝刘琨招抚，主要有以下几个方面原因：一是西晋对少数民族实行剥削、压迫，多次激起少数民族反抗斗争；二是曾经强盛一时的匈奴在归附中原王朝后，其单于只徒有虚号，土地、人口皆为中原王朝所统领，何况石勒仅为小部族成员，归附后地位可想而知；三是匈奴已经建立汉国，且正处于兴盛时期，而西晋政局混乱；四是石勒在多年征战中，扩张了实力，大有称帝野心，不甘为晋臣。

待吞并王浚后，石勒开始着手进攻刘琨。建兴四年（316年），石勒进攻乐平太守韩据，此时刘琨新得鲜卑部众，欲趁机挫石勒锐气，

---

① 《晋书》卷一○四《石勒载记上》，第9册，第2715页。

反中埋伏，几乎全军覆没，刘琨投奔段匹磾。虽然段匹磾与刘琨结为兄弟，但段末杯却倾向石勒，刘琨无法依靠段部鲜卑与石勒抗衡，收复失地。

（三）石勒与西晋起义军的关系

西晋流民起义军与石勒有着同样的反抗西晋的诉求，所以双方曾在匈奴汉国的共同领导下有过军事合作。两方势力虽名义上受匈奴汉国领导，却又是相对独立的政权。随着西晋的衰亡，为了扩张势力，石勒开始了兼并起义军的斗争。

首先，兼并王如起义军。

王如，京兆新丰人，早年任州武吏，遭遇战乱流落宛城。永嘉四年（310年）九月，朝廷遣返雍州流民回乡，王如因关中残破不愿返乡而集结民众反叛。南安庞寔、冯翊严嶷及长安侯脱皆率众响应。不久，王如部众达四五万，自称大将军，司、雍二州牧，并自称藩属汉国。起义军虽刚开始，首领之间已经产生矛盾。十月，石勒举兵渡河，驻扎在宛城以北。王如因与侯脱不和，以重礼贿赂石勒，结为兄弟，说服石勒进攻侯脱。而石勒早欲拔除侯脱，只因侯脱与王如联合而有所忌惮，此时率军攻克宛城，斩杀侯脱，又俘虏严嶷，合并其部众。转而开赴襄城，消灭王如弟王璃部众。永嘉六年（312年），王如因军中饥荒以及晋军的征讨而投降王敦，最终被王敦处斩。

其次，与王弥、曹嶷争夺青州。

王弥，东莱人，惠帝末年，跟随刘伯根起义，后天下大乱，进逼洛阳，被司徒王衍所破，投奔刘渊。汉军攻入洛阳后，王弥接受刘暾建议占据青州，以左长史曹嶷为镇东将军，返回故乡招募流亡，部将徐邈、高梁率众随曹嶷而去。石勒因王弥骁勇而时常防备王弥。石勒俘获苟晞后，王弥对石勒说："公获苟晞而用之，何其神妙！使晞为公左，弥为公右，天下不足定也！"[1]石勒因此更加疑忌王弥，图谋除掉

---

[1]《晋书》卷一〇〇《王弥传》，第8册，第2612页。

他。而王弥也欲称霸青州，派刘暾征召曹嶷吞并石勒，中途刘暾却为石勒游骑所擒。永嘉五年（311年），石勒邀请王弥在己吾宴会，趁机将其杀害，吞并其部众。

建兴三年（315年），汉青州刺史曹嶷夺取齐、鲁郡县，拥众十余万，镇守临淄。石勒上表刘聪，请求征讨曹嶷，但刘聪为防石勒坐大，没有同意。其后，曹嶷已经归附东晋，但因建康遥远，曹嶷惧怕石勒进攻，遣使与石勒交好，并接受其册封，实质上，曹嶷仍然独立于石勒之外。太兴二年（319年），曹嶷派使者给石勒送去财物，请求以黄河作为分界，石勒答应了。到太宁元年（323年），石勒再无法容忍曹嶷拥兵自重，派中山公石虎率众四万攻击曹嶷，将其杀害。青州自此纳入后赵版图。

二、后赵与东晋的战争

东晋建立后，除祖逖北伐期间双方短暂休战外，后赵曾多次进攻东晋边境，并试图联合成汉共同灭晋，而东晋也多次北上，但双方都未能统一全国。

（一）后赵进攻东晋

在西晋行将灭亡之时，石勒就曾准备南下消灭司马睿。永嘉六年（312年）二月，石勒在葛陂修缮屋宇，劝勉农耕，修造船只，将要进犯建业。琅邪王司马睿派诸将聚集于寿春，以纪瞻为扬威义军，讨伐石勒。石勒军队后备不足，军士大半因饥饿、疫病而死，而军队所到之处，百姓都坚壁清野。石勒只好暂时停止进攻东晋，先巩固在北方的统治。

祖逖北伐期间，石勒主动与祖逖修好，两国出现短暂的休战期。但在祖逖死后，后赵开始连年进犯黄河以南，拔取襄城、城父，又围攻谯城。永昌元年（322年），后赵进攻兖州刺史郗鉴，徐、兖二州坞堡大多投降后赵，接着又攻取了陈留，梁州、郑州地区的形势又变得动荡不安。太宁二年（324年）正月，后赵石瞻侵犯下邳、彭城，攻取兰陵、东莞、东海、许昌、颍川等地。太宁三年（325年），司州、豫州、徐州、兖州地区全部归入后赵，与东晋以淮水为界。

石虎当政时期，有过两次进攻东晋的重要计划。咸康元年（335年）三月，石虎率军进攻历阳，东晋京师大震。四月，晋成帝派将军刘仕救援历阳，平西将军赵胤屯兵慈湖，龙骧将军路永驻守牛渚，建武将军王允之驻守芜湖。司空郗鉴派广陵相陈光率保卫京师，赵军因断粮及瘟疫而返回。咸康六年（340年），石虎劝成汉国主李寿与其联军进攻东晋。成汉龚壮认为："陛下与胡通，孰若与晋通？胡，豺狼也，既灭晋，不得不北面事之；若与之争天下，则强弱不敌，危亡之势也。"[1] 石虎谋划失败。石虎死后，后赵内乱不止，无暇南下。

后赵之所以未能统一全国，大概有以下几方面原因：第一，在北方遭遇多年战乱后，后赵虽然统一北方，但与周边政权争战从未间断，尤其在石虎即位后，对外发动与东晋、前燕、段部鲜卑等政权的斗争，对内兵役、徭役繁重，为人民、社会带来巨大灾难。第二，石勒虽然是十六国时期的佼佼者，但其后缺乏英明之君，导致了后赵的迅速衰亡。第三，后赵经济虽然有所恢复，但在长期征伐中，国力消耗严重，后赵几次进攻东晋皆因后备不足而告终。第四，北方汉人对东晋的暗中支持。石氏虽然统一了北方，但是晋朝南迁时日尚浅，北方汉人多有思晋情结。在祖逖北伐之时，黄河沿岸坞主多暗中支持祖逖。冉闵继位后，即遣使到东晋，请求联合进攻石祗。后赵末年，其将领也多南下依附东晋。

（二）东晋北伐

面对后赵的进攻，以及失去中原、迁徙南方的处境，东晋不乏主动请缨北伐者。在东晋建立之初，由于实力所限，祖逖请求北伐，东晋却不能为其提供实质的援助。至庾氏兄弟、殷浩北伐时，受到东晋内部矛盾以及北伐者能力所限等方面的影响，北伐也以失败告终。

---

[1] 《资治通鉴》卷九六，"晋成帝咸康六年"条，第7册，第3038页。

首先，祖逖北伐。

西晋倾覆以后，祖逖"常怀振复之志"①。永嘉六年（312年），祖逖上书晋元帝请求北伐。当时，晋元帝刚刚在江南起步，虽然同意祖逖请求，任他为奋威将军、豫州刺史，但实力所限，只给他千人粮食，三千匹布，不给铠甲兵器，任其自行招募。虽然如此，祖逖并没有灰心，发誓："祖逖不能清中原而复济者，有如大江！"②率其部属百余户至淮阴，铸造兵器，征募士卒两千。

祖逖首先占据谯城，立稳脚跟。当初，北中郎将刘演抵御石勒时，任张平为豫州刺史，樊雅为谯郡太守。祖逖北伐，首先与蓬陂坞主陈川联合，攻克谯城。因善于安抚，濮阳五百余家归附祖逖。石勒率一万精骑兵进攻祖逖，为祖逖所败。祖逖"与将士同甘苦，约己务施，劝课农桑，抚纳新附"③，经过三年战斗，黄河以南皆为东晋所有。黄河沿岸坞主也常常向祖逖报告后赵动向，因此晋军常常取胜。祖逖常常派兵截击后赵军队，后赵国镇戍的士卒很多归降祖逖，后赵国土也日渐缩小，石勒深以为忧。太兴三年（320年），石勒命人为祖逖家人修葺墓地，并向祖逖请求通使互市。祖逖没有回应，但不限制双方互市，两国边境得以休养生息。

就在祖逖准备进攻冀、朔之时，太兴四年（321年）七月，朝廷任命尚书仆射戴渊为征西将军，都督司、兖、豫、并、雍、冀六州诸军事。祖逖披荆斩棘，收复河南失地，最后却受戴渊统领，自感得不到朝廷信任。恰逢东晋将有内乱发生，祖逖眼见统一北方无望，病重身亡。十月，东晋以祖约统领祖逖部众，然而祖约不受士卒拥戴。祖逖收复黄河以南的土地，在其死后很快被石勒所占。

祖逖北伐，正值东晋建立之初，遏制了后赵南下，巩固了边防。之所以未能取得成功，大概有以下几方面原因：第一，东晋实力所限。

---

① 《晋书》卷六二《祖逖传》，第6册，第1694页。
② 《晋书》卷六二《祖逖传》，第6册，第1695页。
③ 《资治通鉴》卷九一，"晋元帝太兴三年"条，第7册，第2882页。

《晋书·食货志》："元后渡江，军事草创，蛮陬赕布，不有恒准，中府所储，数四千匹。于时石勒勇锐，挺乱淮南，帝惧其侵逼，甚患之，乃诏方镇云，有斩石勒首者，赏布千匹云。"[1]可见，晋元帝也以石勒为患，但是无论是经济亦或军事上都不足以支持北伐；第二，石勒在位时，政治开明，经济发展，石勒、石虎等人长于用兵作战，后赵正处于上升时期；第三，东晋统治集团的不和，朝廷之所以任命戴渊讨胡，实为防备王敦叛乱，但却严重影响了北伐进程。

其次，庾氏兄弟北伐。

在此之后，前燕慕容廆与东晋太尉陶侃书信，向东晋请求共伐后赵。然陶侃并不赞成北伐，他认为："我所以设险而御寇，正以长江耳。邾城隔在江北，内无所倚，外接群夷。夷中利深，晋人贪利，夷不堪命，必引寇虏，乃致祸之由，非御寇也。且吴时此城乃三万兵守，今纵有兵守之，亦无益于江南。若羯虏有可乘之会，此又非所资也。"[2]陶侃主张对后赵采取守势，维持与后赵并立局面，只有在后赵进犯时，才作出适当反击。而且此时，陶侃年事已高，北伐很难在短时间内取得成果。

咸和九年（334年），陶侃去世，庾亮执掌长江上游军政大权。石勒死后，庾亮认为恢复中原机会已到，遂"有开复中原之谋"[3]。咸康五年（339年），庾亮以毛宝、樊峻领精兵一万戍守邾城，以陶称率部曲五千入沔中，以其弟庾翼镇守江陵。庾亮欲亲率十万大军镇守襄阳石头城，为诸军声援，上疏："蜀胡二寇凶虐滋甚，内相诛锄，众叛亲离。蜀甚弱而胡尚强，并佃并守，修进取之备。襄阳北接宛许，南阳汉水，其险足固，其土足食。臣宜移镇襄阳之石城下，并遣诸军罗布江沔。"[4]此举得到王导支持，而郗鉴、蔡谟则持反对意见，认为祖逖北

---

[1] 《晋书》卷二六《食货志》，第3册，第783页。
[2] 《晋书》卷六六《陶侃传》，第6册，第1778页。
[3] 《晋书》卷七三《庾亮传》，第6册，第1923页。
[4] 《晋书》卷七三《庾亮传》，第6册，第1923页。

伐之时，后赵只有河北，晋军尚不能得利，今又扩大三倍，晋军难以取胜，"若弃江远进，以我所短击彼所长，惧非庙胜之算"①，成帝下诏不准移镇。等郗鉴死后，庾亮再次上书，而后赵攻克邾城，庾亮因此自贬三等，忧愤而亡。

庾亮死后，朝廷以其弟庾翼为都督江、荆、司、雍、梁、益六州诸军事、安西将军、荆州刺史、假节，代替庾亮镇守武昌。庾翼"每竭志能，劳谦匪懈，戎政严明，经略深远，数年之中，公私充实，人情翕然，称其才干。由是自河以南皆怀归附"②。时石虎年已六十，后赵境内各种矛盾逐渐显现，又汝南太守戴开率众数千前来归附，庾翼认为可趁机北上。建元元年（343年），庾翼遣使至前燕、前凉，相约定期共同举事。此次行动，得到其兄庾冰与桓温等人支持，但多数朝臣仍持反对意见。晋康帝及朝士派人劝阻，庾翼违背诏令继续行动。庾翼北伐之时，征发所统六州奴及车牛驴马，引起百姓抱怨，士庶不满。而且车马多羸弱，难以长途跋涉。此时又临近冬季，野草渐枯，暂时停止了北伐。建元二年（344年），晋康帝及庾冰相继病逝，庾翼由襄阳退还夏口，但仍然"缮修军器，大佃积谷，欲图后举"③。次年七月，庾翼病死，庾氏兄弟北伐计划告终。

庾氏兄弟身为朝廷重臣，其北伐一次未得朝廷同意，另一次未及行动而终，之所以会出现这种局面，乃是因其一意孤行，没有协调好各方矛盾。庾氏兄弟北伐不但引起百姓抱怨，而且损害了广大士庶地主的利益，激化了与士庶地主的矛盾，所以朝廷官员多反对北伐。此外，石勒虽死，然石虎多年随军征战，经验丰富，东晋朝臣反对北伐虽有偏安之嫌，但是考虑当时政治、经济、军事、地理等多方面因素，北伐也决非易事。

最后，褚裒、殷浩北伐。

---

① 《资治通鉴》卷九六，"晋成帝咸康五年"条，第7册，第3030页。
② 《晋书》卷七三《庾亮传》，第6册，第1932页。
③ 《资治通鉴》卷九七，"晋康帝建元二年"条，第7册，第3062页。

庾翼死后，朝廷以桓温为都督荆梁四州诸军事、安西将军、荆州刺史、领护南蛮校尉、假节。永和二年（346年），桓温率军灭蜀，平蜀后，"威势转振，朝廷惮之"①。会稽王司马昱一面替他加官晋爵，封征西大将军、开府、临贺郡公；一面设法牵制。因殷浩素有盛名，司马昱将其引为心腹，与桓温抗衡。王羲之劝殷浩与桓温和好，殷浩不听，终于酿成日后恶果。

永和五年（349年）四月，石虎去世，后赵内乱，桓温、褚裒欲乘机北伐。朝廷没有回应桓温，而是以褚裒为征讨大都督，督徐、兖、青、扬、豫五州诸军事。褚裒率众三万至彭城，北方地区投降归附者日以千计。鲁郡五百余家百姓归附东晋，向褚裒求援，褚裒遣王龛、李迈迎接。后赵的南讨大都督李农在代陂与王龛交战，晋军大败。东晋以褚裒镇守京口，解除了其征讨都督之职。黄河以北二十多万晋朝遗民渡过黄河归附东晋，但褚裒这时已回到京口，遗民们陷于孤立无援的境地而不能自救，几乎全部死亡。褚裒因此抑郁而终。

永和六年（350年），后赵国内形成后赵、冉魏两个政权。东晋再次计划北伐后赵，以扬州刺史殷浩为中军将军、假节，都督扬、豫、徐、兖、青五州诸军事。永和八年（352年），殷浩上疏请求北伐许昌、洛阳，朝廷又以淮南太守陈逵、兖州刺史蔡裔为前锋，安西将军谢尚、北中郎将荀羡为督统，进驻寿春，"开江西畤田千余顷，以为军储"②。谢尚因不能安抚降将张遇而大败，殷浩退守寿春。永和九年（353年），殷浩再次北伐，欲进驻洛阳。但因姚襄日盛，殷浩挑起了与姚襄的战争，不久又与苻健失和。殷浩屡战失败，军备消耗殆尽。桓温趁机上书谴责殷浩"受专征之重，无雪耻之志，坐自封植，妄生风尘，遂使寇仇稽诛，奸逆并起，华夏鼎沸，黎元殄悴"③。殷浩因此被贬为庶人，北伐失败。

---

① 《晋书》卷七七《殷浩传》，第7册，第2045页。
② 《晋书》卷七七《殷浩传》，第7册，第2045页。
③ 《晋书》卷七七《殷浩传》，第7册，第2046页。

石虎死后，是东晋收复失地的最佳时机，一方面后赵内乱，难以形成统一的领导核心；另一方面北方人民在经历石虎十多年残暴统治后，不堪其扰，多思归晋。然而，东晋统治集团内部也发生了权力之争，各方势力相互掣肘，北伐再次失败。时东晋偏安江南，"门第自有其凭藉与地位，并不需建树功业，故世家子弟，相率务为清谈"①。所以，殷浩、褚裒是以才华著称当世，而并非将帅之才。庾翼曾言："此辈宜束之高阁，俟天下太平，然后议其任耳。"又向成帝提议："桓温有英雄之才，愿陛下勿以常人遇之，常婿畜之，宜委以方邵之任，必有弘济艰难之勋。"②桓温掌管荆、司、雍、益、梁、宁、交、广八州军队资财，也已经着手北伐，率军四万自江陵至武昌，却在司马昱劝说下返回原地。

（三）后赵与北方士族的关系

石勒起兵初期，"得公卿人士多杀之"③，至攻陷河北，对汉族士人态度由杀戮转向怀柔。永嘉三年（309年），石勒进攻巨鹿、常山，部众达十余万，集结士人，编成君子营。以赵郡人张宾为主要谋士，刁膺为辅佐，以夔安、孔苌、支雄、桃豹、逯明作为助手④。石勒还专门设立崇仁里，让汉族知识分子居住，又于大兴二年（319年）命相关部门制定律令，"重其禁法，不得侮易衣冠华族"⑤。天水人杨轲，学业精微，收门徒数百。石虎即帝位，征召杨轲，"既见季龙，不拜，与语，不言"，石虎非但没有怪罪，反而"下书任柯所尚"⑥。因此，中原世家大族及晋朝众臣，多依附后赵。如裴宪、荀绰原辅佐王浚，后为石勒

---

① 钱穆：《国史大纲》，上册，北京：商务印书馆，2006年，第242页。

② 《晋书》卷七三《庾翼传》，第6册，第1931页。

③ 《晋书》卷六二《刘琨传附刘群传》，第6册，第1691页。

④ 胡注称："石勒起于胡羯俄隶而能如此，此其所以能跨有中原也。"见《资治通鉴》卷八七，"晋怀帝永嘉三年"条，第6册，第2743页。

⑤ 《晋书》卷一〇五《石勒载记下》，第9册，第2735页。

⑥ 《晋书》卷九四《隐逸传》，第8册，第2450页。

所得，石勒曾言"吾不喜得幽州，喜获二子"①。傅畅，傅祗之子，石勒以他为大将军右司马，精通朝廷礼仪，常处要职，深受器重。石朴，石苞曾孙，因与石勒同姓，且同出黄河以北，被石勒视为宗宝，特加优待，官至司徒。

当时正值西晋灭亡不久，北方尚有众多汉人希冀晋朝北上收复中原，所以当地汉人并非完全效忠于后赵。后赵在处理与当地大姓关系时，也并不十分妥当。如石虎曾纳清河崔氏之女，但因其宠姬进谗言而轻易将其杀害。清河崔氏是当时名门望族，崔牧、崔荫、崔遇等都曾在后赵任职，又与后赵联姻，似乎是石氏与汉族融合的代表，但是其女却无故被害。这一方面是石虎生性残忍所致，另一方面也证明石虎处理与士族关系不恰当。此外，祖逖北伐之时，因黄河沿岸坞主常常向祖逖报告后赵动向，晋军常常取胜，也反映了后赵与黄河地区坞主的关系。

虽然如此，北方士人在后赵仍然发挥了重要作用，他们辅助后赵稳定北方政局，建立正常稳定的统治秩序，恢复经济，推广汉族文化，促进了民族融合。在政治方面，石勒大胆重用张宾，张宾辅助石勒吞并王弥、立足河北、治理内政，"机不虚发，算无遗策，成勒之基业，皆宾之勋也"②。京兆人韦謏，性好直言进谏，陈述军国政务也多能被采纳。上党人续咸，不仅精通儒学，对刑法也有所钻研，在后赵任理曹参军，执法公正，当时人称他清正宽厚。

三、两晋对后赵发展的影响

羯族原为分散的部落，缺乏统一的领导机制。石勒建立后赵后，效仿匈奴汉国在政治、经济、文化等方面皆以魏晋政权为标准，建立汉化封建政权。

---

① 《晋书》卷三五《裴秀传》，第4册，第1051页。
② 《晋书》卷一〇五《石勒载记下》，第9册，第2756页。

（一）仿效汉族官制，制定法律

首先，后赵延续前赵胡汉分治政策，分别设立机构管理汉人与其他民族。设立单于制管理六夷，其最高长官为大单于，由皇帝自兼或以皇子、皇亲相授，手握重权。又仿效汉魏建立汉族职官体系，其上层官职亦多由石氏或其亲信担任。如咸和五年（330年），石勒以石虎为太尉，石虎继位后，先后以夔安、石滔、张举为太尉，掌管全国军政。咸和七年（332年），石弘即位，以石虎为丞相，总摄百官。而其下属吏则多由汉人担任，如张宾、刁膺、程遐曾担任右长史，郭敖、张敬、刘隗等曾担任左长史。

其次，在选官方面，沿用魏晋九品中正制。但这一时期的九品中正制，通过察举、考经等途径提拔官员，打破了自西晋以来形成的"上品无寒门，下品无势族"①的世族垄断政治的局面。太兴三年（320年），"勒清定五品，以张宾领选。复续定九品。署张班为左执法郎，孟卓为右执法郎，典定士族，副选举之任。今群僚及州郡岁各举秀才、至孝、廉清、贤良、直言、武勇之士各一人"②。不久，"又下书令公卿百僚岁荐贤良、方正、直言、秀异、至孝、廉清各一人，答策上第者拜议郎，中第中郎，下第郎中。其举人得递相荐引，广招贤之路"③。这就使得广大庶族地主及一般低等世族得以步入清途，赢得了庶族地主对后赵的支持。

再次，重视对官员的考核。咸康二年（336年），石虎下令："三载考绩，黜陟幽明，斯则先王之令典，政道之通塞。魏始建九品之制，三年一清定之，虽未尽弘美，亦缙绅之清律，人伦之明镜。从尔以来，遵用无改。先帝创临天下，黄纸再定。至于选举，铨为首格。自不清定，三载于兹。主者其更铨论，务扬清激浊，使九流咸允也。吏

---

① 《晋书》卷四五《刘毅传》，第4册，第1274页。
② 《晋书》卷一〇五《石勒载记下》，第9册，第2737页。
③ 《晋书》卷一〇五《石勒载记下》，第9册，第2748页。

部选举，可依晋氏九班选制，永为揆法。"①当时，豪族国戚仗权肆意胡为、贿赂成风，咸康五年（339年），石虎以李矩为御史中丞，进行监察，"百僚震慑，州郡肃然"②。

最后，建立健全的法律制度。太兴二年（319年），石勒下令："今大乱之后，律令滋烦，其采集律令之要，为施行条制。"③命贯志撰定《辛亥制度》五千字，施行十余年后，开始使用律令，以张宾为大执法，"专总朝政"④，张班为左执法郎，孟卓为右执法郎。又在大执法下，设立经学、律学、史学、门臣四个祭酒。前三个祭酒皆由汉人充当，门臣祭酒则"专明胡人辞讼"⑤，由支雄、王阳充当。石勒还下令"自今诸有处法，悉依科令。吾所忿戮、怒发中旨者，若德位已高，不宜训罚，或服勤死事之孤，邂逅罹谴，门下皆各列奏之，吾当思择而行也"⑥，通过此种方式约束自己，以免误杀良臣。石勒在位时，社会法治尚能正常运作，至石虎时，为加强君主专制，开始实行峻法，"立私论之条，偶语之律，听吏告其君，奴告其主，威刑日滥，公卿已下，朝会以目，吉凶之问，自此而绝"⑦，反而影响了社会的正常秩序。

（二）重视农业的发展，同时发展商业

羯人入塞后，农业已经有所发展，他们有些还通过为人力耕而谋生。待后赵建立，石勒推行了一系列鼓励、推动农业发展的政策。

首先，设立农官，督促、鼓励发展农业生产。"以右常侍霍皓为劝课大夫，与典农使者朱表、典劝都尉陆充等循行州郡，核定户籍，劝课农桑"，并规定"农桑最修者赐爵五大夫"⑧。石虎在位时也很注意

① 《晋书》卷一〇六《石季龙载记上》，第9册，第2764页。
② 《晋书》卷一〇六《石季龙载记上》，第9册，第2769—2770页。
③ 《晋书》卷一〇四《石勒载记上》，第9册，第2730页。
④ 《晋书》卷一〇五《石勒载记下》，第9册，第2735页。
⑤ 《晋书》卷一〇五《石勒载记下》，第9册，第2735页。
⑥ 《晋书》卷一〇五《石勒载记下》，第9册，第2747页。
⑦ 《晋书》卷一〇六《石季龙载记上》，第9册，第2778页。
⑧ 《晋书》卷一〇五《石勒载记下》，第9册，第2741页。

农业的发展，至长乐、卫国，"有田畴不辟、桑业不修者，贬其守宰而还"①。石勒建立后赵时，因百姓刚刚恢复农业生产，资财不足，"重制禁酿，郊祀宗庙皆以醴酒，行之数年，无复酿者"②。咸康三年（337年），夔安等人劝石虎称帝，石虎下令，"今东作告始，自非京城内外，皆不得表庆"③。

其次，通过招抚、迁徙人口以及鼓励生育等方式，增加劳动力。中原经过长期混战后，不但农业生产遭到严重破坏，劳动力也严重缺乏。建兴四年（316年），"徙平原乌丸展广、刘哆等部落三万余户于襄国"④。太兴元年（318年），石勒在平阳击败汉将靳准后，"巴帅及诸羌羯降者十余万落，徙之司州诸县"⑤。咸和四年（329年），石勒灭前赵，"徙氐羌十五万落于司、冀州"⑥。大量人口迁入司、冀地区，为经济的发展提供了必要的劳动力。太兴四年（321年），黎阳陈武妻一产三男一女，石勒下书"赐其乳婢一口，谷一百石，杂綵四十匹"⑦，堂阳陈猪妻一产三男，石勒"赐其衣帛廪食，乳婢一口，复三岁勿事"⑧。在北方战乱、人口锐减时期，这些措施有利于社会长期稳定发展。

再次，建立租赋制度。石勒平定司冀二州，开始设立租赋制度。建兴二年（314年），在进据襄国取得冀州后，颁布户税制度，规定"户赀二匹，租二斛"⑨，与西晋"民丁课田，夫五十亩，收租四斛，绢三疋，绵三斤"⑩相比，要轻得多。在遇到灾害时期，后赵还会减免赋

---

① 《晋书》卷一〇六《石季龙载记上》，第9册，第2764页。
② 《晋书》卷一〇五《石勒载记下》，第9册，第2739页。
③ 《晋书》卷一〇六《石季龙载记上》，第9册，第2766页。
④ 《晋书》卷一〇四《石勒载记上》，第9册，第2725页。
⑤ 《晋书》卷一〇四《石勒载记上》，第9册，第2728页。
⑥ 《晋书》卷一〇五《石勒载记下》，第9册，第2745页。
⑦ 《晋书》卷一〇五《石勒载记下》，第9册，第2737页。
⑧ 《晋书》卷一〇五《石勒载记下》，第9册，第2747页。
⑨ 《晋书》卷一〇四《石勒载记上》，第9册，第2724页。
⑩ 徐坚：《初学记》卷二七《绢第九》引《晋故事》，第3册，北京：中华书局，1962年，第657页。

税。如冀州八郡降冰雹，严重影响了秋天庄稼，石虎派御史分发储存的麦子，用以供给秋天播种，并在灾害严重地区免一年租赋。

这些措施推动了农业生产的恢复与发展，至石虎时有了较多粮食储备，史称"季龙以租入殷广，转输劳烦，令中仓岁入百万斛，余皆储之水次"①。但是在石勒在位时，后赵已经出现了奢侈之风。太兴二年（319年），石勒称赵王，"制轩悬之乐，八佾之舞，为金银大辂，黄屋左纛，天子车旗，礼乐备矣"②，他又大兴土木，营建襄国和邺都。继石勒后，石虎统治暴虐，咸康二年（336年），后赵"众役烦兴，军旅不息，加以久旱谷贵，金一斤直米二斗，百姓嗷然无生赖矣"③。咸康八年（342年），韦謏进言中提到"今或盛功于耘艺之辰，或烦役于收获之月，顿毙属途，怨声塞路"④。然而，石虎仍然用兵不止，各种徭役繁重。中原经过冉闵与石祗大战后，更是出现"人相食，无复耕者"⑤的局面，中原农业再次遭到严重破坏。

除农业外，羯族中部分人来自西域，他们善于经商。石勒"年十四，随邑人行贩洛阳"⑥。太兴三年（320年），石勒因祖逖日益强大，写信请通使交市，祖逖没有回应，但听任互市，东晋也因此"收利十倍，于是公私丰赡，士马日滋"⑦。后赵虽然统治短暂，却已经铸造本国钱币并统一度量衡。据《十六国春秋》载，石勒在太兴二年（319年），在其都城"置挈壶署，铸丰货钱"⑧。1995年5月，咸阳市文物考古研究所在清理北朝墓葬时，出土了两枚后赵丰货钱⑨。当时正值战

---

① 《晋书》卷一〇六《石季龙载记上》，第9册，第2763页。

② 《晋书》卷一〇五《石勒载记下》，第9册，第2736页。

③ 《晋书》卷一〇六《石季龙载记上》，第9册，第2764页。

④ 《晋书》卷一〇六《石季龙载记上》，第9册，第2772页。

⑤ 《资治通鉴》卷九九，"晋穆帝永和七年"条，第7册，第3116页。

⑥ 《晋书》卷一〇四《石勒载记上》，第9册，第2707页。

⑦ 《晋书》卷六二《祖逖传》，第6册，第1697页。

⑧ 《晋书》卷一〇四《石勒载记上》，第9册，第2729页。

⑨ 魏益寿、吴晓轩：《罕见的后赵"丰货"》，《陕西金融》1995年第1期。

乱，典章制度已经被破坏，石勒便命礼官制定标准，"令公私行钱"①。但是因涉及各方利益，钱币最终未能通行。

（三）十分重视学习汉族文化，以汉族伦理观念为行为指南

石勒虽然目不识丁，但是长期处于西晋统治下，十分注重对汉族文化的学习与传播，推动了后赵文明的发展。

首先，在中央与地方建立学校。司冀州平定后，"立太学。简明经善书吏署为文学掾，选将佐子弟三百人教之"②，后又增"置宣文、宣教、崇儒、崇训十余小学于襄国四门，简将佐豪右子弟百余人以教之，且备击柝之卫"③，又在襄国城西起明堂和辟雍，培养文武官员子弟。在地方"立学官，每郡置博士祭酒二人，弟子百五十人，三考修成，显升台府"④。石勒还"亲临大小学，考诸学生经义，尤高者赏帛有差"⑤，又"巡行冀州诸郡，引见高年、孝悌、力田、文学之士，班赐谷帛有差"⑥。

其次，注重对史书的编写。石勒十分注重对历史的了解，从而吸取经验教训，"虽在军旅，常令儒生读史书而听之，每以其意论古帝王善恶，朝贤儒士听者莫不归美焉"⑦。因而他在位时，北方出现暂时恢复发展期。太兴二年（319年），石勒称王后，即命记室佐明楷、程机撰写《上党国记》，中大夫傅彪、贾蒲、江轨撰写《大将军起居注》，参军石泰、石同、石谦、孔隆撰写《大单于志》。建元元年（343年），石虎遣国子博士到洛阳写石经，又将国子祭酒聂熊所注《穀梁春秋》列于学官。

最后，十分注重儒家伦理道德。太兴二年（319年），石勒"赐孝

---

① 《晋书》卷一〇五《石勒载记下》，第9册，第2738页。
② 《晋书》卷一〇四《石勒载记上》，第9册，第2720页。
③ 《晋书》卷一〇四《石勒载记上》，第9册，第2729页。
④ 《晋书》卷一〇五《石勒载记下》，第9册，第2751页。
⑤ 《晋书》卷一〇五《石勒载记下》，第9册，第2741页。
⑥ 《晋书》卷一〇五《石勒载记下》，第9册，第2745页。
⑦ 《晋书》卷一〇五《石勒载记下》，第9册，第2741页。

悌力田死义之孤帛各有差，孤老鳏寡谷人三石，大酺七日”①。太兴四年（321 年）十月，石勒“令武乡耆旧赴襄国。既至，勒亲与乡老齿坐欢饮，语及平生”②。石虎在位时，因吏部选官“斥外耆德，而势门童幼多为美官”③，而将郎中魏免为庶人。

综上所述，我们可以得出以下几点认识：

第一，后赵统一中国北方，使得南至淮河、北至燕代、西起甘肃、东至大海的广大区域在短时间内呈现出政治清廉、社会稳定、经济恢复发展、胡汉逐渐融合的局面，是值得肯定的。然而，石氏靠武力取得天下后，仍然以武力治天下。后赵建立后，统治者虽然采取一些恢复发展社会生产的措施，但是因为常年对外征战，后继者对内残暴统治、大兴土木，使得刚刚稳定的北方再次陷入动乱之中，人口锐减，中原再次陷入混战之中。

第二，后赵进攻东晋与进攻西晋相比，在性质上已经发生了变化。石勒起兵之初，受到西晋统治者的压迫与剥削，具有反对民族压迫、阶级压迫的性质，推动了一个腐朽王朝的灭亡。至东晋时，后赵虽然统一北方，但是汉族“大一统”思想仍然深深影响着石勒，为统一全国，石勒开始南下进攻东晋，是封建政权的土地之争。虽然性质不同，但都是值得肯定的，统一全国有利于各民族与国家的稳定与发展。当然，后赵在北方刚刚起步发展之时，就发动了对东晋的战争，对于两政权及其人民造成的破坏也是不容忽视的。

第三，自八王之乱始，西晋内斗不止，皇帝无法统辖各方，为各民族灭亡西晋提供了契机。至东晋时，虽然不乏北伐者，但皇帝“无统驭之实，遂使‘北伐’与‘内变’两种事态，更互迭起”④，所以北伐者常常因此受阻。东晋豪族苟安江南，多对北伐持否定或观望态度，也

---

① 《晋书》卷一〇五《石勒载记下》，第9册，第2735页。

② 《晋书》卷一〇五《石勒载记下》，第9册，第2739页。

③ 《晋书》卷一〇六《石季龙载记上》，第9册，第2769页。

④ 钱穆：《国史大纲》，上册，北京：商务印书馆，2006年，第240页。

是北伐未能成功的重要因素之一。

第四，后赵学习汉族政治、经济、文化，推动羯族及其他民族的汉化，有利于汉族与其他民族的交流与融合。在学习汉族文化的同时，后赵统治者也大大推动了佛教在中原的传播，使得后赵境内上至皇族公卿，下至平民百姓，出现大量佛教信徒。在后赵统治者大力提倡下，使得佛教在北方得到广泛、深入传播。

第五，后赵虽然重用汉族士人、学习汉族文化，但是由于推行错误的民族政策，使得后赵民族矛盾空前激化，导致了后来冉闵屠胡事件。后赵虽然统一北方，但是汉族正统观仍然深深影响着石勒，作为少数民族的他在内心深处仍存有自卑感。他曾言："司马家犹不绝于丹杨，恐后之人将以吾为不应符箓。"[1]石勒称王后，下令号胡为国人，汉人为赵人，这一方面是提高羯人地位，另一方面是要汉人记住自己是后赵臣民。在后赵境内，羯人欺辱汉人事件时有发生，石勒因参军樊坦衣冠弊坏，大惊："樊参军何贫之甚也！"樊坦对曰："顷遭羯贼无道，资财荡尽。"[2]汉族官吏尚且如此，更何况是平民百姓了。石虎继位后，残暴的统治，使得民族矛盾与阶级矛盾交织，更加复杂、深刻。冉闵屠胡，无论是为了肃清前朝统治势力抑或是出于民族复仇心理，其根本原因还是在于胡汉矛盾已经十分尖锐。这种尖锐的民族矛盾冲突警醒了后继者，之后燕、秦统治者吸取教训，采取相对宽容的民族政策，为各民族间相互交流、融合与共同进步提供了相对宽松的环境。

---

① 《晋书》卷一〇五《石勒载记下》，第9册，第2753页。
② 《晋书》卷一〇五《石勒载记下》，第9册，第2741页。

第四章
两晋与东部鲜卑的关系

鲜卑是我国古代东胡系统民族之一，曾与匈奴并盛。西汉初年，匈奴冒顿单于破东胡后，东胡其中一支逃至鲜卑山，即后来的鲜卑。鲜卑"远窜辽东塞外，不与众国争衡，未有名通于汉，而自与乌丸相接"①。到东汉光武帝时，乌桓归汉，鲜卑之名始见于汉典籍。根据鲜卑的发源地及其同其他部落融合的情况，大致可以分为东部鲜卑和北部鲜卑，后来在两者基础上又演化出西部鲜卑。檀石槐、轲比能集团以及后起的宇文部、慕容部、段部，统称为东部鲜卑；慕容部一支吐谷浑西迁，与当地羌人融合为吐谷浑部，它与河西秃发氏、陇右乞伏氏等称为西部鲜卑，北部鲜卑则主要指拓跋鲜卑。

2世纪中叶，檀石槐统一鲜卑各部，"南抄缘边，北拒丁零，东却夫馀，西击乌孙，尽据匈奴故地，东西万四千余里，南北七千余里，网罗山川水泽盐池"②，建立部落大联盟。东汉桓灵之时，鲜卑已经成为北方大患。当时，檀石槐集团仍然处于部落联盟时期，缺乏系统的政治制度，檀石槐死后联盟迅速瓦解。曹魏时，东部鲜卑形成步度根集团、轲比能集团以及原属于东部大人弥加、素利等所领导的若干小集团。太和二年（228年）至青龙元年（233年），轲比能先后兼并其他两部，统一漠南地区。轲比能死后，东部鲜卑先后兴起了宇文部、段部和慕容部。

---

① 《三国志》卷三十《魏书·鲜卑传》，第3册，第499页。
② 《后汉书》卷九十《鲜卑传》，第10册，第2989页。

第一节　两晋与慕容鲜卑的关系：由力保晋室到称霸中原

慕容鲜卑原居于西拉木伦河上游，即今河北省丰润区（一说平泉市）北至西拉木伦河西段地区，西晋初年开始崛起于辽西，从元康四年（294年）慕容廆迁居棘城至义熙六年（410年）慕容超亡国共存在116年，先后建立了前燕、后燕、西燕、南燕、北燕五个政权，是五胡中建立国家最多的一个。在这一百多年中，慕容鲜卑不断以汉文化来完善自身，完成了由部落联盟到封建社会、由游牧迁徙到农耕定居的转化。

一、慕容鲜卑的发展概况

（一）前燕的兴衰

曹魏时期，慕容鲜卑首领莫护跋曾协助司马懿讨伐公孙氏，因功拜为率义王，迁居棘城（今辽宁凌海市或义县西北）之北，改称慕容鲜卑。传至涉归时，因保全柳城（今辽宁朝阳）之功，被封为鲜卑单于，迁居辽东之北，开始接触汉文化。太康五年（284年），涉归死，其弟慕容耐篡位，后国人杀耐，立涉归子慕容廆。

其时，"鲜卑宇文氏、段氏方强，数侵掠廆，廆卑辞厚币以事之"[①]。为提高自己的政治地位，得到晋朝的援助，太康十年（289年），慕容廆向西晋称臣，迁居徒何之青山（今辽宁义县东北）。因棘城乃颛顼旧址，元康四年（294年），慕容廆复迁居于此，渐渐学习汉人政治、经济、文化、法制等，开始农业定居生活。

此后，慕容鲜卑开始与周围的宇文部、段部、高句丽进行争夺辽东、辽西的战争。晋太兴二年（319年），平州刺史崔毖唆使宇文部、段部、高句丽联合出击慕容廆，慕容廆将其全部击溃。崔毖奔高句丽，慕容廆尽得辽东之地，做了平州刺史。太宁三年（325年），石勒唆使宇文部攻辽东，慕容廆出兵击败宇文部，并占领柳城。咸和八年

---

① 《资治通鉴》卷八十二，"晋武帝太康十年"条，第6册，第2593—2594页。

（333 年），慕容廆死，其第三子慕容皝继位。

咸康三年（337 年），慕容皝自称燕王，前燕建立。同年，慕容皝向后赵称臣，请求后赵援兵。次年，前燕与后赵共击段部，段部鲜卑为前燕所并。咸康七年（341 年），慕容皝迁都柳城，改柳城为龙城。晋成帝封他侍中、大都督河北诸军事、大将军、燕王。咸康八年（342 年），前燕进攻宇文部与高句丽，毁高句丽都城丸都（今吉林通化市东南），次年，高句丽王向前燕称臣。建元二年（344 年），前燕进攻宇文部，攻克其都城紫蒙川（今辽宁朝阳西北），首领宇文归远遁漠北，前燕并宇文部。前燕东灭高句丽，北并宇文部，西平段部，"开境三千，户增十万"①，成为东北地区唯一的强国。次年，慕容皝不用晋年号，自称十二年，自此不复听命于晋。

永和四年（348 年），慕容皝死。次年，其第二子慕容儁立。慕容儁在位时期，前燕势力颇盛，除前秦所据关中外，中原地区尽为前燕所控制。永和六年（350 年），慕容儁趁后赵内乱，分兵三路进攻后赵，攻陷后赵蓟城（今北京城西南），并迁都于此。次年，慕容恪攻下中山，中山丁零翟鼠降燕。永和八年（352 年），慕容恪在中山与冉闵大战，擒获冉闵，攻克邺城（今河北临漳西南），冉魏亡。同年十一月，慕容儁称帝，迁都邺城，置百官，脱离与东晋名义上的臣属关系。同年，慕容儁进攻段部，段勤降。永和十二年（356 年），慕容恪攻段龛，段龛降。升平元年（357 年），慕容儁遣慕容垂、慕容虔等将步骑八万大破丁零、敕敕，获牛羊亿余头、马匹十三万而还。匈奴单于贺赖头也被迫率众降于慕容儁。升平三年（359 年），慕容恪寇东晋河南，得许昌、颍川、谯、沛四郡。

升平四年（360 年），慕容儁死，其第三子慕容暐立，慕容暐年幼，慕容恪辅政。慕容恪在位时，政治尚比较稳定，但他死后，慕容评当政，嫉贤妒能，戕害功臣，吏治败坏。而此时，氐族苻坚势力渐

---

① 《晋书》卷一一〇《慕容儁载记》，第9册，第2823页。

盛，成为慕容部的威胁。太和五年（370年），前燕为前秦所灭。此后，在前燕境内慕容鲜卑首领又先后建立了后燕、南燕、西燕和北燕四个政权。

（二）西燕的兴衰

西燕创立者慕容泓，是慕容暐之弟，前燕灭亡时，降于前秦。淝水之战后，慕容泓从关内奔关东，收集各地被奴役的鲜卑人，屯华阴，自称都督陕西诸军事、大将军、雍州牧、济北王。平阳太守慕容冲起兵平阳，率众两万，进攻蒲坂（今山西永济西南），渡河与慕容泓会合。后慕容泓谋臣高盖以慕容泓德望不如慕容冲且持法严苛，杀慕容泓拥立慕容冲。太元十年（385年），慕容冲即帝位，都阿房，改年号为更始元年。符坚被杀后，慕容冲占领长安，因畏惧后燕慕容垂不敢东归，为军中希望东归者所杀。此后，西燕君主频繁更替，具体见下表：

姓名	世系	在位年代	谥号	死因
慕容泓	慕容儁之子	384	济北王	被部将所杀
慕容冲	慕容泓之弟	385—386	威帝	被部将所杀
段随	慕容冲部将	386	成祖	被慕容永所杀
慕容𫖮	慕容冲族弟	386	中帝	被部将所杀
慕容瑶	慕容冲之子	386	文帝	被慕容永所杀
慕容忠	慕容泓之子	386	代帝	被部将所杀
慕容永	前燕宗室	386—394	河东王	被后燕所杀

慕容永是慕容廆之弟慕容运的裔孙。太元十一年（386年）十月，慕容永进据长子（今山西长子县西），自称皇帝。由于内斗不止，西燕仅存在十余年，太元十九年（394年），为后燕所灭。

（三）后燕的兴衰

后燕由慕容㑺第五子慕容垂建立。慕容暐在位时，慕容垂受慕容评排挤、陷害而投奔前秦符坚，深受符坚信任与重用。淝水之战后，慕容垂与丁零联合背叛前秦，于太元九年（384年）在荥阳称大都督、燕王，史称后燕。太元十一年（386年），慕容垂称帝，定都中山（今河北定县）。

　　慕容垂建后燕后，首先开始讨伐丁零翟氏。丁零翟斌恃功而骄，太元九年（384 年）请尚书令之职，慕容垂未许，翟斌便开始与苻丕勾结叛变，被慕容垂所杀。慕容垂命慕容宝、慕容隆击破翟斌兄子翟真，翟真为其司马鲜于乞所杀，从弟翟成立，鲜于得杀翟成降燕。翟真子翟辽奔黎阳，后也被燕征服。翟辽死，其子翟钊立。太元十七年（392 年），后燕伐翟钊，翟钊逃奔西燕长子（今山西长子县西），慕容垂进攻长子，与西燕慕容永开战。太元十九年（394 年），慕容垂灭西燕，尽得其地。

　　后燕与北魏本世为婚姻，关系友好，后因后燕长期征战，战马匮乏，向魏求而不得，两国渐生嫌隙。太元二十年（395 年），慕容垂遣太子慕容宝进攻北魏，魏军夜袭慕容宝军于参合陂，燕军惨败。次年，慕容垂亲率大军进攻北魏，途经参合陂，面对参合陂燕军的累累白骨，慕容垂悲愤交加以致病亡，其子慕容宝继位。

　　北魏得知慕容垂病逝后，大规模进攻后燕。隆安元年（397 年）十一月，北魏攻克后燕都城中山，慕容宝退回东北。与此同时，后燕内部慕容麟、慕容会先后叛乱，妄图夺权，虽然失败，但内乱却仍在继续。隆安二年（398 年），兰汗诱杀慕容宝，自称大单于、昌黎王。慕容宝庶长子慕容盛与其子里应外合，采取分化瓦解之计，很快消灭了兰汗势力。

　　慕容盛继位后，"峻极威刑，纤芥之嫌，莫不裁之于未萌，防之于未兆"[1]，使得上下离心，人不自安，因而内乱不止，慕容盛也因内乱被人刺伤而亡。隆安五年（401 年），慕容垂少子慕容熙继位。慕容熙在位时，荒淫无度，大规模兴修宫殿，四处游猎，给百姓带来极大灾难。义熙三年（407 年），冯跋等趁慕容熙为其宠姬出城送葬之机，在城内起兵，共推慕容云为主。

----

[1] 《晋书》卷一二四《慕容盛载记》，第10册，第3104页。

（四）北燕的兴衰

后燕慕容熙被杀后，慕容宝养子高云[①]登位，定国号大燕，史称北燕。不久，高云被其宠臣离班、桃仁所杀，众推冯跋为主。义熙五年（409年），冯跋在昌黎称天王。冯跋在位时，采取了一系列勤政爱民的措施，如轻徭薄赋、废除苛政、劝课农桑、提倡教育，北燕社会得以恢复。元嘉七年（430年），冯跋死，其弟冯弘夺位，内斗不止，元嘉十三年（436年），被北魏所灭。

（五）南燕的兴衰

南燕建立者慕容德，是慕容皝少子。隆安二年（398年），北魏攻克后燕中山，慕容德北走滑台（今河南滑台县），自称燕王，史称南燕。不久，慕容德部下李辩叛乱，以滑台降北魏，慕容德迁都广固（今山东益都西北）。隆安四年（400年），慕容德称帝，改元建平。义熙元年（405年），慕容德死，兄子慕容超继位。南燕"介于晋魏之间，地无十城，众不过数万"[②]，仅是一个危邦，慕容超却"不恤政事，畋游是好"[③]，又挑起与东晋的战争，义熙六年（410年）为东晋刘裕所灭。

二、两晋与前燕的关系

慕容燕与两晋的关系，与其实力变化关系密切。西晋初年，相对于周边鲜卑宇文部与段部，慕容部较为弱小，慕容廆选择向西晋称臣，打着"晋"的旗号在东北扩张势力范围。此外，慕容燕政权又吸纳大量汉人为其效力，使得政权迅速壮大起来。当慕容燕征服东北各部后，便与东晋中断了名义上的臣属关系，开始进军中原，双方转而进入战争阶段。在这一百多年交往中，慕容燕不断以汉文化来完善自身，完成了由部落联盟到封建社会、由游牧迁徙到农耕定居的转化。

---

① 高云，即慕容云，原高句丽人，被慕容宝收养后，赐姓慕容，即燕王位后，改原姓高氏。
② 《晋书》卷一二七《慕容德载记》，第10册，第3165页。
③ 《晋书》卷一二八《慕容超载记》，第10册，第3177页。

双方的关系具体表现在三个方面。

第一，慕容燕奉两晋为正朔，向两晋称臣。早在曹魏时，慕容鲜卑就已经臣属于中原政权。景初二年（238年），莫护跋助司马懿征伐公孙渊，因功被封为率义王。西晋初，涉归助晋保全柳城，被封为鲜卑单于。涉归在位时，慕容鲜卑势力比较薄弱，多次遭到鲜卑宇文部与段部的侵扰。慕容廆继位后，向晋武帝请求讨伐宇文部，武帝不准，慕容鲜卑与西晋关系破裂，遂出兵西寇辽西，东伐夫馀，杀掠甚众。太康六年（285年），慕容廆袭击夫馀国，国王依虑自杀，此后慕容廆又侵扰晋边辽西。时夫馀"频来朝贡"[1]，东晋罢免了不救夫馀的东夷校尉鲜于婴，以何龛代替。次年，何龛遣都督贾沈迎依虑子依罗为王，击败慕容部，夫馀复国。自此，慕容廆意识到若想在东北扩张势力，首先必须与西晋建立友好关系。此时，鲜卑宇文部、段部渐强，且常与慕容部发生军事冲突。慕容廆认为"吾先公以来世奉中国，且华裔理殊，强弱固别，岂能与晋竞乎"[2]，遂于太康十年（289年）向西晋称臣，被晋武帝封为鲜卑都督。同年五月，慕容廆谒见东夷校尉何龛。自此慕容鲜卑与晋朝建立了名义上的臣属关系，慕容鲜卑奉晋室为正统，接受晋朝的册封，名正言顺地协助晋朝平定叛乱，双方使节往来不断。

永嘉三年（309年），辽东太守庞本以私怨杀东夷校尉李臻。附塞鲜卑素连、木津以为李臻报仇为由，连年侵扰辽东诸县，百姓流离失所，多归附慕容廆。此时，慕容翰向慕容廆建议："求诸侯莫如勤王，自古有为之君靡不杖此以成事业者也。……辽东倾没，垂已二周，中原兵乱，州师屡败，勤王杖义，今其时也。单于宜明九伐之威，救倒悬之命，数连、津之罪，合义兵以诛之。上则兴复辽邦，下则并吞二部，忠义彰于本朝，私利归于我国，此则吾鸿渐之始也，终可以得志

---

① 《晋书》卷九七《四夷传》，第8册，第2532页。
② 《晋书》卷一〇八《慕容廆载记》，第9册，第2804页。

于诸侯。"①慕容廆接受其子慕容翰"勤王"建议，率骑讨伐素连、木津，二部皆降，迁之于棘城，并在此立辽东郡，自此慕容廆声望大增。

慕容廆奉晋室为正朔，一方面使慕容鲜卑在政治上处于主动，得到晋朝的支持，使其讨伐周围诸部、吞并异己取得了合法地位；另一方面作为晋朝的地方政权，更容易得到汉人的认同与归附，有利于吸纳汉族士人为其效力，是它能够由弱小部落发展成为东北强国的必要条件。

第二，晋朝内乱时，慕容鲜卑保持中立，拒绝依附地方势力。西晋惠帝时期，王室内乱，各地方纷纷培养自己的势力，拉拢少数民族首领以壮大实力。少数民族首领也往往愿意与其合作，以期在政治与军事上相互扶持。而慕容鲜卑却始终保持中立，慕容廆虽臣服于两晋，却不依附于地方势力或与其合作，甚至偶尔与他们产生军事冲突。

晋怀帝被匈奴俘获后，晋朝地方势力王浚意图僭号，在与段部和宇文部首领和亲的同时，封慕容廆为散骑常侍、冠军将军、前锋大都督、大单于，"廆以非王命所授，拒之"②。晋愍帝被俘后，司马睿拜他为假节、散骑常侍、都督辽左杂夷流人诸军事、龙骧将军、大单于、昌黎公，因司马睿非皇帝，慕容廆并未接受。后征虏将军鲁昌劝言："今两京覆没，天子蒙尘，琅邪王承制江东，为四海所系属。明公虽雄据一方，而诸部犹阻兵未服者，盖以官非王命故也。谓宜通使琅邪，劝承大统，然后奉诏令以伐有罪，谁敢不从！"处士高诩也说："霸王之资，非义不济。今晋室虽微，人心犹附之，宜遣使江东，示有所尊，然后仗大义以征诸部，不患无辞矣。"③慕容廆接受二人建议，于建武元年（317年）遣长史王济至建康劝司马睿称帝。次年，晋元帝司马睿再次授予慕容廆龙骧将军、大单于、昌黎公，慕容廆接受任命，但

① 《晋书》卷一〇八《慕容廆载记》，第9册，第2805页。
② 《魏书》卷九五《徒何慕容廆传》，第6册，第2060页。
③ 《资治通鉴》卷九〇，"晋元帝建武元年"条，第7册，第2845页。

不受昌黎辽东公封号①。

两晋交替之际，慕容廆采取开明政策，吸引大量汉人归附，引起东夷校尉崔毖的嫉恨。东晋太兴二年（319年），崔毖唆使高句丽、鲜卑宇文部与段部联合出击慕容廆，反被慕容廆所败。次年，慕容廆派裴嶷出使建康献捷，东晋授慕容廆"监平州诸军事、安北将军、平州刺史"，后又加"使持节、都督幽州东夷诸军事、车骑将军、平州牧，进封辽东郡公，邑一万户，常侍、单于并如故；丹书铁券，承制海东，命备官司，置平州守宰"②。

太宁元年（323年），石勒遣使与前燕交好，慕容廆断然拒绝，并将其使者送至建康，以示对东晋王朝的忠诚。慕容廆入主中原前，石赵是其最大的劲敌，为得到东晋援助，慕容廆曾与东晋太尉陶侃书信曰："今海内之望，足为楚汉轻重者，惟在君侯。若戮力尽心，悉五州之众，据兖豫之郊，使向义之士倒戈释甲，则羯寇必灭，国耻必除。廆在一方，敢不竭命。孤军轻进，不足使勒畏首畏尾，则怀旧之士欲为内应，无由自发故也。"③东晋北伐后赵，就为慕容廆入主中原除去一个劲敌，慕容鲜卑就会直接威胁东晋政权。东晋对此认识很清楚，他只是想使慕容鲜卑与后赵互相牵制，防止一方坐大，并无意北伐。

值得注意的是，慕容鲜卑没有兴趣加入晋室地方割据势力的争斗，这并不代表他对晋室的忠心，只是不满足于屈居人下；有时为了争夺土地、人口，慕容鲜卑甚至与地方势力发生军事冲突，可见其志向之大。从以后与东晋的军事对抗可以看出，慕容廆奉晋室为正朔只是其实力尚弱时的权宜之计。

第三，慕容鲜卑向东晋请求封王。随着慕容燕的壮大，慕容廆已经不满足于东晋的册封，便向东晋提出封王的要求。咸和中，宋该等人

---

① 胡注："廆辞公爵不受，外为谦廉，其志不肯郁郁于昌黎也。"见《资治通鉴》卷九〇，"晋元帝太兴元年三月"条，第7册，第2855页。

② 《晋书》卷一〇八《慕容廆载记》，第9册，第2807页。

③ 《晋书》卷一〇八《慕容廆载记》，第9册，第2809页。

共议，以为"廆立功一隅，位卑任重，等差无别，不足以镇华、夷，宜表请进廆官爵"①。慕容廆授意东夷校尉封抽、行辽东相韩矫等三十余人上疏太尉陶侃，陈述慕容廆忠于王室、诛讨大逆之功，请求东晋"进封廆为燕王，行大将军事，上以总统诸部，下以割损贼境"②。直至慕容廆死，东晋也未能作出决定。

咸和八年（333年），慕容廆死，次年（334年），晋成帝遣使封慕容皝为"镇军大将军、平州刺史、大单于、辽东公，持节、都督、承制封拜，一如廆故事"③。咸康四年（338年），又遣使进慕容皝为"征北大将军、幽州牧，领平州刺史，加散骑常侍，增邑万户，持节、都督、单于、公如故"④。直到此时，东晋并无意封前燕首领为王。

咸康三年（337年），慕容皝称王。两年后，慕容皝"以称王未受晋命，冬，遣长史刘翔、参军鞠运来献捷论功，且言权假之意"⑤。咸康七年（341年），刘翔出使建康，为慕容皝求大将军、燕王位。尚书诸葛恢认为，"夷狄相攻，中国之利；惟器与名，不可轻许"，"借使慕容镇军能除石虎，乃是复得一石虎也，朝廷何赖焉！"⑥，刘翔因此在建康逗留一年多。后来刘翔终于说服中常侍彧弘，东晋遂封慕容皝为使持节、大将军、都督河北诸军事、幽州牧、大单于、燕王。

永和五年（349年），晋穆帝封慕容儁为使持节、侍中、大都督、都督河北诸军事、幽冀并平四州牧、大将军、大单于、燕王，承制拜封皆与慕容皝同。但此时的慕容鲜卑已经成为北方最为强劲的民族政权，不再需要借助东晋来提高自己的政治地位。东晋永和八年（352年），慕容儁称帝，东晋遣使至前燕，慕容儁称，"汝还白汝天子，我

① 《资治通鉴》卷九四，"晋成帝咸和六年条"，第7册，第2980页。
② 《晋书》卷一〇八《慕容廆载记》，第9册，第2811页。
③ 《晋书》卷一〇九《慕容皝载记》，第9册，第2816页。
④ 《晋书》卷一〇九《慕容皝载记》，第9册，第2818页。
⑤ 《资治通鉴》卷九六，"晋成帝咸康五年"条，第7册，第3035页。
⑥ 《资治通鉴》卷九六，"晋成帝咸康七年"条，第7册，第3043页。

承人乏，为中国所推，已为帝矣"①。至此，前燕结束了与两晋六十余年的臣属关系。

慕容鲜卑与两晋的军事对抗可分为两个阶段。

第一阶段是在慕容廆向晋称臣前，这一时期的慕容鲜卑尚未强大，尚无与西晋对抗的实力，慕容鲜卑与西晋的战争主要因西晋保护东北其他部族所致。太康二年（281年），涉归寇昌黎、辽西二郡，平州刺史鲜于婴讨破之。次年，安北将军严询败鲜卑于昌黎，斩获数万人。因涉归与宇文鲜卑有隙，慕容廆上书请求讨伐宇文鲜卑，却未得晋武帝准许，引起慕容廆的反叛，西晋再次大败慕容鲜卑。慕容廆自觉势力弱小，开始向晋称臣。

第二阶段是慕容儁称帝后，前燕已经成为东北唯一强国，这一时期的战争是两个对立政权之间争夺势力范围的斗争。双方战争始于前燕围攻段龛。永和十一年（355年），原段氏鲜卑首领段兰之子段龛受到前燕慕容恪的围攻。次年，段龛向东晋求援，东晋派徐州刺史荀羡将兵救之，荀羡惧怕燕兵，驻军琅邪而不进。广固城内"樵采路绝，城中人相食，……气沮，莫有固志"②。十一月，段龛出降。荀羡得知段龛投降后，退至下邳。同年，原属于东晋的鲁郡、梁国、济北国、彭城郡、兰陵郡皆降前燕。升平二年（358年），晋泰山太守诸葛攸伐慕容部东郡，慕容恪击败晋军，又"略地河南，分置守宰"③。同年，晋将荀羡攻陷山茌并斩其泰山太守贾坚，后青州刺史慕容尘遣司马悦明大败荀羡军，山茌复归前燕。升平三年（359年），泰山太守诸葛攸率水陆军三万再次进攻前燕，慕容儁遣慕容评、傅颜等统步骑五万与晋军战于东阿，晋军又败。同年十月，东晋令谢安弟谢万击燕，谢万恃才傲物，不得人心，临战退缩，许昌、颍川、谯、沛诸城皆为前燕所占。

此后，东晋曾两次展开对前燕大规模进攻。慕容儁死后，东晋趁

① 《晋书》卷一一〇《慕容儁载记》，第9册，第2834页。
② 《资治通鉴》卷一〇〇，"晋穆帝永和十二年"条，第7册，第3159页。
③ 《资治通鉴》卷一〇〇，"晋穆帝升平二年"条，第7册，第3171页。

其有大丧，边防相对减弱之机，开始向前燕进军，先后攻取了洛阳、许昌及河南、汝南的部分地区。但不久，慕容恪为夺回失地开始了反击。隆和元年（362年）正月，前燕豫州刺史孙兴请求进攻洛阳，"晋将陈祐弊卒千余，介守孤城，不足取也！"[1] 燕采纳其建议，派宁南将军吕护屯河阴。二月，东晋以庾希镇下邳，袁真镇汝南，吕护攻洛阳。三月，河南太守戴施奔苑，陈祐告急，桓温派庾希、邓遐助祐。兴宁元年（363年）四月，慕容忠攻陷荥阳，荥阳太守刘远奔鲁阳。五月，前燕又攻下密城，刘远再奔江陵。十月，慕容尘攻长平，汝南太守朱斌乘机夺得许昌。兴宁二年（364年）二月，前燕慕容评、李洪攻掠河南。四月，李洪攻许昌、汝南，大败晋军，夺得许昌、汝南、陈郡。此后，前燕慕容恪欲攻洛阳，令司马悦希屯盟津，豫州刺史孙兴屯于成皋。陈祐留五百人守洛阳，自己带兵奔新城。前燕尽取河南诸城。次年，前燕慕容恪、慕容垂共同攻下洛阳。慕容恪基本收复了慕容儁死后东晋所占之地。

太和二年（367年），慕容恪死，前燕失去一位杰出的军事家，前燕由此转衰。东晋开始再次进攻前燕。太和四年（369年）四月，晋大司马桓温与江州刺史桓冲、豫州刺史袁真率众五万进攻前燕，温派建威将军檀玄攻陷湖陆，获燕宁东将军慕容忠。慕容暐以下邳王厉为征讨大都督，厉在黄墟被晋军打败。燕军屡败，慕容暐以虎牢以西之地为条件向前秦求援。八月，前秦派将军苟池、洛州刺史邓羌率众两万救燕。九月，慕容垂与慕容德在襄邑夹击桓温，斩首晋军三万级，前秦苟池又在谯大破桓温军，东晋大败。前燕慕容垂在此次战役中声名大振，却遭到太傅慕容评的排挤，慕容垂被迫投奔前秦。东晋退兵后，前燕悔约，拒绝给前秦虎牢以西之地，致使前秦伐燕。次年，前秦灭前燕。

---

[1] 《资治通鉴》卷一〇一，"晋哀帝隆和元年"条，第7册，第3188页。

三、其他慕容燕政权与两晋的关系

此后继起的西燕、后燕、南燕延续前燕与东晋敌对政策，在城池与人口的争夺上，与东晋时有冲突。当然，由于战争关系，也偶尔出现了他们请求东晋军事援助、东晋将领投归他们的情况。

首先，西燕与东晋的关系。太元十五年（390年），西燕慕容永进攻洛阳，为东晋朱序所败，朱序追慕容永至上党白水，与慕容永相持二十天，后因丁零翟辽欲攻洛阳，朱序方撤走。次年，慕容永又进攻河南，被太守杨佺期所败。太元十八年（393年），后燕慕容垂伐西燕，次年，西燕主慕容永困急，向东晋雍州刺史郗恢求援，又以其子亮为质。为防止后燕势力强盛，东晋孝武帝派青、兖二州刺史王恭、豫州刺史庾楷前往救援。晋兵未至，西燕部将开城迎后燕军队入城，西燕灭亡。

其次，后燕与东晋的关系。太元九年（384年），慕容垂围苻丕于邺城，东晋谢玄遣刘牢之、滕恬率众两万救苻丕，慕容垂败，刘牢之追慕容垂，连战皆败。太元十九年（394年）十月，慕容垂遣辽西王慕容农、安南将军尹国进攻青州、兖州，攻陷廪丘、阳城，高平、泰山、琅邪等郡守将也皆弃城而去。十一月，慕容农在龙水大败东晋辟闾浑，随即进入临淄。此后，后燕忙于与北魏征战、内部争权斗争也从未间断，与东晋少有往来。继承后燕的北燕君主冯跋，注重内部社会的发展，与周边民族关系良好。

再次，南燕与东晋的关系。隆安二年（398年），东晋宁朔将军邓启方、南阳太守闾丘羡带领部队两万人进攻南燕，同南燕慕容法、慕容和战于管城，东晋大败，独邓启方得以逃脱。隆安三年（399年），南燕慕容德遣使劝东晋幽州刺史辟闾浑交出幽州，辟闾浑没有听从，慕容德派北地王慕容钟率众两万进击辟闾浑，占据琅邪、莒城，徐州、兖州有十多万百姓也归附了慕容德。辟闾浑徙八千户居民据守广固，派崔诞戍守薄荀固，平原太守张豁戍守柳泉。崔诞、张豁投降慕容德，辟闾浑也在莒城被慕容德所杀。

东晋安帝年间，局势混乱，桓温之子桓玄意欲篡位，元兴元年（402年），东晋司马休之、刘敬宣、高雅之、刘轨为桓玄所逼，欲奔北魏，听闻崔逞被杀后，奔南燕慕容德。次年九月，高雅之、韩范请求讨伐桓玄，认为东晋衰乱，桓玄悖乱，上下离心，"得而有之，秦、陇不足敌也；拓地定功，正在今日。失时不取，彼之豪杰诛灭桓玄，更修德政，岂建康不可得，江北亦无望矣"①，慕容德准备步卒三十七万，骑兵五万三千匹，车万七千乘，意欲攻伐桓玄。但南燕公卿以为桓玄新得志，不可图，慕容德中止行动。元兴三年（404年），刘敬宣、高雅之与青州大姓以及鲜卑豪帅密谋杀害慕容德，推司马休之为王。事情泄露，刘轨、高雅之被杀，刘敬宣、司马休之投归东晋。同年，以刘欲为首的数名将领讨伐桓玄，桓玄屡次战败退出建康。南燕慕容德欲派北地王慕容翰等进据江南，慕容德有病而止。义熙二年（406年），因桓玄之乱，河间王司马昙之的儿子司马国璠、司马叔璠逃奔南燕慕容超。

南燕国主慕容超母妻在长安为后秦姚兴所执，义熙三年（407年），慕容超向后秦献太乐伎一百二十人以赎其母妻。义熙五年（409年），慕容超因为太乐伎人不完备，不顾大臣反对派慕容兴宗、斛谷提、公孙归等攻克东晋宿豫（今江苏宿迁东南），从中选男女两千五百人进入音乐机构学习音乐舞蹈。不久，又派公孙归等攻入济南，掠夺男女一千多人而去。东晋令并州刺史刘道怜镇守淮阴，以防备南燕的侵扰。三月，刘裕以此为由发兵伐南燕。七月，慕容超心腹垣尊、垣苗投降东晋，此后北方百姓每日归附东晋者数以千计。九月，慕容超派去请后秦军队的韩范也投降东晋，南燕士气一落千丈。南燕向后秦求援，后秦却在与夏国战争中失利，无力援助。次年，城内悦寿为晋军开城门，慕容超被俘，南燕亡。

---

① 《资治通鉴》卷一一三，"晋安帝元兴二年九月"条，第8册，第3553页。

四、慕容鲜卑招抚、重用汉人

提到慕容燕的发展，不得不说它对汉人的重视。慕容燕是十六国时期胡汉结合、重用汉人政权的典型代表。有些汉族士人甚至担任一级高官，参与最高行政决策，他们对于慕容燕在政治、经济、文化等方面的发展起到了举足轻重的作用。

慕容廆在位时就十分重视吸纳汉人，他常说，"吾积福累仁，子孙当有中原"[①]。永嘉年间，塞外鲜卑素连、木津寇扰辽东诸县，慕容廆奉行"勤王"政策，百姓多归附慕容廆。两晋交替之际，幽冀二州沦陷，中原汉人或南迁或投靠河西张氏。此时，慕容廆奉晋室为正统，修明政治，还有一部分中原流民涌入慕容燕境内。裴嶷曾说："今欲求托足之地，岂可不慎择其人。汝观诸段，岂有远略，且能待国士乎！慕容公修行仁义，有霸王之志，加以国丰民安，今往从之，高可以立功名，下可以庇宗族。"[②]

慕容廆对归附的汉人流民专门设郡进行统治，"冀州人为冀阳郡，豫州人为成周郡，青州人为营丘郡，并州人为唐国郡"[③]。至4世纪初，慕容鲜卑的人口迅速增加了十倍，流民对辽西地区农业经济的发展起了重要作用。封裕在其上书中曾提及"自永嘉丧乱，百姓流亡，中原萧条，千里无烟，饥寒流陨，相继沟壑。先王以神武圣略，保全一方，威以殄奸，德以怀远，故九州之人，塞表殊类，襁负万里，若赤子之归慈父，流人之多旧土十倍有余"[④]。

不但如此，慕容廆对汉族士人特别重视，对他们委以重任，以他们为谋士，任居要职。他认为，"贤人君子，国家之基也，不可以不敬"[⑤]，遂"以河东裴嶷、代郡鲁昌、北平阳耽为谋主，北海逢羡、广平

---

① 《晋书》卷一一〇《慕容儁载记》，第9册，第2831页。

② 《资治通鉴》卷八八，"晋愍帝建兴元年四月"条，第6册，第2798页。

③ 《晋书》卷一〇八《慕容廆载记》，第9册，第2806页。

④ 《晋书》卷一〇九《慕容皝载记》，第9册，第2823页。

⑤ 《晋书》卷一〇八《慕容廆载记》，第9册，第2808页。

游邃、北平四方虔、渤海封抽、西河宋奭、河东裴开为股肱，渤海封弈、平原宋该、安定皇甫岌、兰陵缪恺以文章才俊任居枢要，会稽朱左车、太山胡毋翼、鲁国孔纂以旧德清重引为宾友，平原刘讚儒学该通，引为东庠祭酒，其世子皝率国胄束修受业焉"①。闲暇之时，慕容廆也亲临聆听刘讚授业，儒学大兴。其继任者慕容皝、慕容儁也同样重视对汉族士人任用。咸康三年（337 年），慕容皝称王，"以封弈为国相，韩寿为司马，裴开、阳骛、王寓、李洪、杜群、宋该、刘瞻、石琮、皇甫真、阳协、宋晃、平熙、张泓等并为列卿将帅"②。永和八年（352 年），慕容儁称帝后，"署置百官。以封弈为太尉，慕容恪为侍中，阳骛为尚书令，皇甫真为尚书左仆射，张希为尚书右仆射，宋恬为中书监，韩恒为中书令，其余封授各有差"③。

前燕统治者的开明政策博得了汉族士人赞誉，形成了初具规模的胡汉结合的政权，汉族士人在政治、军事、外交等方面推动了前燕的发展。

在政治上，他们为前燕献治国之策，甚至担当辅国重臣，为前燕的发展稳定做出了重要贡献。如右北平人阳骛深受前燕四位君主赏识。慕容廆在位时，就常常献安时强国之计，深得慕容廆赏识。他曾两度受遗诏为托孤重臣，先后辅佐慕容儁和慕容暐，慕容皝去世前，嘱托慕容儁，"阳士秋忠干贞固，可托付大事，汝善待之"④。慕容儁初即位，"以慕容恪为辅国将军，慕容评为辅弼将军，左长史阳骛为辅义将军，谓之'三辅'"⑤。慕容儁死，慕容恪为太宰，慕容评为太傅，阳骛为太保，慕舆根为太师，共同辅佐慕容暐。阳骛"清贞谦谨，老而弥笃，既以宿望旧齿，自慕容恪已下莫不毕拜"⑥。慕容皝时，阳骛还屡次参加

---

① 《晋书》卷一〇八《慕容廆载记》，第 9 册，第 2806 页。
② 《晋书》卷一〇九《慕容皝载记》，第 9 册，第 2817—2818 页。
③ 《十六国春秋辑补》卷二六《前燕录四》，第 203 页。
④ 《晋书》卷一一一《慕容暐载记》，第 9 册，第 2860 页。
⑤ 《资治通鉴》卷九八，"晋穆帝永和五年"条，第 7 册，第 3093 页。
⑥ 《晋书》卷一一一《慕容暐载记》，第 9 册，第 2860 页。

慕容鲜卑对外作战，功绩仅次于慕容恪。

封裕是原东夷校尉封释之孙，慕容皝时任记室参军。封裕最为有名的就是他给慕容皝的上书，建议从政治、经济两方面入手调整政策，改革前燕弊端。在政治方面，首先劝言慕容皝应亲贤臣、远小人，虚心纳谏，"殿下圣性宽明，思言若渴，故人尽刍荛，有犯无隐。……其言是也，殿下固宜纳之；如其非也，宜亮其狂狷。罪谏臣而求直言，亦犹北行诣越，岂有得邪！右长史宋该等阿媚敬容，轻劾谏士，已无骨鲠，嫉人有之，掩蔽耳目，不忠之甚"①。其次主张把高句丽、百济、宇文部、段部现在龙城的人，迁往前燕西部边境以分散他们，防止他们回归故土积聚力量以及探知前燕虚实。在经济方面，封裕针对农业的发展，提出了以下几条建议：主张降低税收，设立农官管理农民，制定奖罚制度以督促农民作业，将分发百官以外的粮食存入太仓以应对自然灾害，他还提出，限制百工经商的人数，军事训练不合格者以及不必要的官员皆让其从事农耕。

在军事上，他们或亲自参加军事战争，或为前燕出谋划策，对前燕的稳定与扩张做出了重要贡献。裴嶷兄裴武为玄菟太守，裴武死，裴嶷送丧，至辽西受阻，投奔慕容廆。慕容廆以裴嶷为长史，委以军国之谋。在慕容鲜卑与宇文部、段部并立之时，裴嶷曾分析形势，提出先蚕食近敌后进军中原的战略，慕容廆接纳其建议，"委以军国之谋，诸部弱小者，稍稍击取之"②。在与崔毖指使的鲜卑宇文部大战时，慕容廆曾向裴嶷征求对策，裴嶷认为，宇文部虽兵士众多，却无号令，建议慕容廆挑选精兵，攻其不备。慕容廆采纳其言，果然获胜。次年，慕容廆遣裴嶷去建康献玺。裴嶷又说服东晋改变了对慕容鲜卑的看法，为慕容廆争取到监平州诸军事、安北将军、平州刺史的封号。

阳裕曾事鲜卑段氏五主，咸康四年（338年）为慕容皝所获，被任

---

① 《晋书》卷一〇九《慕容皝载记》，第9册，第2824页。
② 《资治通鉴》卷九〇，"元帝太兴元年"条，第7册，第2855页。

命为郎中令，迁大将军左司马。慕容皝对他非常信任，"宠秩在旧人之右"，"东破高句丽，北灭宇文归，皆豫其谋，皝甚器重之。及迁都和龙，裕雅有巧思，皝所制城池宫阁，皆欲之规模"①。

封奕是封释之孙，东晋咸和八年（333年），慕容皝继立，前燕发生内争，慕容皝弟慕容仁举兵自称车骑将军、平州刺史、辽东公，一时尽有辽东之地，"宇文归、段辽及鲜卑诸部并为之援"②，直接威胁慕容皝的统治。封奕统兵出战，为镇压叛乱、稳定局势做出了突出贡献。咸康四年（338年），后赵石虎发兵进攻前燕，后赵士卒数十万，"燕人震恐"，"虎遣使四出，招诱民夷，燕成周内史崔焘、居就令游泓、武原令常霸、东夷校尉封抽、护军宋晃等皆应之，凡得三十六城"③。慕容皝见此情形十分慌张，欲逃出城去。虽有慕舆根劝阻，慕容皝仍心生恐惧，此时封奕为慕容皝分析了当时的情势，"石虎凶虐已甚，民神共疾，祸败之至，其何日之有！今空国远来，攻守势异，戎马虽强，无能为患；顿兵积日，衅隙自生，但坚守以俟之耳"④。慕容皝才安心留守城池，后赵果然退兵。

虽然其他民族政权也有汉人参与，但是他们往往对汉人心怀戒备，汉人在政权中多担任一些低级官吏、文官，没有实权。而汉人在前燕政权中才能得到充分发挥，甚至成为辅国重臣，前燕对汉族士人的重用，恰恰是前燕能够在东北迅速崛起，吞并其他诸部的必要条件。

五、两晋对慕容鲜卑发展的影响

慕容鲜卑自慕容廆始就实行胡汉结合的制度，这在当时有利于其汉化以及两族的融合。无论是在向两晋称臣时，还是与东晋对立后，慕容鲜卑都一直坚持汉化政策，这使得它在政治、经济、文化上取得重

---

① 《晋书》卷一〇九《慕容皝载记》，第9册，第2829页。
② 《晋书》卷一〇九《慕容皝载记》，第9册，第2816页。
③ 《资治通鉴》卷九六，"晋成帝咸康四年"条，第7册，第3018—3019页。
④ 《资治通鉴》卷九六，"晋成帝咸康四年"条，第7册，第3020页。

大进步，并最终发展成为封建性质的政权。

（一）慕容鲜卑逐渐由部落联盟转变为封建性质的政权

慕容鲜卑最初是"风俗官号与匈奴略同"[①]的游牧民族，与汉文化存在较大差异。在与汉人接触中，慕容鲜卑"渐慕诸夏之风"[②]。自慕容廆始，慕容燕开始逐渐建立封建统治秩序。元康四年（294年），移居大棘城后，慕容廆开始在政治、经济上仿效中原，"教以农桑，法制同于上国"[③]。上国即指当时的中原王朝——西晋。慕容燕仿效中原官制，首次见于史书是慕容廆在安置汉人的地区设立侨郡县。

此后，汉族官制应用于前燕全境。咸康三年（337年），慕容皝称燕王，建立了一套职官体系，"以封奕为国相，韩寿为司马，裴开为奉常，阳骛为司隶，王寓为太仆，李洪为大理，杜群为纳言令，宋该、刘睦、石琮为常伯，皇甫真、阳协为冗骑常侍，宋晃、平熙、张泓为将军，封裕为记事监"[④]。慕容皝并未完全遵循魏晋官制，司马、纳言令、常伯仿效周制而设。西周分封下的诸侯国是独立存在，慕容皝仿周制大概是要借建官制寓意其独立[⑤]。

永和八年（352年），慕容儁迁都于邺城后，开始正式称帝。慕容儁对旧有职官体系作出调整，仿效魏晋重置百官，"以封奕为太尉，慕容恪为侍中，阳骛为尚书令，皇甫真为尚书左仆射，张希为尚书右仆射，宋活为中书监，韩恒为中书令，其余封授各有差"[⑥]。

除制定官制外，慕容儁时，申胤上书要求改革朝官冠冕服饰，"今皇储过谦，准同百僚，礼卑逼下，有违朝式。太子有统天下之重，而与诸王齐冠远游，非所以辨章贵贱也。……大燕受命，侔踪虞夏，诸所

---

① 《晋书》卷一〇八《慕容廆载记》，第9册，第2803页。
② 《晋书》卷一〇八《慕容廆载记》，第9册，第2803页。
③ 《晋书》卷一〇八《慕容廆载记》，第9册，第2804页。
④ 《资治通鉴》卷九五，"晋成帝咸康三年九月"条，第7册，第3012—3013页。
⑤ 李海叶：《慕容氏辽东政权咸康四年"王国官"考》，《内蒙古师范大学学报》（哲学社会科学版）2005年第2期。
⑥ 《晋书》卷一一〇《慕容儁载记》，第9册，第2834页。

施行，宜损益定之，以为皇代永制"①。慕容儁接受其建议，下令"今特制燕平上冠，悉赐廷尉以下，使瞻冠思事，刑断详平。诸侯冠悉颜裏屈竹，绵缠作公字，以代梁处，施之金瑱，令仆、尚书置瑱而已，中祕监令别施珠瑱。庶能敬慎威仪，示民轨则"②。

此外，慕容鲜卑还制定了对官吏的监察制度。崔鸿《十六国春秋·前燕录》载，侍郎韩偏以财贿赂辽东内史宋该，宋该举韩偏为孝廉，一经查出，韩偏因扰乱王典而免官并禁锢终身，宋该受四年刑。

封建制度的建立是一个循序渐进的过程，从最初慕容廆在安置汉人地区建郡，到慕容皝在统治中心建立汉晋职官体系，显示了慕容燕汉化速度之快、范围之广。当然，慕容鲜卑不可能在短时间内完全被汉化，他们仍然保留了一些旧有游牧民族的制度。如慕容熙继位时，"改北燕台为大单于台，置左右辅，位次尚书"③。

（二）慕容鲜卑由游牧经济转为农耕经济

慕容鲜卑最初是渔猎民族，"鲜卑众日多，田畜射猎，不足给食。后檀石槐乃案行乌侯秦水，广袤数百里，淳不流，中有鱼不能得。闻汗人善捕鱼，于是檀石槐东击汗国，得千余家，徙置乌侯秦水上，使捕鱼以助粮"④。后迁到西拉木伦河流域，随着自然环境以及社会环境的变化，转变为游牧民族。自慕容廆始，慕容燕统治者非常重视农业生产。慕容皝在位时提出"君以黎元为国，黎元以谷为命。然则农者，国之本也"⑤。通过前燕几代君主的苦心经营，农业定居逐渐成为慕容鲜卑主要生产生活方式，牧业退居次要地位。

元康四年（294年），慕容鲜卑徙居棘城（今辽宁义县西南），与汉族居民杂居，促使他们开始向农业定居生活转变。慕容廆时大量汉人

---

① 《晋书》卷一一〇《慕容儁载记》，第9册，第2836页。
② 《十六国春秋辑补》卷二六《前燕录四》，第205页。
③ 《晋书》卷一二四《慕容熙载记》，第10册，第3105页。
④ 《三国志》卷三〇《魏书·鲜卑传》，第3册，第838页。
⑤ 《晋书》卷一〇九《慕容皝载记》，第9册，第2825页。

的归附，增加了辽西地区的劳动力，带来了中原先进的生产技术和经营方式，推动了辽西地区农业的发展。慕容廆还向江南求桑种，在辽川发展养蚕业，"先是，辽川无桑，及廆通于晋，求种江南，平州桑悉由吴来"①。永宁中，前燕已有余粮赈济遭逢水患的幽州，这说明慕容鲜卑农业发展迅速，在短短几年间已经有了稳定的经济来源。

咸康七年（341年），迁都龙城后，慕容皝"躬巡郡县，劝课农桑"②，"以牧牛给贫家，田于苑中，公收其八，二分入私。有牛而无地者，亦田苑中，公收其七，三分入私"③。记室参军封裕进言赋税过高，并提出一些发展农业的措施。慕容皝虚心接纳，下令"贫者全无资产，不能自存，各赐牧牛一头。若私有余力，乐取官牛垦官田者，其依魏晋旧法。沟洫灌溉，有益官私，主者量造，务尽水陆之势。……百工商贾数，四佐与列将速定大员，余者还农"④。此外，在干旱时慕容皝还免除百姓的田租，以减轻农民的负担。

经过前燕首领的一系列改革，慕容鲜卑已经成为一个农业民族。继前燕之后的几个慕容燕政权，也都很重视农业的发展，史籍中少有他们发展牧业的记载，农业已经成为他们的基本生产方式。后燕建国之初，乐浪王慕容温守中山，遭到丁零翟真围攻。当时慕容温兵力不足，他坚守城池，"劝课农桑，民归附者相继，郡县壁垒争送军粮，仓库充溢"⑤，最终击败翟真，保住了中山。次年（386年），慕容垂定都于此。西燕慕容冲攻克长安后，畏惧慕容垂，不敢东归，在长安"课农筑室，为久安之计"⑥。北燕时，也大力提倡农耕。以法令形式规定每户必须种植桑枳数目，使辽西桑拓的种植在前燕基础上有所发展。

自前燕改革以来，农业逐渐成为慕容鲜卑的基本经济类型。《魏书》

① 《晋书》卷一二四《慕容宝载记》，第10册，第3097页。
② 《晋书》卷一〇九《慕容皝载记》，第9册，第2822页。
③ 《晋书》卷一〇九《慕容皝载记》，第9册，第2822—2823页。
④ 《晋书》卷一〇九《慕容皝载记》，第9册，第2825页。
⑤ 《资治通鉴》卷一〇六，"晋孝武帝太元十年"条，第7册，第3343页。
⑥ 《资治通鉴》卷一〇六，"晋孝武帝太元十一年"条，第7册，第3359页。

卷二《太祖纪》载：隆安二年（398年），"徙山东六州民吏及徒何，高丽杂夷三十六万，百工伎巧十万余口，以充京师"①。徒何是慕容部的别名，北魏使他们同汉人一同耕种，证明他们已经成为农业民族。农业的发展一方面为其提供了日常所需的农产品，避免了因物资短缺而侵扰晋边引起的军事冲突；另一方面也为其在各民族争夺战中提供了稳定的经济来源。

值得注意的是，慕容燕在学习先进经济制度的同时，庇荫制度也传入境内，威胁慕容燕的财政。慕容暐时，"燕王公、贵戚多占民为荫户，国之户口，少于私家，仓库空竭，用度不足"，尚书左仆射悦绾建议"一切罢断诸荫户，尽还郡县"②，慕容暐接纳建议，清查出二十多万户，这直接威胁了前燕王公贵戚的利益，慕容评派人杀悦绾。后燕慕容宝继位后，尊慕容垂遗令，"定士族旧籍，分辨清浊，校阅户口，罢军营封荫之户，悉属郡县"③，引起士民怨愤，上下离心。南燕慕容德时，"百姓因秦晋之弊，迭相荫冒，或百室合户，或千丁共籍，依托城社，不惧熏烧，公避课役"④，于是清查郡县得荫户五万八千。以上可知，慕容燕庇荫制度的存在，多次引起君主的重视，每次采取措施却都引起境内王公贵族的不满，最终也未能彻底清除，一直威胁着慕容燕的租调制的实施。

（三）慕容鲜卑重视汉族文化的传播，汉族文化深入人心

首先，由史书关于慕容鲜卑起源及迁徙问题相关记载，可以看出其对汉族文化的崇仰之情。《十六国春秋辑补》载，"昔高辛氏游于海滨，留少子厌越以君北夷，邑于紫濛之野。世居辽左，号曰东胡"⑤，高辛氏即传说中五帝之一"帝喾"的后裔，这是当时少数民族寻根思想的体

---

① 《魏书》卷二《太祖纪》，第1册，第32页。
② 《资治通鉴》卷一〇一，"晋海西公太和三年"条，第7册，第3211页。
③ 《资治通鉴》卷一〇八，"晋孝武帝太元二十一年"条，第8册，第3428页。
④ 《晋书》卷一二七《慕容德载记》，第10册，第3170页。
⑤ 《十六国春秋辑补》卷二三《前燕录》，第174页。

现。元康四年（294年），慕容廆因大棘城是五帝之一颛顼的旧都而移居至此，大概也是受到寻根思想的影响。关于慕容鲜卑名字的由来，史书有一种说法，即"时燕代多冠步摇冠，莫护跋见而好之，乃敛发袭冠，诸部因呼之为步摇，其后音讹，遂为慕容焉"[①]。其崇尚汉族文化之情可见一斑。

其次，通过重用汉人、建立学校等方式传播汉文化。慕容廆本人文化修养很高，少年时就与以文学才识而著称的晋安北将军张华结为忘年交，他在位时已经建立官学机构——东庠。"平原刘讚儒学该通，引为东庠祭酒，其世子皝率国胄束修受业焉"[②]，闲暇之时，慕容廆也亲临聆听刘讚授业，儒学大兴，前燕出现"路有颂声，礼让兴矣"[③]的局面。慕容皝在位时，进一步发展儒学，"赐其大臣子弟为官学生者号高门生，立东庠于旧宫"[④]，而且每月都要进行考试，以评定他们的学习成果。慕容皝不再像慕容廆在一旁聆听，而是亲自讲授，他的学生多达千余人。他还编写了《太上章》以代替原来的《急就篇》，又著《典诫》十五篇。此外，慕容皝还亲自去东庠考试学生，成绩优异者，可充任近侍。其子慕容儁"博观图书，有文武干略"[⑤]，"自初继位至末年，讲论不倦，览政之暇，唯与侍臣错综义理，凡所著述四十余篇"[⑥]，后燕君主慕容宝在做太子时，"砥砺自修，敦崇儒学，工谈论，善属文，曲事垂左右小臣，以求美誉"[⑦]，慕容垂以之为贤。可见当时儒学在慕容燕已经成为品评人物的重要标准。

再次，随着汉文化的传播，慕容鲜卑的伦理观念渐渐接近于汉族。如慕容德时，派平原人杜弘至后秦打探其母消息，后杜弘为其父求

---

① 《晋书》卷一〇八《慕容廆载记》，第9册，第2803页。
② 《晋书》卷一〇八《慕容廆载记》，第9册，第2806页。
③ 《晋书》卷一〇八《慕容廆载记》，第9册，第2806页。
④ 《晋书》卷一〇九《慕容皝载记》，第9册，第2826页。
⑤ 《晋书》卷一一〇《慕容儁载记》，第9册，第2831页。
⑥ 《晋书》卷一一〇《慕容儁载记》，第9册，第2842页。
⑦ 《晋书》卷一二四《慕容宝载记》，第10册，第3093页。

官，慕容德认为"弘为君迎母，为父求禄，忠孝备矣"①，这与游牧民族的贵壮贱老习俗完全不同。其女平原公主慕容氏在丈夫段丰死后宣称："我闻忠臣不事二君，贞女不更二夫。段氏既遭无辜，已不能同死，岂复有心于重行哉！"②在被迫改嫁寿光公余炽当天自缢。这与胡人婚俗观念已截然不同，而是儒家的伦理道德观。

最后，慕容鲜卑已经开始重视对历史的撰述。据《史通》载，前燕时已有史臣为燕王撰写起居注，杜辅全录以为《燕纪》。慕容暐时，崔逞又撰写《燕记》③。后燕建兴元年（386年），董统奉命撰写《后燕书》30卷，包括本纪、佐命功臣、王公列传。之后申秀、范亨又将《燕纪》《后燕书》合编为《燕书》20卷。在后燕灭亡后，原后燕人封懿，根据自己所见所闻，并吸收前人成果，撰成《燕书》，"颇行于世"④。南燕时王景晖撰慕容德、慕容超起居注，《南燕录》6卷。

综上所述，我们可以得到如下几点认识：

其一，慕容廆的勤王政策以及晋朝对慕容鲜卑的扶持，使得慕容鲜卑声望大增并得到了汉人归附，在短短四五十年时间里由一个弱小部族发展成为东北地区唯一强国。

其二，慕容鲜卑奉晋室为正朔，是受到传统汉族正统观的影响。当匈奴刘渊、羯族石勒先后在中原建立政权后，其他少数民族首领的正统观也随之发生了变化。慕容廆虽然对两晋表示了忠心，但自他开始，慕容燕的首领就在谋划进据中原。

其三，慕容鲜卑在与两晋的密切交往中，仿效汉族政治制度、经济模式对其内部进行彻底改革，建立了封建统治秩序。慕容鲜卑的汉化可谓是一帆风顺，这在当时少数民族政权中是极为少见的，这正是慕容鲜卑统治者大胆重用汉人的结果。

---

① 《资治通鉴》卷一一二，"晋安帝隆安五年十月"条，第8册，第3530页。
② 《晋书》卷九六《烈女传》，第8册，第2525页。
③ 《魏书》卷三二《崔逞传》，第3册，第757页。
④ 《魏书》卷三二《封懿传》，第3册，第760页。

其四，慕容鲜卑在高度汉化建立封建统治秩序的基础上，其统治者也逐渐失去了游牧民族英勇善战的本性，后期统治者的腐化堕落使得慕容燕最终被其他民族所吞并。慕容鲜卑人民因汉化太深迅速融入汉族之中，慕容鲜卑作为一个民族在历史上逐渐消失了。

第二节　两晋与段部鲜卑的关系：不思进取的段部鲜卑

一、段部鲜卑的兴衰

与其他鲜卑各部不同，段部鲜卑不是由鲜卑人组成的强固的血缘组织，而是段氏家族整合了鲜卑、乌桓以及汉人等多个民族共同形成的一个地域集团。之所以称为鲜卑，大概是因为他们久居辽西，已经被鲜卑化了。大约东汉中期，段部鲜卑进入辽西，魏末晋初势力渐盛，4世纪初成为东部鲜卑最强盛的一支。

（一）段部鲜卑的起源

段部先祖日陆眷为乌桓大人库辱官家奴，身份低微，曾充当主人唾壶。渔阳大饥，库辱官派日陆眷至辽西求食，日陆眷趁机脱离库辱官控制，招抚叛亡，吞并周边鲜卑、乌桓部落，段部由此开始形成。日陆眷死，其弟乞珍立。乞珍死，其子务勿尘立。

（二）段部鲜卑的兴衰

段部至务勿尘时，已经开始强盛，"其所统三万余家，控弦上马四五万骑"[①]。务勿尘死，其子疾陆眷继位。太兴元年（318年）正月，疾陆眷死，因其子尚幼，其叔父涉复辰自立。而疾陆眷两位弟弟——段匹䃅、段末波亦想统领段部。段匹䃅来奔丧，段末波宣称段匹䃅欲篡权，涉复辰率众阻拦段匹䃅。段末波乘虚杀涉复辰，吞并涉复辰子弟、党羽，自称单于、幽州刺史，屯据辽西。段匹䃅被段末波所败，返回蓟城。自此，段部鲜卑分成两派。

----

① 《魏书》卷一〇三《段就六眷列传》，第6册，第2305页。

段匹磾一直与晋在东北的势力合作，意图称霸一方，但终为石勒所擒。在后赵时期意欲联合群臣反叛，事情败露，被后赵所害。

太宁三年（325年）三月，段末波死，弟段牙继立。同年，慕容廆劝段牙迁都，段牙听从，离开令支，国人皆不满意。日陆眷孙段辽以此为名杀段牙，自立为王。

前燕慕容皝继位后，用法严苛，且因其兄弟慕容翰、慕容仁、慕容昭的勇悍与谋略而妒忌他们，慕容翰被迫归附段辽。慕容仁与慕容昭也预谋发动政变，密谋外泄，慕容昭被赐死。慕容皝派高诩、慕容幼、慕容稚等在汶城以北与慕容仁交战，慕容皝军大败，慕容仁尽占辽东地区。段辽与鲜卑各部都与慕容仁相应，引起前燕慕容皝对段辽的进攻。

咸康三年（337年），前燕向后赵称臣，乞请后赵相助，共伐段辽。咸康四年（338年）正月，前燕与后赵准备攻打段辽，此时段辽派段屈云进攻后赵幽州，石虎派姚弋仲等率众讨伐段辽。而前燕慕容皝则攻掠令支以北诸多城镇。段辽不听慕容翰劝谏，执意追袭慕容皝，慕容皝设下埋伏，大败段辽。而渔阳、上谷、代郡地方长官又归降后赵，段辽只好率妻子、宗族逃奔密云山。石虎又派郭太、麻秋追击段辽，段辽投降后赵。段辽向后赵请降后，又改降前燕。慕容皝尽得段辽士众，以上宾之礼待段辽。但是，段辽终因反叛为慕容皝所杀。

段辽死后，其弟段兰投奔石虎，屯令支。段兰死，其子段龛立。永和五年（349年），后赵内乱，冉闵掌权，众将不服。段末波之子段勤据黎阳，段龛据陈留，皆不附冉闵。永和六年（350年），段龛趁后赵内乱，南徙广固，自称齐王，并向东晋称臣。

永和八年（352年）十一月，慕容儁称帝。永和十一年（355年），段龛"遣书抗中表之仪，非儁正位"[1]。慕容儁大怒，派慕容恪、阳骛攻打段龛，十二月，慕容恪追至黄河岸边。次年，慕容恪引兵渡黄河，

---

[1]《晋书》卷一一○《慕容儁载记》，第9册，第2837页。

与段龛在广固城外百余里交战，段龛大败，退守广固。段龛被围后，城内"樵采路绝，城中人相食"①，士兵也气势低沉，而东晋援兵停驻琅邪不进。十一月，段龛出城投降。慕容儁任命段龛为伏顺将军。升平元年（357年），段龛为慕容儁所杀。

永和八年三月，冉闵攻克襄城后，段末波子段勤聚集了胡族、羯族数百人据守绎幕（今山东平原县西北），自称赵帝。四月，前燕王慕容儁派慕容霸进攻段勤，段勤举城投降。升平三年（359年），段勤为前燕所杀，其弟段思投降奔东晋。

二、不思进取的段部鲜卑

段部鲜卑是两晋时期活跃于我国东北的一支重要军事力量，曾是鲜卑中最为强悍的一支。两晋常常借助段部强大的军事力量来稳定在东北的统治，而段部也一直奉晋朝为正朔，接受两晋的册封，协助两晋在东北的统治。双方关系主要表现在以下几个方面：

（一）段部鲜卑与两晋中央政权的关系

在东北，拓跋鲜卑、慕容鲜卑都曾臣服于晋朝，但是在其发展、壮大后就结束了与两晋的臣属关系。段部鲜卑则不同，他始终臣服于两晋，接受两晋的册封，协助两晋与石勒对抗，没有与晋朝中央政权因争夺土地、人口发生军事冲突。在各民族争相入主中原时期，像段部鲜卑这样忠于晋朝的民族政权已经是很少了。

段部自务勿尘始臣服于晋朝，太安二年（303年），务勿尘曾派军助司马越征讨叛乱，因功被封为亲晋王、辽西公。永嘉四年（310年），晋怀帝封段务勿尘为大单于，段匹磾为左贤王。务勿尘死后，段部一分为二，但两部皆尊奉晋室。建武元年（317年）六月，刘琨、段匹磾、段疾陆眷、邵续等共同上表请求司马睿即帝位。永和六年（350年），段龛南徙广固，自称齐王，次年，以青州请求内附，东晋以他为

---

① 《资治通鉴》卷一〇〇，"晋穆帝永和十二年十月"条，第7册，第3158页。

镇北将军，封齐公。

除接受册封外，段部还曾协助晋朝讨伐叛乱。太兴二年（319年），徐龛与刘遐等共同讨伐周抚，朝廷论功时，刘遐占先。徐龛不服，以泰山降石勒，自称兖州刺史。朝廷派羊鉴为征虏将军、征讨都督讨伐徐龛，此次讨伐，段匹磾弟段文鸯也在其中，受羊鉴统领。

太兴四年（321年）二月，段末波"奉送皇帝信玺。庚戌，告于太庙，用受之"①。同年，段匹磾被石虎所擒，却不屈服于后赵，对石虎说，"我受晋恩，志在灭汝，不幸至此，不能为汝敬也"，段匹磾不忘晋室，"常著朝服，持晋节"②，其对晋室的忠心可见一斑。在《晋书》中，段匹磾并未被列入载记，而是与晋朝大臣同列入传记。史臣评语中称："段匹磾本自遐方，而系心朝廷，始则尽忠国难，终乃抗节虏廷，自苏子卿以来，一人而已。"③但是段部对晋朝的忠心，并未能使其免于灭亡，在段部受到前燕进攻时，东晋将领荀羡因惧怕前燕强大的兵力而停驻琅邪，段龛被迫投降前燕。

（二）段部鲜卑与两晋地方势力的关系

晋朝在东北与段部鲜卑的联合势力以王浚、刘琨、邵续为代表，段部鲜卑通过和亲、约为兄弟等方式与他们结盟，协助他们抵抗石勒。王浚在位时，段部鲜卑尚受其统领，至刘琨时，西晋正值丧乱时期，刘琨为汉政权所败依附段匹磾，至邵续时，虽说是合作，但实质上邵续是受段匹磾统领的，《晋书·段匹磾传》称："自务勿尘已后，值晋丧乱，自称位号，据有辽西之地，而臣御晋人。"④

首先，段部鲜卑与王浚的联合。

安北将军、都督幽州诸军事王浚，趁西晋内乱，通过和亲、上表朝廷册封段部首领等方式拉拢段部鲜卑，与其结盟，意图借助段部强大

---

① 《晋书》卷六《元帝纪》，第1册，第154页。
② 《晋书》卷六三《段匹磾传》，第6册，第1712页。
③ 《晋书》卷六三《段匹磾传》，第6册，第1717页。
④ 《晋书》卷六三《段匹磾传》，第6册，第1712页。

的军事力量来称霸一方。永兴元年（303年），王浚以女嫁给段部首领务勿尘，又上表朝廷，封务勿尘为辽西公。段部鲜卑首领受到王浚拉拢，多次协助王浚的军事行动。

八王之乱时，王浚采取观望态度，并且禁止境内士庶支持司马颖。永兴元年（304年），司马颖以右司马和演为幽州刺史，与乌桓共击王浚，和演反被王浚所杀，王浚自领幽州刺史。之后，务勿尘与王浚将领祁弘、乌桓共讨司马颖，攻克邺城，段部士兵大略妇女，王浚下令"敢有挟藏者斩，于是沈于易水者八千人"①。段部鲜卑的游牧民族特性以及在幽州的战争，为中原百姓带来极大灾难。

永嘉三年（309年）八月，刘渊派刘聪、石勒等进攻洛阳。王浚遣祁弘与务勿尘共击石勒，石勒大败，退至黎阳。次年，晋怀帝册封王浚为司空，段务勿尘为大单于，希冀王浚援助洛阳。然而，王浚早有异志，意欲称霸一方。永嘉五年（311年），匈奴最终攻入洛阳，中原士大夫流散各地，并州刺史刘琨派高阳内史刘希在中山招抚部众，幽州所统辖的代郡、上谷、广宁等地百姓大多归附刘希，部众多达三万。王浚为争夺人口，派燕相胡矩与段疾陆眷共同攻打刘希，并掠夺三郡男女。

永嘉六年（312年），石勒攻打王浚属下，王浚派督护王昌及段疾陆眷、段匹磾、段文鸯及段末波等率部众五万共攻石勒于襄国。石勒屡次为疾陆眷所败，后听从张宾、孔苌献计，趁段军懈怠之机，擒获段末波，以段末波为质向疾陆眷求和。疾陆眷弟段文鸯认为："今以末杯一人之故而纵垂亡之虏，得无为王彭祖所怨，招后患乎！"②疾陆眷不听劝谏、无视王浚委任，与石虎在渚阳结为兄弟，石勒与段末波也结为父子。至此，王浚与疾陆眷在石勒事件上产生矛盾，而段部也开始逐渐分化为两派。建兴元年（313年），王浚再次征诏段疾陆眷，让

---

① 《晋书》卷三九《王浚传》，第4册，第1147页。
② 《资治通鉴》卷八八，"晋怀帝永嘉六年"条，第6册，第2787页。

他与枣嵩共同攻打石勒，此时疾陆眷因早已与石勒结盟，不听王浚诏令。疾陆眷与王浚关系至此破裂，王浚召集拓跋猗卢与慕容廆共同讨伐疾陆眷，拓跋猗卢军被疾陆眷打败，前燕慕容翰因此留守徒何，在青山建立营垒。王浚因失去段部支持而势力渐弱。

建兴二年（314年），石勒攻进蓟城，杀死王浚。石勒以原尚书燕国人刘翰为幽州刺史，戍守蓟城，刘翰无意附石勒转而投靠段匹磾，于是段匹磾便占领了蓟城。王浚从事中郎阳裕逃至令支，依附段疾陆眷。

其次，段匹磾与刘琨的联合。

刘琨出任并州刺史正值西晋末年，无法得到朝廷的援助，转而联合段部鲜卑、拓跋鲜卑等周边民族政权，与匈奴汉国抗衡。刘琨与段部鲜卑的联合，主要是在西晋灭亡以后，名为联合，实则是刘琨孤立无援依附于段部鲜卑。

建兴四年（316年），西晋亡，石勒在廪丘进攻刘琨大将兖州刺史刘演，幽州刺史段匹磾派其弟段文鸯救援，石勒攻陷廪丘，刘演投奔段文鸯。同年，石勒进攻并州，司空长史李弘以并州降石勒，刘琨失去据点，率部众至蓟城投奔段匹磾，与段匹磾联姻并结为兄弟。

建武元年（317年），段匹磾推举刘琨为大都督，以檄书邀请其兄疾陆眷、叔父涉复辰、弟段末波在固安聚焦，共讨石勒。石勒遣使向段末波求救，段末波感念石勒不杀之恩，离间疾陆眷、涉复辰与段匹磾关系，疾陆眷听信挑拨撤兵。刘琨、段匹磾因势孤而回蓟城。

刘琨与段匹磾名为结盟，实则受到段匹磾的约束。段匹磾"以琨王室大臣，惧夺己威重，忌琨之形，渐彰于外"[1]。刘琨知"夷狄难以义伏，冀输写至诚，侥幸万一"[2]。段匹磾意欲"尽勒胡晋"，刘琨曾劝段匹磾移居厌次，"南凭朝廷。匹磾不能纳"[3]。段匹磾为疾陆眷奔丧之

---

[1]《晋书》卷六二《刘琨传》，第6册，第1688页。
[2]《晋书》卷六二《刘琨传》，第6册，第1686页。
[3]《晋书》卷六二《刘琨传》，第6册，第1689页。

时，与刘琨世子刘群同往，刘群被段末波擒获。段末波说服刘群写信给刘琨，以让刘琨做幽州刺史为条件，相约共攻段匹䃅，此信却为段匹䃅巡逻兵所得，段匹䃅扣留刘琨。因刘琨忠于晋室，素有威望，代郡太守辟闾嵩、雁门太守王据、后将军韩据合谋进攻段匹䃅，但密谋外泄，反被段匹䃅所诛。太兴元年（318年），段匹䃅假称奉诏拘捕刘琨，将其杀害，同时杀害刘琨子侄四人。刘琨属下从事中郎卢谌、崔悦奔段末波，尊刘群为主。温峤、卢谌、崔悦上表为刘琨讼冤。时东晋以段匹䃅势力尚强，希望他平定河朔，不为刘琨发丧。几年后，方追赠刘琨太尉、侍中，谥号曰"愍"。刘琨被杀后，胡人、晋人都不再归附段匹䃅，段匹䃅实力大减。

最后，段匹䃅与邵续的联合。

邵续原为王浚手下，任乐陵太守，王浚失败后投降石勒。建兴二年（314年），段匹䃅以书信邀请邵续与其共同投靠司马睿。邵续属下进谏，认为"今弃勒归匹䃅，任子危矣"[1]，邵续却不甘充当叛臣，答应段匹䃅之请。司马睿任邵续为平原太守。石勒因此率八千骑兵包围邵续，段匹䃅派弟弟段文鸯救援。石勒素畏鲜卑，听闻段文鸯将至，急速撤军。

段匹䃅杀害刘琨，导致胡人、晋人叛离，后来又为段末波所败，实力大减，只得北依邵续。太兴三年（320年）初，段末波进攻段匹䃅，段匹䃅与邵续联合大败段末波军队。因蓟城已被后赵所占，段匹䃅与其弟段文鸯又进攻蓟城。石勒趁邵续孤立无援，派石虎、孔苌进攻邵续，邵续为石虎所擒。次年，后赵石虎在厌次进攻段匹䃅，孔苌攻克了幽州辖属的多座城池。段匹䃅欲奔东晋，邵续弟邵洎不听，反而与其兄长之子投降后赵。

段匹䃅与邵续虽来自不同政权，但是在这一时期已经结成臣属关系。晋朝势力南移，无力控制这一地区，段匹䃅与邵续尊奉东晋也只

---

① 《晋书》卷六三《邵续传》，第6册，第1703页。

是徒有虚名。在无法得到晋朝援助之时，邵续选择臣侍段匹磾，在其被俘后交代其兄长之子邵竺等"吾志雪国难，以报所受，不幸至此。汝等努力自勉，便奉匹磾为主，勿有二心"①。

（三）段部鲜卑对晋人招而不抚

段部控制地区是联结中原与东北的枢纽，八王之乱、西晋灭亡，不少汉人为逃避战乱北迁，他们首先到达的就是段部统辖区。段部奉晋室为正朔，得到汉族士人的认可，吸引了不少汉族士庶及流民的归附。据马长寿先生研究，当时有大量汉人流入段部，主要有两个来源：一是自疾陆眷以来，掠夺或收容代郡、上谷、广宁三郡以及冀州各郡的汉人；二是王浚统治苛暴，幽州、冀州百姓不堪其命，逃入段部。②

在东部鲜卑中，段部最具地理优势，但是却不懂得利用地利，段部鲜卑首领"专尚武勇，不礼士大夫"③。在少数民族争相学习汉族管理经验、经济文化的同时，段部首领一直停滞于旧有制度，既不借鉴汉族统治方式，也不引进汉族先进技术发展经济，更不用提学习汉族文化。汉族士人很难适应游牧民族的统治方式，在段部首领将精力主要用于军事战争的政权中，汉族士人才能很难得到发挥，只好另谋他处。而处于其北面的慕容鲜卑则非常重视引进汉族先进政治、经济、文化，汉人甚至担任辅国重臣，所以汉人多投奔慕容鲜卑。如宋该、杜群、刘翔等"先依王浚，又依段氏，皆以为不足托，帅诸流寓同归于庑"④。裴疑在选择去处时，认为"汝观诸段，岂有远略，且能待国士乎！"⑤

---

① 《晋书》卷六三《邵续传》，第6册，第1704页。
② 马长寿：《乌桓与鲜卑》，桂林：广西师范大学出版社，2006年，第195页。
③ 《资治通鉴》卷八十八，"晋愍帝建兴元年四月"条，第6册，第2797页。
④ 《资治通鉴》卷八十八，"晋愍帝建兴元年四月"条，第6册，第2798页。
⑤ 《资治通鉴》卷八十八，"晋愍帝建兴元年四月"条，第6册，第2797页。

三、段部鲜卑、慕容鲜卑与两晋关系之比较

慕容鲜卑原为东部鲜卑最为弱小的部落，因为采取合理举措，后来发展成为东北唯一强国，势力甚至达到山东、安徽、江苏等地。而当初最为强盛的段部鲜卑逐渐衰弱最终沦为别人统治对象。段部自日陆眷算起，至其统治集团覆亡，不过四代。之所以会出现如此大的逆转，与他们处理与两晋的关系密不可分。

首先，虽然同奉晋室为正朔，但是两者出发点不同。段部对两晋的臣服是沿用了旧有民族政权尊奉中原王朝的态度，双方缺乏深入的交流。而慕容鲜卑奉两晋为正朔则是为了提高自身政治地位，减少在发展、扩张势力等行为上的阻力，为其吞并异己寻找合法理由。

其次，两者在处理与晋朝地方势力上存在较大差别。段部鲜卑比较注重与两晋地方势力的军事联合，对石勒的扩张起到了一定的牵制作用。而慕容鲜卑把主要力量放在自身的发展与完善上，较少与晋朝地方势力联合，甚至与东夷校尉崔毖发生直接军事冲突。即使在八王之乱、刘渊起兵这样的关键时期，慕容鲜卑也只是采取中立态度，即使王浚以封号拉拢慕容廆，慕容廆也绝无意愿与王浚联合。

再次，在对待晋人态度上，两者存在很大差别。两者虽然都招引了大量汉人，但是在人才任用上却大相径庭。段部凭借其强大的军事实力四处征战，导致晋人纷纷离去。而慕容鲜卑则非常重视汉人，对于普通民众分给他们土地、耕牛，对于士族则让他们参与政治、经济、文化的运作，甚至担任辅国重臣。这就使得慕容燕政权吸收了汉族王朝的政治、经济、文化等方面的先进制度，使其社会产生了巨大飞跃，而段部鲜卑却仍然安于旧制，缺乏系统的管理体制，经济、文化更是落后，在经过长年穷兵黩武后自然会被历史淘汰。

作为曾经东部鲜卑最为强盛的一支，段部鲜卑自日陆眷算起至其统治集团覆亡不过四代，其强盛时间不过三十年便逐渐衰弱最终沦为别人统治对象，这与其统治集团缺乏远见、不辨时局有重大关系。段部鲜卑臣服于两晋的政策本是其发展的优势，是了解与借鉴汉族政治体

制、经济生产方式以及先进文化知识的重要条件，但是段部忙于军事战争甚至是内斗，使得与两晋地方势力的合作反而成为其逐渐衰弱的原因之一。段部鲜卑虽然是一个失败的民族政权，但是带给我们的历史教训却是发人深省的。

第五章

两晋与拓跋鲜卑的关系：主动接受中原文化

准确地说，拓跋鲜卑应包括建国前的拓跋部，建国后的代、北魏，建立南凉的河西鲜卑秃发部等，本章主要论述两晋与拓跋部及其所建代、北魏的关系。拓跋鲜卑建立北魏，进而统一北方，结束了西晋八王之乱以来的混乱局面，为北方各民族的融合与发展创造了条件，在中国历史上做出了重要贡献。

第一节　拓跋鲜卑的发展概况

一、拓跋鲜卑的起源

拓跋鲜卑原居于额尔古纳河和大兴安岭北段，"统幽都之北，广漠之野，畜牧迁徙，射猎为业"[①]。刘宋元嘉二十年（443年），乌洛侯国遣使朝贡，"称其国西北有国家先帝旧墟石室，南北九十步，东西四十步，高七十尺，室有神灵，民多祈请"[②]。太武帝派中书侍郎李敞前往进行考察，李敞在此告祭天地。1980年，米文平等文物工作者在大兴安岭北段顶巅的嘎仙洞中发现了北魏太平真君四年，李敞刻于石壁上的祝文，内容与《魏书·礼志一》所载大致相同，多数学者认为嘎仙洞就是拓跋鲜卑的发源地。尽管有些学者对此持怀疑态度，但是，人们大都认为嘎仙洞的发现使我们确定了拓跋鲜卑祖先早期活动范围。而以张博泉先生为代表的部分学者则认为，嘎仙洞之说缺乏证据，应该在

---

① 《魏书》卷一《序纪》，第1册，第1页。
② 《魏书》卷一百《乌洛侯传》，第6册，第2224页。

外兴安岭寻找大鲜卑山①。

另外，关于拓跋鲜卑的起源，《魏书》也有一段明确记载。据《魏书·序纪》载："昔黄帝有子二十五人，或内列诸华，或外分荒服，昌意少子，受封北土，国有大鲜卑山，因以为号……黄帝以土德王，北俗谓土为托，谓后为跋，故以为氏。其裔始均，入仕尧世，逐女魃于弱水之北，民赖其勤，帝舜嘉之，命为田祖。爰历三代，以及秦汉，獯鬻、猃狁、山戎、匈奴之属，累代残暴，伤害中州，而始均之裔，不交南夏，是以载籍无闻焉。积六十七世，至成帝讳毛立。"②拓跋鲜卑先世没有文字，自始均至成帝毛的六十七世，无一名一事可查，且离《魏书》编纂年代久远，关于这段记载只能依靠鲜卑人口耳相传的事迹，其中必有真伪。关于其是否为黄帝苗裔，笔者认为这是拓跋鲜卑统治集团对自身根源的一种解说，正如当时匈奴人自认为西汉高祖刘邦之后如出一辙，是为自己入主中原统治北方寻找正统地位的依据。且三皇五帝时代至今尚被定为传说时代，拓跋部自认为昌意之后更无从考证。《资治通鉴》认为拓跋自谓黄帝之后，是采纳中原名士崔宏之议的结果。虽已不可辨《资治通鉴》此说的真伪，但证明在宋朝时已经有人怀疑黄帝后裔说的可靠性，笔者认为黄帝后裔之说暂不具有史料参考价值。

二、拓跋鲜卑的三次迁徙

拓跋鲜卑远祖毛时（公元前2世纪后期至前1世纪，西汉武帝在位时期），因其聪明勇武而被远近部落所推重，"统国三十六，大姓九十九，威振北方，莫不率服"③。此时，鲜卑已经发展到一定规模，统一了周边部落，并成为部落联盟的核心。

随着鲜卑族势力的发展，原有与生活在森林深处相适应的游猎经济

---

① 杨军：《鲜卑帝国传奇》，北京：中国国际广播出版社，2008年版，第162页。
② 《魏书》卷一《序纪》，第1册，第1页。
③ 《魏书》卷一《序纪》，第1册，第1页。

已经不能满足他们的生活需要，迫使他们不得不迁徙。下传五世至宣帝推寅时，即公元 1 世纪前期，正值匈奴第二次分裂时期，北匈奴渐弱，南匈奴入塞，推寅带领部众南迁大泽，"大泽"即今呼伦贝尔湖区。

推寅后又经六世至献帝邻时，一方面"七分国人，使诸兄弟各摄领之"①，以兄弟取代异姓部落首领，削弱了异姓部落的独立性，巩固了拓跋部对诸异姓部落的领导权，使这一部落联盟组织更加牢固并且维持了长期的稳定发展；另一方面因为呼伦池附近荒遐，不适宜建立都邑，也为了自身发展需要，邻准备进行第二次南迁。时邻已年老体衰，让位于圣武皇帝诘汾，诘汾率部众迁至匈奴故地，即今河套北部固阳阴山一带。鲜卑此次南迁之时，正是檀石槐部落军事大联盟之际，有的学者认为邻率领部众参加了这个联盟，成为西部大人之一。后檀石槐死，部落联盟瓦解，邻命诘汾南迁至匈奴故地②。也有的学者持否定态度，认为古代少数民族同名者众多，不能因为西部大人名为推寅而认为即是拓跋部的第二推寅，无论时间、地点或事迹都不能将二者混为一谈③。

从宣帝推寅至献帝邻，经过六代发展初步完成了鲜卑与匈奴等族的融合过程，形成了鲜卑父胡母的拓跋鲜卑，在此之前只能称作鲜卑。同时，在与匈奴融合的过程中，拓跋鲜卑的经济由游猎经济转为草原游牧经济。

至诘汾子力微时，拓跋鲜卑开始有了确切的实录历史。因遭西部鲜卑大人蒲头侵袭，部众离散，力微投奔五原郡（今内蒙古包头市西北）没鹿回部窦宾，窦宾准其北居长川（今内蒙古兴和县一带）。经过十余年经营，其旧部皆来归附。正始九年（248 年），力微杀窦宾子，尽并其众，诸部大人皆宾服，控弦士马达二十余万。甘露三年（258 年），力微迁都盛乐（今内蒙古和林格尔县北），同年四月，在盛乐举行祭天

---

① 《魏书》卷一一三《官氏志》，第8册，第3005页。

② 马长寿：《乌桓与鲜卑》，桂林：广西师范大学出版社，2006年，第226—227页。

③ 杨军：《拓跋鲜卑早期历史辨误》，《史学集刊》2006年第4期。

大会，正式取得了部落联盟领导权。这个部落联盟虽然不如檀石槐军事联盟那样庞大，但是民族成分复杂，大致由三部分构成①：

第一部分是宗室八姓。献帝邻在位时把所领导的拓跋部分为八部，派遣自己的兄弟各统领一部，各为一姓氏，包括拓跋氏、纥骨氏、普氏、拔拔氏、达奚氏、伊娄氏、丘敦氏、俟亥氏，拓跋氏的形成可能早些，其余七个姓氏都是献帝邻"七分国人"后开始决定的，是后世"鲜卑八国"的起源。

第二部分是"内入诸姓"。围绕在宗室八姓之外的就是"内入诸姓"，简称"内姓"，共七十五个异姓部落，都是力微时或力微之前外部诸姓加入拓跋鲜卑者，绝大部分不是拓跋鲜卑。

第三部分是"四方诸姓"。在内入诸姓之外是与拓跋部保持"岁时朝贡关系"的"四方诸姓"，共三十五部。需要注意的是，此所谓"朝贡"只能解释为在政治上有交聘或者从属，在经济上有交换而已，不应单纯地以附庸国对宗主国的朝贡关系来解释。因为力微时的东方宇文鲜卑、慕容鲜卑的实力远远超过拓跋部。

随着拓跋鲜卑的发展壮大，上述四方诸姓不断向内姓转化，而内入诸姓跟宗室的关系又日益加深，这些变化过程使拓跋鲜卑从部落集团逐渐演变为国家，地域的关系逐渐代替了血缘的关系。

力微死后，先后出现了章帝悉鹿、平帝绰、思帝弗，在位时间都较短。后昭帝禄官继位，分拓跋鲜卑为三部：禄官居上谷以北，濡源（今河北东北部滦河上源）以西，东接宇文部，为东部；沙漠汗长子猗㐌居代郡参合坡（今内蒙古凉城东北）北，为中部；猗㐌弟猗卢居定襄盛乐故城，为西部。西晋末年，禄官崩，穆帝猗卢统一原来的三部，势力渐盛。

---

① 马长寿：《乌桓与鲜卑》，桂林：广西师范大学出版社．2006年，第228—229页。

三、代国的兴亡及北魏的建立

（一）代国的兴亡

猗卢总摄三部后，采取与西晋联合的策略，借助西晋正统地位来扩张其势力。永嘉四年，猗卢因协助西晋抗击铁弗匈奴、白部鲜卑与羯胡，被西晋封为大单于、代公，并得到陉岭（今山西代县西北句注山）以北的马邑、阴馆、楼烦、繁畤、崞五县，其地东接代郡，西连西河、朔方，方数百里，疆域扩大，势力日盛。永嘉七年（313年），猗卢以盛乐为北都，修故平城（今山西大同市东北）为南都，并在㶚水之南黄瓜堆建筑新平城，由其长子六修镇守，统领南部。建兴三年（315年），晋愍帝司马邺封拓跋猗卢为代王，置官属，食代、常山二郡，并明刑峻法。关于代国建立的时间，学术界一直存在两种意见，一种认为以永嘉四年（310年）晋朝封猗卢为代公始，一种认为以建兴三年（315年）晋朝封猗卢为代王始。关于拓跋鲜卑建立代国的具体时间，史书并无记载，所以不得而知。

传至拓跋郁律时，郁律击败了前来进犯的铁弗匈奴刘虎，并以女嫁给前来归附的刘虎弟路孤，后又"西兼乌孙故地，东吞勿吉以西，控弦上马将有百万"[1]，前赵刘曜、后赵石勒前来请和，皆被郁律所拒。太兴四年（321年），东晋遣使加崇爵服，亦遭到拒绝。郁律曾说："今中原无主，天其资我乎！"[2]此时的代国已经雄踞北方，大有"平南夏之意"。

太兴四年（321年），郁律被桓帝后祁氏所害，拓跋鲜卑内部出现争夺君位的斗争。咸康四年（338年），拓跋什翼犍即位，内乱结束。什翼犍因在后赵为质子长达十年，汉化较深，习得了不少中原的典章制度。咸康五年（339年），什翼犍开始设置百官，分管政务，并制定了简单的法律，从此拓跋部代政权开始初具国家规模。同年五月，什

---

① 《魏书》卷一《序纪》，第1册，第9页。
② 《魏书》卷一《序纪》，第1册，第9页。

翼犍与诸大人在参合陂商讨建都事宜，但遭到其母王氏反对，建都计划取消。随着代国势力的发展，前凉、匈奴、前燕、成汉、后赵等国先后前来朝贡，像匈奴、前燕等还与代建立了联姻关系，"东自濊貊，西及破洛那，莫不款服"①。

正值内乱结束、势力扩张之际，代国遭到了前秦与匈奴的联合进攻。太元元年（376年），前秦借口铁弗匈奴刘卫辰受到代攻伐而出兵代国，在前秦与匈奴联合进攻下，代国灭亡，以拓跋部为首的部落联盟也随之瓦解。前秦将代国一分为二：一部由什翼犍外甥刘库仁统领，掌管黄河以东云中、雁门一带，一部由刘卫辰统领，掌管黄河以西朔方一带，另外，令贺兰部贺讷总摄东部防务。什翼犍少子拓跋窟咄被苻坚迁至长安，其孙拓跋珪则随其母依附独孤部刘库仁，后刘显继位逼迫拓跋珪母子北奔贺兰部。

（二）北魏的建立

太元八年（383年）淝水之战后，前秦统治瓦解，北方再度陷入分裂割据之中，一些少数民族首领纷纷建立政权。太元十一年（386年）正月，拓跋珪在贺兰部的支持下收拾旧部，在牛川（今内蒙古锡拉木林河，呼和浩特东南）举行大会，即代王位，重新统一诸部。同年四月改国号为魏，自称魏王。拓跋珪建国之初，处于内忧外患之中，代北独孤部与贺兰部都十分强大，对外又面临柔然、高车、库莫奚以及后燕、西燕的威胁。太元十一年，窟咄北上争位，道武帝北走贺兰，与后燕联合，击败了窟咄和其支持者独孤部，又灭贺兰部，剪除了内患。对外，拓跋珪进行了一系列征服战争，出兵攻下库莫奚、高车、柔然、匈奴刘卫辰等，隆安二年（398年）击溃后燕，从此成为北方强大的政权。同年，拓跋珪称皇帝，即道武帝，定都平城，史称北魏，与东晋相对峙。

拓跋珪是鲜卑族杰出的首领，他登上历史舞台之初，正是拓跋鲜

---

① 《魏书》卷一《序纪》，第1册，第12页。

卑衰落和北方地区再度陷入分裂的时期。拓跋珪重振旗鼓，不仅复兴了拓跋部，而且征服四周强邻，为北魏统一北方奠定了基础。至其孙拓跋焘时，先后攻灭柔然、赫连夏、冯氏北燕和沮渠氏北凉，于元嘉十六年（439 年）统一北方，结束了北方长达 100 余年的分裂局面，形成代表中国北方的王朝与南朝对峙。

第二节　两晋与拓跋鲜卑的关系

因地域相隔较远，拓跋鲜卑至力微时方与中原汉族政权建立联系。力微在总结匈奴、乌桓的统治经验时指出："我历观前世匈奴、蹋顿之徒，苟贪财利，抄掠边民，虽有所得，而其死伤不足相补，更招寇仇，百姓涂炭，非长计也。"[1] 因此便对曹魏采取亲善态度。不仅如此，力微对邻国也"笃信推诚，不为倚伏以要一时之利，宽恕任真"[2]。晋代魏后，双方仍然维持友好关系。拓跋鲜卑与两晋的民族关系主要表现在以下几个方面：

一、两晋与拓跋鲜卑的封赐与朝贡关系

双方建交之初，拓跋鲜卑处于发展时期，以晋为尊，向西晋朝贡，并接受西晋对它的封号。西晋咸宁元年（275 年）六月，力微遣子沙漠汗到晋朝贡，"其年冬，还国。晋遗帝锦、罽、缯、彩、绵、绢、诸物，咸出丰厚，车牛百乘"[3]。永兴二年（305 年），"晋假桓帝大单于，金印紫绶"[4]。永嘉四年（310 年），由于猗卢助刘琨大败白部鲜卑及铁弗匈奴，受晋怀帝之封为大单于、代公。建兴三年（315 年），晋愍帝进封拓跋猗卢为代王，置官属，食代、常山二郡。但据《资治通鉴》

---

① 《魏书》卷一《序纪·神元皇帝纪》，第1册，第3页。
② 《魏书》卷一《序纪·神元皇帝纪》，第1册，第4页。
③ 《魏书》卷一《序纪·神元皇帝纪》，第1册，第4页。
④ 《魏书》卷一《序纪·昭帝纪》，第1册，第7页。

胡三省注中说"常山已为石勒所有"①。所以，拓跋鲜卑所占领的只有代郡。

但到东晋时期，拓跋鲜卑已经强大起来，并于太元十一年（386年）建立北魏王朝。隆安三年（399年），后秦进犯襄阳，东晋雍州刺史郗恢以书信向北魏求援，称"贤兄虎步中原"②。而拓跋珪却以郗恢不遵从君臣之礼，让张衮、崔逞回信贬斥晋帝。张衮、崔逞以"贵主"称晋帝，拓跋珪大怒，令崔逞自杀。可见，随着实力的增加，北魏君主的"自尊"③意识逐渐增强。而此时的东晋则偏安东南一隅，为求边境安宁开始向强大的北魏政权遣使朝贡。仅司马德宗时期，《魏书》记载就有太元二十一年（396年）、元兴二年（403年）、义熙十一年（415年）、义熙十四年（418年）东晋四次向魏遣使朝贡。双方关系的转变反映了双方实力的此消彼长，同时朝贡关系的存在反映了双方关系尚处于良好状态，尽管实力发生转变，仍然能够和平共处。

二、两晋与拓跋鲜卑的质子关系

质子在两国关系中扮演着重要角色，是沟通两国的桥梁。质子关系的存在，意味着两国关系友好，政治、经济、文化交流频繁。早在春秋战国时质子既已出现，两汉时作为一项制度初步形成。至西晋时期，少数民族入主中原，他们主动遣子入侍西晋，向汉族学习先进文化，与中原交好。鲜卑、匈奴、车师前部、鄯善、龟兹、焉耆等国都曾遣子入侍西晋。

早在曹魏统治时期，力微就遣其子沙漠汗至洛阳"且观风土"，实为质子。魏与拓跋鲜卑"聘问交市，往来不绝"④，每年拓跋鲜卑得中原

---

① 《资治通鉴》卷八九，"西晋愍帝建兴三年条胡注"条，第6册，第2818页。
② 《资治通鉴》卷一一一，"晋安帝隆安三年"条，第8册，第3494页。
③ 在中国古代社会，"自尊"既有自立为王或自己称帝之意，还有唯我独尊和妄自尊大之意。
参见崔明德：《两汉民族关系思想史》，北京：人民出版社，2007年，第419页。
④ 《魏书》卷一《序纪·神元皇帝纪》，第1册，第4页。

金帛缯絮以万计。晋代魏后，沙漠汗因父力微年事已高，请求归国，晋武帝派人护送。晋并州刺史刘琨与拓跋鲜卑往来密切，为加强与拓跋鲜卑的联系，于永嘉四年（310年）以子刘遵为质，入侍拓跋鲜卑，"帝（猗卢）嘉其意，厚报馈之"[1]。

通过质子外交，拓跋鲜卑与两晋的友好关系得以更加深入、更加巩固，有利于双方在政治、军事方面的相互信任、相互支持以及在文化上的交流。

三、两晋与拓跋鲜卑的军事联合

西晋惠帝时期，王室内乱，各地方纷纷培养自己的势力，拉拢少数民族首领。如幽州刺史王浚将二女分别嫁与东部鲜卑首领段务勿尘和宇文苏恕延；成都王司马颖笼络匈奴刘渊。处于实力上升时期的拓跋鲜卑自然也成为各方势力争夺联合的对象。这一时期，拓跋鲜卑主要与并州刺史刘琨联合，刘琨利用拓跋鲜卑打击来犯的少数民族及西晋内部敌对势力，拓跋鲜卑也通过刘琨的协助，以尊晋为旗号进一步扩展自己的势力。

在司马腾作并州刺史时，就与拓跋鲜卑交好。永安元年（304年）十月，晋惠帝被成都王司马颖强留在邺，司马颖同党匈奴刘渊反于离石，自号汉王。司马腾向拓跋鲜卑乞师，桓帝猗㐌率十余万骑，昭帝禄官同时也率军助司马腾，大破刘渊于西河、上党。适逢晋惠帝回洛阳，司马腾乃辞师，桓帝与司马腾盟于汾东而还。次年，司马腾受刘渊攻击，复求助于拓跋部，猗㐌以"轻骑数千救之"[2]。

刘琨继任后，沿用司马腾的策略，欲借猗卢之力，与铁弗刘虎、白部鲜卑、羯胡石勒相抗衡，而猗卢也打着尊晋旗号，联合西晋北疆官吏向南扩展。永嘉四年（310年），白部鲜卑与铁弗匈奴刘虎共攻刘琨

---

[1] 《魏书》卷一《序纪·穆帝纪》，第1册，第7页。
[2] 《魏书》卷一《序纪·昭帝纪》，第1册，第6页。

辖下新兴、雁门二郡。刘琨向猗卢乞师，猗卢遣侄郁律率骑两万，助刘琨打败白部鲜卑及铁弗匈奴，因此西晋封猗卢为大单于、代公。永嘉六年（312年）正月，刘虎子刘聪派兵围攻晋阳，猗卢助刘琨击退了刘聪。七月，刘聪占领晋阳，刘琨退至常山郡及中山。九月，刘琨与猗卢会合，击退了刘聪军队。

在匈奴频繁的进攻下，刘琨又三次与拓跋鲜卑联合，欲彻底打败匈奴军队，但皆未成功。永嘉五年（311年），刘聪攻陷洛阳，挟晋怀帝至平阳，晋朝与拓跋鲜卑约在永嘉六年十月会于平阳，想讨破刘聪救晋怀帝，但未能成功；永嘉七年（313年）六月，刘琨又与猗卢约期会于陉北，谋击刘汉，因刘汉军的顽强抵抗而失败；建兴二年（314年）三月，刘琨计划与猗卢再次进攻刘渊，因拓跋部内乱而落空①。

拓跋鲜卑在助西晋的同时，也提出了一些苛刻的条件。双方的军事联合虽然是主流，但也存在着一些矛盾。永嘉四年，猗卢曾以封邑代郡离国太远，民不相接为由，向晋索求句注、陉北之地。当时刘琨一方面与刘渊抗衡，另一方面又与幽州刺史王浚争夺益州、幽州之地；猗卢也在与王浚争夺代郡。为得到拓跋部支持，刘琨把陉北马邑、阴馆、楼烦、繁峙、崞五县之民迁至陉南，将此地让与猗卢。

到拓跋郁律时期，拓跋鲜卑雄踞北方，逐渐改变与中原的军事关系。郁律不但拒绝前赵刘曜、后赵石勒的请和，而且拒绝东晋的封爵，闻晋愍帝为刘曜所害，便对大臣说："今中原无主，天其资我乎？"②大有平南夏之意。拓跋珪建立北魏，解除柔然、高车、库莫奚、后燕、西燕威胁后，于皇始二年（397年）亲率大军四十万，进兵中原，先后攻取晋阳、中山、邺等重镇，据黄河以北与东晋隔河对峙。北魏在完成北方统一大业后，于元嘉二十七年（450年）开始向刘宋进攻，形成南北对峙局面。

---

① 包文胜：《盛乐时期拓跋鲜卑历史初探》，内蒙古大学2005年硕士学位论文。
② 《魏书》卷一《序纪·平文皇帝纪》，第1册，第9页。

四、拓跋鲜卑招抚、重用汉人

西晋八王之乱以后至东晋时期，汉族政权渐弱，许多汉族或随东晋南迁，或因客观环境所限难以到达江南，留在故地加入少数民族政权，如清河崔氏、博陵崔氏、荥阳郑氏、赵郡李氏、河东裴氏、北地傅氏、范阳卢氏、京兆韦氏、杜氏等大姓皆曾加入十六国政权。汉人通过主动归附与被招抚等方式进入拓跋鲜卑，为拓跋鲜卑在政治、军事、文化等方面的发展做出了重要贡献。

永嘉元年（307 年），猗卢继位。当时正值八王之乱，代人卫操带其子卫雄及其宗室乡亲姬澹归附拓跋鲜卑，辅佐桓帝、穆帝，并劝帝招纳晋人。卫操所带宗室归附者有卫勤、卫崇、卫清、卫泥、段繁、王发、范班、贾庆、贾循、李壹、郭乳等，皆被桓帝所表授。此后，晋人归附拓跋鲜卑者日众，尤其到西晋末年，官员多率其民众归附拓跋鲜卑。义熙十年（414 年），西晋官员刘研弟、赵鸾、罗卓、张文兴等率流民七千余家归附北魏。义熙十一年（415 年），琅琊太守刘朗率两千余家归附北魏。义熙十三年（417 年）四月，齐郡太守王懿降北魏。九月，西晋官员司马休之、文思、司马国璠、司马道赐、温楷等数百人降北魏。元熙元年（419 年）三月，薛辩及司马楚之、司马顺明、司马道恭向北魏遣使请降。六月，司马德文建威将军、河西太守、冯翊羌酋党道子遣使内属北魏。

此外，拓跋鲜卑统治者十分重视有名望的汉族士人，每闻汉族才子，便派人征召，收为己用。如代人燕凤精通经史和阴阳谶纬之学，什翼犍听闻后，围代城而得之，将其封为代王左长史，参与国事，并传授献明帝拓跋寔汉族儒家经典。清河人崔玄伯，号曰冀州神童，北魏与后燕争夺河北之时，崔玄伯避难，拓跋珪遣骑兵追至海滨而得之，拜为黄门侍郎。莫含原为刘琨手下，穆帝爱其才，向刘琨求得，常参与军国大计。贾彝，武威姑臧人，拓跋珪闻其名，求之于慕容垂，未得，后慕容垂败于参合，太祖得贾彝，拜为尚书左丞，参与国政。拓跋嗣继位后，更加重视征招汉人。义熙九年（413 年），"诏分遣使者，巡求隽逸，其豪门强族为州闾所推者，及有文武才干、临疑能决，或有先贤世胄、德行清美、学优义博、可为人师者，各令诣京师，当随才叙用"①。因此，西晋末年，西晋官员投奔拓跋部者甚众，山东、河北著名汉族士人，几乎都归附北魏。

拓跋鲜卑统治者特别重视汉人，"诸士大夫诣军门者，无少长，皆引入赐见，存问周悉，人得自尽，苟有微能，咸蒙叙用"②，这些汉人对于拓跋鲜卑在政治制度的完善、军事上的胜利以及文化的发展上都做出了重要贡献。

在政治上，燕凤、许谦、崔玄伯等人为拓跋鲜卑设置百官，制定各种典章制度，参定朝仪、律令、音乐及军国文记诏策等。此外，代国灭亡后，燕凤曾向苻坚提议，分拓跋鲜卑为二，以防止刘库仁或刘卫辰独揽大权，为以后拓跋珪掌权减少了障碍。拓跋珪继位后，燕凤深得器重，先后担任了吏部郎、给事黄门侍郎、行台尚书职务。崔玄伯子崔浩曾向拓跋嗣提出两大建议：一是鉴于明元帝体弱多病，建议早立太子拓跋焘为国之副主，临朝主持军国大事；二是建议不要轻率决定迁都于邺，而要立足云、代，加强根据地的建设，方能集中力量北御柔然，南制中原。

在军事上，他们常常为统治者出谋划策、亲自参加军事战斗或代表拓跋部出使别国、处理对外关系。兴宁三年（365年），苻坚遣使至代，次年，什翼犍派燕凤出使前秦，燕凤以其机智应对苻坚，显示了拓跋鲜卑的强大实力，得到苻坚赏识。太元二十年（395年），后燕慕容宝进攻拓跋鲜卑，拓跋珪派许谦向后秦求援，此次许谦不但说服姚兴助魏，而且以书信打动了行军迟缓的后秦将领杨佛嵩。拓跋珪惧后秦战后不退兵，派许谦与杨佛嵩立下盟约，杨佛嵩在后秦战败后依约回国。许谦出使解决了后燕、后秦双重危机，为北魏立下大功，受封

---

① 《魏书》卷三《太宗明元帝纪》，第1册，第52页。
② 《魏书》卷二《太祖道武纪》，第1册，第27—28页。

为关内侯。雁门人李粟，深得拓跋珪赏识，屡有战功，太祖征慕容宝时，李粟率五万骑为前驱，"军之所至，莫不降下"①。上谷沮阳人张衮，也受到拓跋珪重视，随军四处征战，"常参大谋，决策帏幄"②。时独孤部刘显与其兄弟内讧，张衮劝拓跋珪趁机联合后燕共击刘显，拓跋珪从其计，攻破刘显，北魏统治初步稳定。太元二十年，北魏于参合陂一役消灭后燕主力八万人，就出自张衮的谋略。隆安元年（397年），后燕慕容宝再次来犯，张衮度量形势，致信慕容宝言明利害关系，慕容宝不战而退，北魏占据中山。拓跋珪封张衮为奋武将军、幽州刺史，并赐爵临渭侯。

此外，归附拓跋鲜卑的汉人，带动了拓跋鲜卑文化的发展与生产方式的变革，有力促进了拓跋部的封建化。"没有汉族士人的参与，北魏初年政治制度的创立不大可能，而按照中原传统制度改造鲜卑旧制，更非汉族士人莫属。北魏初年汉族士人对政权建设的筚路蓝缕之功，为后来北魏政治制度的发展、改革奠定了基础。"③

这些汉人虽然受到重用，但是统治者对他们始终心怀戒备，防范甚严。从官员数量上看，鲜卑人几乎占了四分之三，汉人和其他民族总共才占四分之一；从地位上看，"汉人在朝中一般只能担任副贰、参佐之类的官职，他们大多从事具体的行政事务或文教工作"④，凡军国大权、将相要职皆由拓跋鲜卑贵族担任，即便能够参与军国大事，也只是作为参考而已。虽然如此，在汉人及汉族先进文化的影响下，北魏统治集团内部还是形成了主张汉化的一派，并得到最高统治者的认可与支持。

---

① 《魏书》卷二八《李粟传》，第2册，第686页。

② 《魏书》卷二八《张衮传》，第2册，第613页。

③ 张金龙：《北魏政治史研究》，兰州：甘肃教育出版社，1996年，第52页。

④ 钱国旗：《民族融合的良性发展模式——论南迁拓跋鲜卑与汉族的整合》，《民族研究》1998年第4期。

第三节　两晋对拓跋鲜卑发展的影响

拓跋鲜卑在与两晋的接触中，逐渐了解了汉族文化。为长期统治中原的需要，拓跋鲜卑借鉴汉族成熟的封建统治模式，仿效汉族的政治制度、经济模式以及先进文化，对其内部进行适当调整。

一、仿效汉族官制、制定法律

拓跋鲜卑在与两晋接触中，逐渐了解中原汉族的典章制度，而且在中原进入拓跋部的汉人的影响下，深感汉族国家政治模式的成熟与先进，为了对中原进行长久的统治，拓跋部仿效汉制，逐渐使拓跋部建立的政权向封建国家模式发展。《魏书·官氏志》载："魏氏世居云朔，远统不臣，掌事立司，各有号秩。及交好南夏，颇亦改创。"[1]

拓跋鲜卑早在什翼犍时期，就已经开始设置百官、分掌众职，并且有了简单的法律。《魏书·官氏志》称："昭成之即王位，已命燕凤为右长史，许谦为郎中令矣。余官杂号，多同于晋朝。"[2]咸康五年（339年），"置左右近侍之职，无常员，或至百数，侍直禁中，传宣诏令，……又置内侍长四人，主顾问，拾遗应对，若今之侍中、散骑常侍也。其诸方杂人来附者，总谓之'乌丸'，各以多少称酋、庶长，分为南北部复置二部大人以统摄之"[3]。

拓跋珪称帝后，任用崔玄伯、邓渊、董谧、晁崇等汉族士人制定一系列仿效中原传统的典章制度。太元二十一年（396年），"始建曹省，备置百官，封拜五等，外职则刺史、太守、令长已下有未备者，随而置之"[4]，形成了仿晋三省制为主的外朝机构[5]。隆安二年（398年）六月，定

---

① 《魏书》卷一一三《官氏志》，第8册，第2971页。

② 《魏书》卷一一三《官氏志》，第8册，第2971页。

③ 《魏书》卷一一三《官氏志》，第8册，第2971页。

④ 《魏书》卷一一三《官氏志》，第8册，第2972页。

⑤ 魏鹏举：《北魏前期内朝机构考略》，中国魏晋南北朝史学会、山西大同大学云冈文化生态研究院、大同平城北朝研究会编：《北朝研究》第一辑（1999年），北京：北京燕山出版社，2000年。

国号为魏。七月，迁都平城，立宗庙、社稷。十一月，"诏尚书吏部郎中邓渊典官制，立爵品，定律吕，协音乐；仪曹郎中董谧撰郊庙、社稷、朝觐、飨宴之仪；三公郎中王德定律令，申科禁；太史令晁崇造浑仪，考天象；吏部尚书崔玄伯总而裁之"[1]。十二月，"帝临天文殿，太尉、司徒进玺绶，百官咸称万岁。……追尊成帝已下及后号谥。乐用皇始之舞。诏百司议定行次，尚书崔玄伯等奏从土德，服色尚黄，数用五，未祖辰腊，牺牲用白，五郊立气，宣赞时令，敬授民时，行夏之正"[2]。通过实行定官制、立宗庙、正服色等一系列仿效汉族政策的措施，拓跋鲜卑改变了其旧有的部落联盟形态，开始跨入了封建制国家的门槛。

什翼犍以前，并没有正式法律，宣帝推寅时，尚"以言语约束，刻契记事，无囹圄考讯之法，诸犯罪者，皆临时决遣"[3]。猗卢时《魏书》载"明刑峻法"，但具体内容却未记载，或许只是一些简单的法规，未成系统。至什翼犍时，制定法令，内容包括反逆、杀人、偷盗、乱伦之刑罚，"当死者，听其家献金马以赎；犯大逆者，亲族男女无少长皆斩；男女不以礼交皆死；民相杀者，听与死家马牛四十九头，及送葬器物以平之；无系讯连逮之坐；盗官物，一备五，私者备十。法令明白，百姓晏然"[4]。这一时期的法律已明显具有保护私有财产和统治阶级利益的功能。

当然在政治改革中，一直存在保护本民族文化、反对汉化的势力。早在拓跋力微时期，就有部落大人害怕因沙漠汗继位而地位受到影响，于是挑拨力微与沙漠汗的关系，并害死了沙漠汗。虽历经百余年，至太武帝拓跋焘时，反对汉化的势力仍然十分强大，最具代表性的是崔浩被诛事件，虽然导火索是修史，但其根本原因还是在于汉化与反汉化的斗争。崔浩是北魏前期儒家大族代表，如若不消灭崔浩，

---

① 《魏书》卷二《太祖纪》，第1册，第33页。

② 《魏书》卷二《太祖纪》，第1册，第34页。

③ 《魏书》卷一一一《刑罚志》，第8册，第2873页。

④ 《魏书》卷一一一《刑罚志》，第8册，第2873页。

原拓跋鲜卑大人担心将会被汉化，借由修史之事，将崔浩灭门，甚至与其有牵连的范阳卢氏、太原郭氏、河东柳氏，也都惨遭灭门，酿成北魏的空前大狱。虽然拓跋鲜卑开始踏上了封建化的道路，但是部落遗俗的影响始终存在，并且成为封建化道路上的绊脚石。所以，北魏的改革与发展必然是一个曲折、复杂的过程。

二、逐渐由游牧经济转向定居农业，手工业、建筑业也取得了巨大进步

（一）在生产方式上，拓跋鲜卑逐渐由游牧经济向农耕经济转变

随着居住地域的变迁以及生存环境的变化，拓跋鲜卑的经济类型也随之转变。早期拓跋鲜卑过着游猎生活，通过迁徙进入蒙古草原，在与匈奴等族融合的过程中逐渐转向游牧经济。什翼犍在位时期，游牧经济仍然是拓跋鲜卑的主要生活方式。《魏书·皇后列传》载："昭成（什翼犍）初欲定都于灅源川，筑城郭，起宫室，议不决。后闻之，曰：'国自上世，迁徙为业。今事难之后，基业未固。若城郭而居，一旦寇来，难卒迁动。'乃止。"[1]然而畜牧业的发展虽然保证了军事上战马的供应，但是因为在很大程度上受到自然环境的影响，在当时全球气温普遍下降的环境中[2]，发展农业成为拓跋鲜卑继续向前发展的保证。

拓跋鲜卑建立北魏后，由逐水草而居转向定居，相应地游牧经济开始向定居农业转化。另外，随着军事势力的不断扩张以及逐鹿中原的需要，原有的游牧经济已经不能满足他们的需求，粮食问题成为拓跋鲜卑能否在中原立足的关键，发展农业经济成为他们的必然选择。

其一，对汉人、徒何鲜卑人以及其他有农耕经验的部民实行计口授田。

早在太元十一年（386年），拓跋珪就在定襄的盛乐附近"息众课

---

① 《魏书》卷一三《平文皇后王氏传》，第2册，第323页。
② 王铮，张丕远，周清波：《历史气候变化对中国社会发展的影响》，《地理学报》1996年第4期。

农"①。太元二十一年（396年），拓跋珪攻取并州后，以中华侍郎张恂等为诸郡太守，"招抚离散，劝课农桑"②。隆安二年（398年）正月，拓跋珪"徙山东六州民吏及徒何、高丽杂夷三十六万，百工伎巧十万余口，以充京师"③。北魏政府分给他们耕牛和田地，让他们进行耕作，他们平时以农为业，对于垦田颇有经验。

此外，在对这些有农耕经验的民众实行计口授田的同时，统治者还派八部大人对他们的生产活动进行监督。《魏书·食货志》载："天兴初，制定京邑，东至代郡，西及善无，南极阴馆，北尽参合，为畿内之田；其外四方四维置八部帅以监之，劝课农耕，量校收入，以为殿最。"④也即农民在"畿内之田"上授田领牛进行农业生产，八部帅及其率领的部队则在效甸对他们的生产活动进行监督。

拓跋珪死后，其继位者仍沿袭这一方针。太宗明元帝拓跋嗣也注意简贤任能，劝课农桑。如义熙九年（413年），奚斤等破越勤倍尼部落，"徙二万余家于大宁，计口受田"，后来"置新民于大宁川，给农器，计口受田"⑤。

其二，对于旧有部落和新征服的部落强迫实行"离散诸部、分土定居"的政策。

为了使北魏农业进一步发展，拓跋珪在对汉人、徒何鲜卑人实行计口授田的同时，对旧有部落以及新征服的游牧部落实行了"离散诸部、分土定居"的政策。太元十一年，拓跋珪开始分散部落，"凡此四方诸部，岁时朝贡，登国初，太祖散诸部落，始同为编民"⑥。但是，当年八月，因为其叔父窟咄的进犯，拓跋珪率领部众逃往阴山，这次离散诸部便匆匆结束了。太元十九年（394年），拓跋珪命卫王拓跋仪在

① 《魏书》卷二《太祖纪》，第1册，第20页。
② 《资治通鉴》卷一○八，"晋孝武帝太元二十一年九月己未"条，第8册，第3431页。
③ 《魏书》卷二《太祖纪》，第1册，第32页。
④ 《魏书》卷一一○《食货志》，第8册，第2850页。
⑤ 《魏书》卷三《太宗纪》，第1册，第53页。
⑥ 《魏书》卷一一三《官氏志》，第8册，第3014页。

河北五原至榆阳（今内蒙古包头市东，一说在今内蒙古包头市北）塞外进行屯田，第二次实行离散诸部。但因许多部落随同他们的部落大人在各处打仗，为避免因分散诸部而引起的部落大人的反叛，所以分散诸部一直持续到平定燕国以后。隆安二年（398年），离散诸部再次被提上日程。

离散诸部以后，各部落牧民不再归属各部大人，转而成为国家编户，北魏政府把他们安排在一定的地域定居，分给土地，使他们从事农牧生产；部落大人也成为国家编户，从事生产劳动，不再具有特殊权力。《魏书·贺讷传》载："讷从太祖平中原，拜安远将军。其后离散诸部，分土定居，不听迁徙，其君长大人皆同编户。讷以元舅，甚见尊重，然无统领。以寿终于家。"[1]这就推动了游牧部落组织的解体，加速了北魏发展成为封建集权国家的进程，是拓跋鲜卑由部落联盟向国家发展必不可少的重要措施。当然仍有些部落未被改为编民，《北史·高车传》："道武时，分散诸部，唯高车以类粗犷，不任使役，故得别为部落。"[2]当时别为部落的已是极少数，大部分部落组织正在解体中。

"计口授田"与"离散诸部，分土定居"都是使农牧民在一定土地上进行农牧生产，然后向他们征收地租，所以，计口授田与分土定居是一件事情的两个方面，它们共同推动了北魏社会由游牧经济向农业经济的转化。

此外，拓跋部还通过减免赋税，减轻农民负担，鼓励农业生产。如隆安二年（398年），"诏大军所经州郡，复赀租一年，除山东民租赋之半"[3]；隆安三年（399年）拓跋珪下令"除州郡人租赋之半"[4]，以减轻农民负担。义熙十一年（415年）六月，拓跋嗣"幸赤城，亲见长老，问民疾苦，复租一年。南次石亭，幸上谷，问百年，访贤俊，复田租之

---

① 《魏书》卷八三上《外戚传上·贺讷传》，第5册，第1812页。

② 《北史》卷九八《高车传》，第10册，第3272页。

③ 《魏书》卷二《太祖纪》，第1册，第31页。

④ 《北史》卷一《魏本纪》，第1册，第19页。

半"，"秋七月，还宫，复所过田租之半"[①]。

义熙七年（411年）三月，北魏明元帝拓跋嗣下诏："衣食足，知荣辱。夫人饥寒切己，唯恐朝夕不济，所急者温饱而已，何暇及于仁义之事乎？王教之多违，盖由于此也。非夫耕妇织，见外相成，何以家给人足矣。其简宫人非所当御及执作伎巧，自余悉出以配鳏民。"[②]说明拓跋嗣时期，农业已经成为社会的经济基础。

与内迁的匈奴等族不同，在发展农业的同时，拓跋魏始终不曾放弃畜牧业。"即使鲜卑等族入居中原以后仍在各地开辟牧场，不只在荒芜地区进行畜牧，就是千年来汉族农民辛勤劳动开辟出来的农田，鲜卑等族在统治阶级的指使下又改变为荒野牧场，所以畜牧业始终在北魏生产中占重要位置。"[③]如太元二十一年（396年）拓跋鲜卑攻下晋阳后，契胡尔朱荣把北秀容川（今山西代县、崞县、定襄一带）三百里的农耕区域变为牧区，并在其中围猎。至北魏太和年间（477—499年），秀容川已经变成了畜牧原野。畜牧业的发展，一方面，使北魏在混战的时代继续保持其强大的战斗力，有利于防止外部入侵、为拓跋部的发展提供了稳定的外部环境；另一方面，对农田的侵占，使当地农业生产受到严重破坏。

（二）在与汉人接触中，拓跋鲜卑逐渐开始发展手工业

以游牧为生的拓跋部，对于纺织、冶铁、建筑等缺乏经验，手工业仍然十分落后。为发展手工业，拓跋珪在徙太行山以东六郡汉人、徒何人及高丽人三十六万之时，徙百工伎巧十万多口于平城。在其宫城里就有织绫锦者以及冶铁、作木者，"殿西铠仗库屋四十余间，殿北丝绵布绢库土屋一十余间……又有悬食瓦屋数十间，置尚方作铁及木"[④]。尚方是魏皇室兵器、用具的作坊，制作的铁器包括铠甲、兵器、家具

---

① 《魏书》卷三《太宗马》，第1册，第55页。

② 《魏书》卷三《太宗明元帝纪》，第1册，第51页。

③ 马长寿：《乌桓与鲜卑》，桂林：广西师范大学出版社，2006年，第282页。

④ 《南齐书》卷五七《魏虏传》，第3册，第984页。

以及器皿等。

在平燕之后不久，北魏开始在山东诸州设置制造兵器和农具的冶铸作坊，元兴三年（404 年）五月，"置山东诸冶，发州郡徒谪造兵甲"①。"其铸铁为农器、兵刃，在所有之，然以相州牵口冶为工，故常炼锻为刀，送于武库。"②这些矿冶似乎都是官办的，兵器为国家武库所专有，农具则发给各地移民用以垦田③。

拓跋鲜卑进入游牧形态后，并不安于逐水草而居，常常提出建都邑、筑城郭之类的设想。早在献帝邻在位时，就有人向邻建议"此土荒避，未足以建都邑"④。什翼犍时，"欲定都于灅源川，筑城郭，起宫室，议不决"⑤。并且遭到其母平文皇后的反对，便取消了建都计划。义熙二年（406 年），北魏开始修缮都城，《魏书·天象志》云："明年（406 年）六月，发八部人，自五百里内缮修都城，魏于是始有邑居之制度。"⑥其都城盛乐、平城、洛阳，承袭了汉族的艺术风格，布局仿效汉魏时期的邺城与洛阳。

三、重视汉族文化，推崇儒学与佛教

首先，拓跋鲜卑十分重视对汉族文化尤其是儒家文化的学习。拓跋鲜卑祖先"不为文字，刻木纪契而已，世事远近，人相传授，如史官之纪录焉"⑦。但是通过质子、吸收汉人等方式与中原交往，逐渐习得了许多汉族文化。早在力微在位时，沙漠汗就"风彩被服，同于南夏，兼奇术绝世"⑧。至道武帝拓跋珪时，更有不少汉族名士备受重用。

---

① 《魏书》卷二《太祖纪》，第 1 册，第 41 页。

② 《魏书》卷一一〇《食货志》，第 8 册，第 2857 页。

③ 马长寿：《乌桓与鲜卑》，桂林：广西师范大学出版社．2006 年，第 278—279 页。

④ 《魏书》卷一《序纪》，第 1 册，第 2 页。

⑤ 《魏书》卷一三《平文皇后王氏传》，第 2 册，第 323 页。

⑥ 《魏书》卷一〇五《天象志》，第 7 册，第 2392 页。

⑦ 《魏书》卷一《序纪》，第 1 册，第 1 页。

⑧ 《魏书》卷一《序纪》，第 1 册，第 4 页。

　　拓跋鲜卑学习汉文化主要表现在搜集儒家经典、立太学、置五经博士、重视对历史的学习与编纂等方面。拓跋珪曾问李先："天下何书最善，可以益人神智？"李先回答："唯有经书。三皇五帝治化之典，可以补王者神智。"又问："天下书籍，凡有几何？朕欲集之，如何可备？"李先又答："伏羲创制，帝王相承，以至于今，世传国记，天文秘纬不可计数。陛下诚欲集之，严制天下诸州郡县搜索备送，主之所好，集亦不难。"①于是开始大量搜集经典，将儒学引入鲜卑文化之中，隆安五年（401 年）十二月，"集博士儒生，比众经文字，义类相从，凡四万余字，号曰《众文经》"②。

　　又立太学，置五经博士。初博士生员有千余人。隆安三年（399 年）春，"增国子太学生员至三千人"③。并任用崔玄伯、封懿、梁赵等人讲授经传。这样，传授经学就成为国家制度，汉族士人可以通过正常有效的途径传播其思想与政治主张，其政治主张更可能为统治者所采纳。由于最高统治者对儒学的推崇，拓跋鲜卑文化逐渐走上与儒学相结合的道路。

　　进入中原后，拓跋鲜卑统治者很注意历代王朝兴衰成败的经验教训。道武帝"常引问古今旧事，王者制度，治世之则。玄伯陈古人制作之体，及明君贤臣，往代废兴之由，甚合上意"④隆安四年（400 年）十二月，诏书中曰："来者诚思成败之理，察治乱之由，鉴殷周之失，革秦汉之弊，则几于治矣。"⑤拓跋鲜卑祖先不为文字，通过历代口头传授来记述本民族历史。开国之初，道武帝就命邓渊撰写《代记》。邓渊曾辑集《代歌》，其素材源于拓跋部民的口头传述，内容"上叙祖宗开基所由，下及君臣废兴之迹"⑥，正是邓渊撰修《代记》的资料依据。

----

① 《魏书》卷三三《李先传》，第3册，第789页。

② 《魏书》卷二《太祖纪》，第1册，第39页。

③ 《魏书》卷八四《儒林传》，第9册，第2704页。

④ 《魏书》卷二四《崔玄伯传》，第2册，第621页。

⑤ 《魏书》卷二《太祖纪》，第1册，第38页。

⑥ 《魏书》卷一〇九《乐志》，第8册，第2828页。

其继位者明元帝拓跋嗣也偏爱儒学，"好览史传，以刘向所撰《新序》《说苑》于经典正义多有所阙，乃撰《新集》三十篇，采诸经史，该洽古义，兼资文武焉"①。此外，北魏还发展了史学监修制度，对后世修史产生重要影响。太武帝拓跋焘命崔浩总领史任，开创监修国史的先例。

其次，拓跋鲜卑在与两晋交往中逐渐了解了佛教文化。西汉时起，随着张骞出使西域，佛教文化开始传入中土。魏晋时期，各民族之间连年争战，佛教的"因果轮回""慈悲为怀""善有善报，恶有恶报"等教义为人们提供了精神寄托，认为现实所受苦难都是其恶行所致，必须行善积德，方能得到善报。这些教义适应了统治者的需要，有利于缓和阶级矛盾和民族矛盾，统治者大多对佛教采取扶植政策，最具代表性的是后赵石勒、石虎父子，前秦的苻坚以及后秦的姚苌、姚弘。拓跋鲜卑初与西域并无往来，不知佛教。随着与两晋交往的加深，拓跋鲜卑在学习汉文化的过程中才逐渐了解佛教，至道武帝时佛教已经得到统治者提倡。拓跋鲜卑对佛教的提倡主要表现在招揽僧众、修建佛寺、石窟等方面。

拓跋珪平定中山后，"经略燕赵，所迳郡国佛寺，见诸沙门、道士，皆致精敬，禁军旅无有所犯"②。在国家初定之时，拓跋珪就注意招揽僧众，"有沙门僧朗，与其徒隐于泰山之琨谷。帝遣使致书，以缯、素、旃罽、银钵为礼。今犹号曰郎公谷焉"③。北魏皇始年间（396—397年），拓跋珪听闻高僧法果，便以礼征召至京师。法果得到拓跋珪与拓跋嗣的器重，"每与帝言，多所惬允，供施甚厚"④。拓跋嗣曾授予法果辅国、宜城子、忠信侯、安成公等封号，法果并未接受。法果死后，拓跋珪三临其丧，并追赠老寿将军、赵胡灵公。拓跋焘继位后，沿用

---

① 《魏书》卷一《太宗纪》，第1册，第64页。
② 《魏书》卷一一四《释老志》，第8册，第3030页。
③ 《魏书》卷一一四《释老志》，第8册，第3030页。
④ 《魏书》卷一一四《释老志》，第8册，第3030页。

拓跋珪和拓跋嗣的政策，扶持佛教，"每引高德沙门，与共谈论。于四月八日，与诸佛像，行于广衢，帝亲御门楼，临观散花，以致礼敬"①。

除此之外，北魏统治者还为僧众修建寺庙。隆安二年（398年），拓跋珪下诏："夫佛法之兴，其来远矣。济益之功，冥及存没，神踪遗轨，信可依凭。其敕有司，于京城建饰容范，修整宫舍，令信向之徒，有所居止。"②当时北魏国家刚刚稳定，拓跋珪对佛教和佛徒如此关心，可见佛教在当时地位之重。同年，北魏平城"作五级佛图（即佛塔）、耆阇崛山及须弥山殿，加以缋饰。别构讲堂、禅堂及沙门座，莫不严具焉"③。这些都为佛教的传播与发展提供了便利条件。

在统治者的大力提倡下，佛教艺术也发展起来。敦煌千佛洞、云冈石窟、龙门石窟、麦积山石窟等，都是我国艺术宝库之一，也是研究我国古代雕刻、建筑等方面的宝贵财富。

佛教在北魏迅速发展的同时，原萨满教则受到打击。元嘉二十一年（444年），拓跋焘下令禁止民间"私养巫师"，永明三年（485年），拓跋宏借口萨满巫师"假称神鬼，妄说吉凶"④，对其严加禁断。此后萨满教虽在某些地方留有痕迹，但是佛教已经占据了主导地位。

综上所述，我们可以得出如下几点认识：

其一，尽管拓跋鲜卑的汉化并非一帆风顺，一直存在着保护本民族文化、反对汉化的势力，但总的方向则非常明确。虽然拓跋鲜卑中许多大臣开始认为"北人何用知书"⑤，极力排斥汉族文化，但是他们并未能抵抗住汉族先进文化的诱惑，经过漫长曲折的发展过程，最终为汉族所同化。

其二，拓跋鲜卑在与两晋的密切交往中，仿效汉族的政治制度、经

---

① 《魏书》卷一一四《释老志》，第8册，第3032页。
② 《魏书》卷一一四《释老志》，第8册，第3030页。
③ 《魏书》卷一一四《释老志》，第8册，第3030页。
④ 《魏书》卷七上《高祖纪》，第1册，第155页。
⑤ 《魏书》卷二一《广陵王羽传》，第2册，第550页。

济模式对其内部进行适当改造和调整，建立了封建统治秩序，使得拓跋部在众多少数民族中脱颖而出，最终完成中国北方统一大业。拓跋鲜卑通过对汉族文化的学习和吸收，使其文明产生了巨大飞跃，加快了自身发展的步伐，为北魏长期统治北方奠定了基础。

其三，拓跋鲜卑与汉族的融合不仅塑造了拓跋民族新的历史命运，而且为汉族融入了新鲜血液，成为中国南北再度统一的条件之一。

第六章

两晋与氐族的关系

第一节　氐族的起源与发展

一、氐族的起源

氐与羌都是我国古老的民族，分布甚广，追溯氐族起源，不得不涉及羌族，目前，学术界对此主要存在两种观点：第一种观点认为，氐羌同源而异流，氐是由羌族中分化而来。春秋战国时，氐开始作为族称见于史籍。有的学者认为，一部分羌人与汉族融合，其经济、文化发生变化，形成氐族，也即是说氐族是汉化的羌人[①]。第二种观点认为，氐羌自古关系密切，但是两个不同民族。氐与羌同属西戎，但在语言、服饰、经济、文化、习俗等方面均存在差异，不应视为同一民族[②]。还有部分学者认为，氐与三苗有渊源关系。三苗是我国传说中重要的部落集团，最初与华夏族相邻，后因华夏族的扩张，三苗中一部分迁至西北，也即是氐族分布区。此外，还有些学者认为，氐族来源可能与三苗、街、冀、獂道之戎有关，同时吸收一些羌族成分[③]。

二、氐族的发展

一般认为，氐族作为一个民族形成于春秋战国时期，分布在西起陇

---

① 李绍明：《关于羌族古代史的几个问题》，《历史研究》1963年第5期。转引自白翠琴：《魏晋南北朝民族史》，北京：社会科学文献出版社，2007年，第174页。

② 马长寿：《乌桓与鲜卑》，桂林：广西师范大学出版社．2006年，第8—20页。

③ 王锺翰：《中国民族史》，北京：中国社会科学出版社，1994年，第266页；白翠琴：《魏晋南北朝民族史》，北京：社会科学文献出版社，2007年，第175—176页。

西，东至略阳，南达岷山以北的地区，即今甘肃东南、陕西西南、四川西北交界处。自汉至魏，武都氐人不断外徙，西晋时氐人已经在关中定居。到两晋时期为止，氐族重要的迁徙共有三次：

第一次发生在西汉武帝时期。西汉元鼎六年（公元前111年），汉武帝开拓西南边境，置武都郡，氐人因受排挤，一部分徙至境外山谷间，一部分徙至河西禄福（今酒泉），一部分徙至关中的汧水、陇山之间。元封三年（公元前108年），氐人叛汉，汉武帝出兵征讨，将一部分氐人徙至酒泉郡。

第二次迁徙发生在东汉末年。东汉末年，氐族介于曹魏与蜀汉之间，成为两国争取的对象。时氐族以兴国氐王阿贵与百顷氐王杨千万为最大。建安十六年（211年），阿贵与杨千万反曹操。建安十八年（213年），曹操命夏侯渊西征。次年，阿贵被夏侯渊所灭，杨千万归附刘备。建安二十四年（219年），夏侯渊死，曹操将武都氐族五万落徙至扶风、天水二郡。不久，刘备占领汉中，曹魏又将武都汉、氐等民族万余户徙至京兆、扶风、天水、略阳、广魏、南安等郡。广魏郡即后来的略阳郡，是前秦苻氏与后凉吕氏的发源地。

第三次迁徙发生在三国时期。青龙四年（236年），氐族内部分裂，苻健弟率众四百户降魏国，苻健归附蜀国。正始元年（240年），蜀国姜维出兵陇西，被魏军击败，曹魏将三千余落氐人徙至关中地区。

到魏晋时期，氐人分布地区除原来的武都、阴平二郡外，已经扩散至关中和陇右地区，与汉人杂居共处。关中氐人主要分布在京兆、扶风与始平等郡，以扶风郡氐人最多。陇右氐人主要分布在天水、南安、略阳等三郡。两晋时期，关中氐族已经达到三十余万口。东晋十六国时期，伴随着各族统治者的移民政策，氐族的分布区域也日益扩大，到达河北、关东地区。

第二节　齐万年起义

氐人进入中原后，虽然保有自己的部落组织，但同时受到汉族官吏的管辖。西晋时氏人的田租较曹魏时多了一倍，户调多了二分之一，引起氏人的不满。而当时镇守关中的是赵王司马伦，他与心腹孙秀刑赏失当，成为这次起义的重要原因。

元康四年（294年）五月，匈奴郝散在并州谷远县起兵，进攻上党。八月，郝散向西晋请降，却为冯翊都尉所杀。元康六年（296年）夏，郝散弟郝度元与冯翊、北地马兰羌、卢水胡共同起事，杀北地太守张损，又败冯翊太守欧阳建。西晋以梁王司马肜代替司马伦，都督雍凉二州诸军事。八月，郝度元败雍州刺史解系，秦、陇地区的氏、羌全部叛变，拥立氏帅齐万年为帝，包围泾阳。朝廷又派周处、卢播、夏侯骏增援。次年，齐万年占据梁山，部众达七万。因周处曾弹劾司马肜，司马肜为报私仇，命周处率五千兵马进攻齐万年，周处孤军深入，力战而死。元康八年（298年），朝廷又任命孟观为将，不断对起义军发动进攻。次年正月，齐万年为孟观所获。起义军在賨人李特率领下，进入蜀地，继续斗争。

第三节　前秦与东晋的关系：由主动臣服到正统之争

一、前秦的兴衰

前秦苻氏为略阳临渭氏人，其先世代为西戎酋长。蒲洪父蒲怀归为部落小帅，蒲洪"好施，多权略，骁武善骑射"[1]，因而得到众人拥戴。永嘉之乱时，蒲洪招引贤俊，"戎晋襁负奔之"[2]，宗人蒲光、蒲突共推其为盟主。蒲洪自称护氏校尉、秦州刺史、略阳公，不受汉主刘聪招抚。后刘曜即位，蒲洪被蒲光等所迫，归附前赵，刘曜封蒲洪为率义侯、氏王。

咸和四年（329年），前赵被后赵所灭，蒲洪归降石虎，石虎拜

---

① 《晋书》卷一一二《苻洪载记》，第9册，第2867页。
② 《十六国春秋辑补》卷三十《前秦录一》，第237页。

蒲洪为冠军将军、监六夷诸军事、委以西方之事，并将氐羌十五万落居民迁至司冀二州以便统治。蒲洪在后赵期间，助后赵东征西讨，势力日盛。石鉴即帝位后，秦、雍二州流民共同推举蒲洪为首领，部众达十余万。次年，后赵地方势力各据一方，姚弋仲据滠头，蒲洪据枋头，皆不附石闵。三月，姚弋仲、蒲洪皆欲占据关右地区，展开了争夺战。同年，梁楞等劝蒲洪称尊号，蒲洪因谶文改姓苻氏，自称大将军、大单于、三秦王。正值此时，蒲洪为麻秋所害，其子苻健去大都督、大将军、三秦王之号，改称晋朝官爵，并向东晋报丧，请求朝廷旨意。蒲洪临终交代苻健："所以未入关者，言中州可指时而定。今见困竖子，中原非汝兄弟所能办。关中形胜，吾亡后便可鼓行而西。"①

（一）前秦的建立与发展

苻健"勇果便弓马，好施，善事人"②，深得石虎父子喜爱。时后赵杜洪占据长安，自称晋征北将军、雍州刺史，戎夏多归之。永和六年（350年）十一月，苻健攻入长安，派参军向东晋献捷，并与桓温修好，秦、雍二州夷夏之民因此皆归附苻健。

永和七年（351年）正月，苻健称天王、大单于，立国号为大秦。次年，苻健即皇帝位，将单于之位授予太子苻苌。苻健在位时，勤政爱民，"遣使者问民疾苦，搜罗俊异，宽重敛之税，弛离宫之禁，罢无用之器，去侈靡之服，凡赵之苛政不便于民者，皆除之"③，又在丰阳县立荆州，"以引南金奇货、弓竿漆蜡，通关市，来远商，于是国用充足，而异贿盈积矣"④。虽然多次受到东晋、前凉、羌族姚氏的进攻，但都安然度过。永和十一年（355年）六月，苻健患重病，太师鱼遵、丞相雷弱儿、太傅毛贵、司空王堕、尚书梁楞、左仆射梁安、右仆射段纯、吏部尚书辛牢等受遗诏辅政，又嘱咐太子苻生，"六夷酋帅及大

---

① 《晋书》卷一一二《苻洪载记》，第9册，第2868页。
② 《晋书》卷一一二《苻洪载记》，第9册，第2868页。
③ 《资治通鉴》卷九九，"晋穆帝永和七年三月"条，第7册，第3116页。
④ 《晋书》卷一一二《苻健载记》，第9册，第2870页。

臣执权者，若不从汝命，宜渐除之"①。苻健这种前后矛盾的做法，为前秦动乱埋下了隐患。司马光称："顾命大臣，所以辅导嗣子，为之羽翼也。为之羽翼而教使剪之，能无毙乎！知其不忠，则勿任而已矣；任以大柄，又从而猜之，鲜有不召乱者也。"②

苻生为苻健第三子，生性残暴，因"谶言三羊五眼应符"③，故得立为太子。苻生大概是十六国时期最为暴虐的君主，即位后"荒耽淫虐，杀戮无道。……未几，后妃公卿以下至于仆隶，诛五百余人"④，无论是谄媚之徒，抑或直言进谏者，无一幸免。"勋旧亲戚，诛之殆尽，群臣得保一日，如度十年"⑤，段纯、鱼遵、王堕、雷弱儿等八位辅政大臣乃至其族人皆被斩杀。虽然如此，苻生却认为："杀不过千，而谓刑虐。行者比肩，未足为稀。"⑥苻生时鱼遵、雷弱儿、梁楞、毛贵等辅政大臣皆氐羌等族酋豪，此前氐族"不立君臣，无相长一，强则分种为酋豪，弱则为人附落，更相抄暴，以力主雄"⑦，氐酋这一观念显然不适应苻氏所建封建君主专制政权，所以苻生才对诸大臣进行残酷屠杀。苻生所为，一方面为巩固君主专制扫清了道路，但另一方面也使前秦众臣陷入惶恐，人人自危。

（二）前秦的兴盛

升平元年（357年）六月，苻生欲杀苻坚兄弟，苻坚反叛，杀苻生及其宠臣董荣、赵韶等。众臣推苻坚为主，去帝号，称大秦天王，追复鱼遵、雷弱儿、段纯、辛牢等诸公卿之职，其子孙随才叙用。苻坚"性至孝，博学多才艺，有经济大志，要结英豪，以图纬世之宜。王

---

① 《资治通鉴》卷一〇〇，"晋穆帝永和十一年六月"条，第7册，第3147页。

② 《资治通鉴》卷一〇〇，"晋穆帝永和十一年六月"条，第7册，第3147页。

③ 《晋书》卷一一二《苻生载记》，第9册，第2872页。

④ 《十六国春秋辑补》卷三二《前秦录二》，第245页。

⑤ 《资治通鉴》卷一〇〇，"晋穆帝升平元年五月"条，第7册，第3163页。

⑥ 《晋书》卷一一二《苻生载记》，第9册，第2877页。

⑦ 《后汉书》卷七七《西羌传》，第9册，第2869页。

猛、吕婆楼、强汪、梁平老等并有王佐之才，为其羽翼"①。即位后，注意以德治天下，在王猛协助下，"修废职，继绝世，礼神祇，课农桑，立学校，鳏寡孤独高年不自存者，赐谷帛有差，其殊才异行、孝友忠义、德业可称者，令在所以闻"②。又任用王猛、邓羌治理吏治，朝廷奸猾之辈屏声敛气，境内路不拾遗。咸安二年（372年），前秦境内"政理称举，学校渐兴。关陇清晏，百姓丰乐"③。

在国内稳步发展的同时，苻坚开始着手统一北方。升平四年（360年），匈奴左贤王刘卫辰、乌桓独孤部、鲜卑没奕于先后率众归附前秦。太和四年（369年），前秦助前燕击退东晋进攻，前燕曾许前秦虎牢以西之地，但前燕悔约，苻坚派王猛、梁成、邓羌率步骑三万讨伐前燕。次年，苻坚亲率十万精兵攻入邺城，灭亡前燕。太和六年（371年），前秦苻雅、杨安、王统及姚苌等率步骑七万进攻仇池，仇池公杨纂投降。不久，前凉张天锡、吐谷浑碎奚慑于前秦威力，主动遣使称臣。太元元年（376年），苻坚以前凉不忠，派兵进攻姑臧，灭前凉。同年，趁拓跋鲜卑衰乱，苻坚派苻洛率幽、冀二州十万军队攻灭代国。太元二年（377年），东北高句丽、新罗及西南夷全部遣使向前秦进贡。太元三年（378年）九月，前秦凉州刺史梁熙进入西域，宣扬前秦威德，并赐各国缯綵。太元六年（381年），东夷、西域等六十二国向前秦进贡，鄯善王、车师前部王前来朝拜，大宛献汗血马，肃慎献楛矢，天竺献火浣布。

经过多年的经营，苻坚完成了北方统一大业，进而提出了"天下一家"理论。建元二年（382年），苻坚开始着手进攻东晋。次年七月，苻坚不顾群臣的反对，向东晋发动大规模的吞并战争。十一月，苻坚在淝水失利，单骑逃到淮河以北，除慕容垂所统三万部众外前秦各路军队全部溃散。前秦战败后，原依附于他的各方势力纷纷叛离。首

① 《晋书》卷一一三《苻坚载记上》，第9册，第2884页。
② 《晋书》卷一一三《苻坚载记上》，第9册，第2885页。
③ 《晋书》卷一一三《苻坚载记上》，第9册，第2895页。

先是丁零翟斌，而后慕容垂与翟斌联合共击前秦苻飞龙军。太元九年（384年）正月，翟斌尊奉慕容垂为盟主。三月，前秦北地长史慕容泓奔关东，招引鲜卑部众屯于华阴，自称使持节、大都督陕西诸军事、大将军、雍州牧、济北王。四月，姚苌逃奔渭北马牧之地，羌族豪强五万余家归附姚苌，推举姚苌为盟主，姚苌自称大将军、大单于、万年秦王。八月，东晋乘苻氏失败北上，前秦受到东晋、西燕、后燕、后秦等多方势力的进攻。太元十年（385年）六月，西燕慕容冲进据长安。七月，苻坚被后秦擒获。

（三）前秦的衰亡

苻坚被杀后，其子苻丕在晋阳被推立为帝，继续与后秦、西燕、后燕周旋。次年，苻丕率军四万进据平阳，西燕慕容永遣使向前秦借道东返，苻丕遣丞相王永进攻西燕，大败，苻丕又欲偷袭洛阳，被东晋扬威将军冯该所杀。十一月，因苻丕子年幼，众推苻坚族孙苻登为帝。苻登继位后，与后秦相持于秦陇一带。太元十九年（394年），苻登趁姚苌新死，率全军进攻后秦，反被后秦姚兴所败，苻登一人逃奔雍城，七月在山南被姚兴所杀。太子苻崇逃至湟中，继承帝位，后被乞伏乾归所杀，陇西一带遂为西秦所占。

二、前秦与东晋的关系

由于同受西晋统治者的压迫与剥削，少数民族之间自然形成了认同心理，永嘉之乱时苻洪归附前赵，在前赵灭亡后又依附后赵，积极参与到两国军事活动之中，苻氏也在此过程中发展壮大，并最终建立了前秦。从总体来看，前秦与东晋是相对立的两个政权。在处理与东晋关系上，前秦以自身利益为出发点，也会适时作出调整。

（一）苻氏与东晋的臣属关系

苻氏臣属东晋，是苻氏的权宜之计，时间较为短暂。蒲洪在后赵期间，助石虎平定叛乱、征伐段部鲜卑，屡有战功，"其部下赐爵关内侯者二千余人"①，蒲洪也被石虎封为关内领侯将。苻氏势力的慢慢突显，引起后赵统治集团对他的排挤。咸康四年（338年），冉闵劝石虎除去蒲洪家族，但石虎欲倚重蒲洪进攻东晋、巴蜀，反而愈加重用蒲洪。永和五年（349年），石遵即位后，听信冉闵之言，免蒲洪大都督之职，蒲洪因此遣使向东晋投诚。东晋接受苻氏对于牵制后赵、协助北伐以及扩大在北方影响等方面都是有利的。永和六年（350年）闰二月，后赵内乱，东晋进攻后赵，以蒲洪为氐王、使持节、征北将军、都督黄河以北诸军事、冀州刺史、广州郡公；以其子蒲健为假节、右将军、监河北征讨前锋诸军事、襄国公。

在晋臣的名义下，苻氏也得到秦陇地区人民的支持，秦陇流民"相帅西归，路由枋头，共推蒲洪为主，众至十余万"②。三月，姚弋仲、蒲洪皆欲占据关右地区，蒲洪大败姚弋仲，自称大都督、大将军、大单于、三秦王。蒲洪对胡文言："孤率众十万，居形胜之地，冉闵、慕容儁可指辰而殄，姚襄父子克之在吾数中，孤取天下，有易于汉祖。"③进据中原之心，溢于言表。但不久，蒲洪为麻秋所害。这年正是冉闵屠胡事件发生之时，北方民族矛盾十分尖锐，思晋情结也随之高涨。苻健继位后，为赢得关中人民支持，去后赵封号，改称晋朝官爵，并向东晋报丧。苻健自称东晋征西大将军、都督关中诸军事、雍州刺史，与杜洪争夺长安，苻菁、鱼遵所经之处，也无不投降归附。十一月，苻健攻入长安，派参军向东晋献捷，并与桓温修好，秦、雍二州夷夏之民因此皆归附苻健。永和七年（351年）正月，苻健称天王、大单于，建立前秦，结束与东晋的臣属关系。

苻氏臣属东晋对其稳定与发展起到了重要作用：其一，得到了北方人民的归附，其势力不断扩张。其二，苻氏实力尚不能抗衡后赵，归附东晋是其自身生存所需。其三，后赵内乱始，东晋多次北伐，苻氏

---

① 《晋书》卷一一二《苻洪载记》，第9册，第2867页。
② 《资治通鉴》卷九八，"晋穆帝永和五年十一月"条，第7册，第3098页。
③ 《晋书》卷一一二《苻洪载记》，第9册，第2868页。

归附东晋则减少了其在北方发展的阻力。

（二）东晋桓温北伐

符健在位时，关于东晋对前秦的态度，史书中缺乏明确记载。桓温此次北伐，实是桓温政治斗争中的一环，而由当时东晋政治环境推测，东晋政府对于桓温北伐态度暧昧，或许东晋更欲借机削弱桓温势力，忌惮北伐胜利。所以此次战争，表面是东晋与前秦的战争，实质上是东晋内部政治斗争延伸的产物，无论是桓温或东晋中央政府，其真实目的都在内部争权夺利上。

永和十年（354年）二月，桓温率步骑四万从江陵出发，水军从襄阳进入均口，至南乡，步兵从淅川直奔武关，同时命令司马勋出子午道进军关中，前秦国主符健派太子符苌、丞相符雄、淮南王符生等率众五万驻扎于峣柳，阻击桓温。四月，桓温与前秦军队在蓝田交战，秦军大败，桓冲又在白鹿原败符雄。桓温进驻灞上，前秦太子符苌等退守驻扎在城南，前秦国主符健与六千老弱民众固守长安小城，遣雷弱儿等率三万精兵与符苌会合以抵抗桓温。晋军胜利引起关中巨大震动，三辅地区郡县全部归降晋军，百姓"争持牛酒迎劳，男女夹路观之"[1]，但很快局势逆转。五月，桓温与前秦在白鹿原交战，桓温军队失利，死亡万余人，又补给不足，六月，桓温率军返回东晋，中途受到符苌追击，屡屡受挫，至潼关时损失万余人。司马勋所领部众逃至汉中。

桓温此次北伐为何由胜转败，大概有以下几方面原因：第一，东晋内部矛盾。桓温自灭蜀后，声望大增，桓温北伐主要目的便是进一步提高政治威望，朝廷对桓温忌惮有加，桓温之前两次主动请缨北伐都被回绝，桓温北伐成功反而会更加威胁东晋的政局稳定。所以，桓温北伐未得到朝廷援兵，在相持数月后终因补给不足而退兵。第二，此次举兵未得到关中豪杰响应，令桓温大为失望。桓温曾问王猛："吾

---

[1] 《资治通鉴》卷九九，"晋穆帝永和十年四月"条，第7册，第3140页。

奉天子之命，将锐兵十万为百姓除残贼，而三秦豪杰未有至者，何也？"[1]第三，桓温虽要借北伐提高威望，但却并没有决心灭秦。在得不到朝廷及关中豪杰响应之时，长安虽近在咫尺，却不渡灞水。朝廷已经对桓温产生戒心，桓温若北伐失利，损失惨重，则政治地位受损，其觊觎帝位之望也会落空。所以桓温虽主动请缨北伐，却不能接受失败的惨痛代价。

（三）前秦与东晋相持阶段

首先，桓温北伐前燕。

苻坚经过多年经营，国富民强，开始了统一北方的战争。当时，前燕与前秦是北方最大的两个政权，苻坚早有兼并前燕打算，但因前燕境内慕容恪、慕容垂尚在而犹豫不决。而前燕对外以东晋为主要作战目标，虽有多次机会兼并前秦，却未行动，使前秦得到恢复发展。

太和四年（369年）四月，桓温进攻前燕。七月，前燕遣使向前秦求援。桓温如果北伐成功，不但妨碍了苻坚统一北方，而且东晋版图扩大、实力增强，直接威胁前秦。所以，王猛提出先与前燕联合退晋军，进而趁前燕之弊而取之。苻坚派将军苟池、洛州刺史邓羌率领步骑两万救援前燕。桓温此次北伐再次受到重创，前燕实力也大受影响。恰在此时，前燕统治者因贪一时小利，为苻坚灭燕提供了借口。苻坚派辅国将军王猛、建威将军梁成、洛州刺史邓羌率步骑三万讨伐前燕。太和五年（370年）十一月，苻坚亲率十万精兵攻入邺城，不久，擒获燕主慕容暐与太傅慕容评。

桓温此次北伐，不但使前秦更为顺利兼并前燕，而且引起了部将叛降前秦的风波。在桓温北伐前燕遭受失败后，将责任归咎于部将袁真，袁真占据寿春反叛，投降前燕，并遣使与前秦往来。太和五年，袁真去世，其子袁瑾被拥立为主，桓温率军讨伐袁瑾。次年正月，袁瑾向前秦求援，苻坚以袁瑾为扬州刺史，派武卫将军王鉴、前将军张

---

[1]《资治通鉴》卷九九，"晋穆帝永和十年五月"条，第7册，第3141页。

蚝率领步骑两万救援袁瑾。晋淮南太守桓伊、南顿太守桓石虔等在石桥大败秦军。不久，桓温攻下了寿春，擒获了袁瑾等人，送往建康。

其次，梁州、益州之争。

西晋末年以来，益州一直为成汉所据，直至永和三年（347 年）桓温北伐，东晋方收回益州。苻坚在吞并仇池后，便打开了通往汉中之门。宁康元年（373 年）八月，东晋梁州刺史杨亮派其子杨广攻袭仇池，与前秦梁州刺史杨安交战，杨广军大败，杨亮退守磬险。九月，杨安进军攻打汉川。苻坚又派王统、朱肜率众两万为先锋，前禁将军毛当、鹰扬将军徐成率众三万进攻蜀。益州守军兵力不济，守将指挥不当，不到两个月，梁、益二州已被前秦攻占，邛、莋、夜郎等地也都归附前秦。苻坚以杨安为益州牧，镇守成都；以毛当为梁州刺史，镇守汉中；以姚苌为宁州刺史，驻扎垫江；以王统为南秦州刺史，镇守仇池。

前秦进入益州后，阶级矛盾仍在继续。宁康二年（374 年）五月，蜀人张育、杨光起兵攻打前秦，遣使向东晋求援。前秦镇军将军邓羌率众五万抵抗。东晋益州刺史竺瑶、威远将军桓石虔率众三万攻打垫江，姚苌兵败，退守五城。八月，邓羌在涪西击败晋军。九月，邓羌又在绵竹击败张育、杨光，益州又归前秦所有。

再次，前秦夺取襄阳。

淝水之战前，苻坚已经开始了兼并东晋的行动，首先进攻襄阳。襄阳"西接益梁，与关陇咫尺，北去洛河，不盈千里，土沃田良，方城险峻，水路流通，转运无滞，进可以扫荡秦赵，退可以保据上流"[1]。东晋多次北伐，皆以襄阳为重要据点。

早在建元二年（366 年），前秦已经进攻荆州，但此次进攻意在试探东晋虚实，王猛很快便退兵了。太元三年（378 年），苻坚派苻丕、苟苌及慕容暐率步骑七万进犯襄阳，并以杨安率樊州、邓州兵众为前

---

[1] 《晋书》卷七三《庾亮传》，第 6 册，第 1934 页。

锋，石越率精骑一万出鲁阳关，慕容垂、姚苌率众五万出南乡，苟池、毛当、王显率众四万出武当，共同攻打襄阳。四月，秦军抵达沔水以北。晋南中郎将朱序因苻丕无船，不做防备。石越率领五千骑兵很快攻克外城，缴获船只百余艘。苻丕又率众将领攻打中城。

襄阳一战，双方相持十个月。因守将朱序世代将门，攻防部署得宜，秦军久攻不克。十二月，苻坚对苻丕下诏："来春不捷，汝可自裁，勿复持面见吾也！"①太元四年（379年）二月，襄阳督护李伯护遣其子向前秦投诚，苻丕攻克了襄阳。一方面解除了东晋对河洛地区的威胁，另一方面前秦占据有利地势，可直通建康。当然，此次夺取襄阳，不但持续时间长，而且耗费了前秦大量人力、物力，在此后因为襄阳常常受到东晋进攻，前秦不得不在此追加援兵。

前秦虽然攻克襄阳，但双方对襄阳的争夺却未停止，此后东晋多次对襄阳发动进攻。太元七年（382年），桓冲派扬威将军朱绰进攻襄阳，焚烧屯田，掳掠六百余户返回。太元八年（383年）五月，桓冲率众十万进攻襄阳，前将军刘波等进攻沔北诸城，辅国将军杨亮攻打蜀地，攻克伍城，又进军涪城，鹰扬将军郭铨攻打武当。六月，前秦遣征南将军苻叡、冠军将军慕容垂等率步骑五万救援襄阳，扬武将军张崇救援武当，后将军张蚝、步兵校尉姚苌救援涪城。七月，晋军在武当败张崇，掳掠两千户而回。桓冲、杨亮亦因秦军至而引兵返回。

最后，前秦兵败淮南。

太元三年七月，秦晋在襄阳作战之时，前秦兖州刺史彭超奏请进攻淮南诸城，"为镇南棋劫之势，东西并进，丹阳②不足平也！"③前秦遣彭超进攻淮河以南，与苻丕呼应，俱难、毛盛、邵保率步骑七万进攻淮阴、盱眙。八月，彭超攻打彭城，前秦梁州刺史韦钟进攻魏兴太守吉挹。东晋右将军毛虎生率众五万镇守姑孰，抵御秦军。

---

① 《资治通鉴》卷一〇四，"晋孝武帝太元三年十二月"条，第7册，第3287页。

② 丹阳，即指建康。

③ 《资治通鉴》卷一〇四，"晋孝武帝太元三年七月"条，第7册，第3286页。

太元四年，彭城沛郡太守戴逯率彭城民众投奔谢玄，彭城为彭超所占，不久，淮阴为俱难所占。四月，韦钟攻克魏兴。前秦毛当、王显率众两万，与俱难、彭超会合攻打淮河以南。五月，秦军攻克盱眙。前秦六万军队在三阿包围幽州刺史田洛，距广陵只有一百里。东晋朝廷大震，沿长江部署戍卫力量，派征虏将军谢石率水军驻扎途中。兖州刺史谢玄从广陵出发救援三阿。秦军连连败退，彭超、俱难只身得脱，秦军辎重丧失殆尽。虽然淮南战败，但未能动摇苻坚南下的决心。

（四）淝水之战

苻坚统一北方后，欲进而消灭东晋，统一全国，淝水之战就在这样的背景下开始了。然而对于苻坚南下，除苻坚本人以及一些良家少年外，众臣都对此次南下持怀疑态度。

其一，前秦战前关于南下的讨论。

在攻取襄阳后，苻坚自认为吞并东晋指日可待，开始召集群臣商议南下事宜。太元七年（382 年）十月，苻坚在太极殿会见群臣，欲南下进攻东晋。综观此次讨论，尚书左仆射权翼、太子左卫率石越及阳平公苻融、太子苻宏甚至其信任僧人道安、宠姜张夫人及其最宠爱的少子苻诜皆反对南下，唯独得到慕容垂、姚苌及良家子弟的支持。

其中反战派观点大致有以下几个方面：一是东晋君臣和睦、上下同心，又有谢安、桓冲辅佐，不可贸然进取。权翼指出"臣闻师克在和，今晋和矣，未可图也"[1]。二是前秦连年征伐，兵民疲敝，"民有畏敌之心"[2]。三是前秦攻伐东晋，师出无名，不得人心。南下进攻东晋，耗资巨大，一旦失败，则"威名外挫，财力内竭"[3]。四是鲜卑、羌、羯等族布满京师，而氐族宗亲远徙四方。"今倾国而去，如有风尘之变者，其如宗庙何！监国以弱卒数万留守京师，鲜卑、羌、羯攒聚如

---

① 《晋书》卷一一四《苻坚载记下》，第9册，第2912页。
② 《资治通鉴》卷一〇四，"晋孝武帝太元七年"条，第7册，第3302页。
③ 《资治通鉴》卷一〇四，"晋孝武帝太元七年"条，第7册，第3303页。

林，此皆国之贼也，我之仇也。"① 另外，王猛临终也曾叮嘱苻坚："晋虽僻处江南，然正朔相承，上下安和，臣没之后，愿勿以晋为图。"②

主战派以苻坚为主，他坚持南下，有以下几方面原因：一、在长期统一北方战争中，苻坚逐渐产生了一统天下的理念，他曾于建元九年（373年）提出，"黎元应抚，夷狄应和，方将混六合以一家，同有形于赤子"③。在这次讨论中，苻坚再次提出，"惟东南一隅未宾王化。吾每思天下不一，未尝不临食辍餔，今欲起天下兵以讨之"④。二、前秦实力雄厚，南下灭晋易如拾芥。"今有众百万，资仗如山，吾虽未称令主，亦不为暗劣。以累捷之威，击垂亡之寇，何不克之有乎！"⑤ 三、免除东晋北伐后患。"每思桓温之寇也，江东不可不灭。"⑥ 除苻坚外，赞成派除阿谀奉承者，就是其他民族希冀借此复国的首领。慕容垂曾向苻坚进言："陛下德侔轩唐，功高汤武，威泽被于八表，远夷重译而归。司马昌明因余烬之资，敢距王命，是而不诛，法将安措！孙氏跨僭江东，终并于晋，其势然也。臣闻小不敌大，弱不御强，况大秦之应符，陛下之圣武，强兵百万，韩白盈朝，而令其偷魂假号，以贼虏遗子孙哉！《诗》云：'筑室于道谋，是用不溃于成。'陛下内断神谋足矣，不烦广访朝臣以乱圣虑。昔晋武之平吴也，言可者张杜数贤而已，若采群臣之言，岂能建不世之功！谚云凭天俟时，时已至矣，其可已乎！"⑦ 在群臣强烈反对下，慕容垂的支持使苻坚终于找到知己，"与吾定天下者，其惟卿耳"⑧。

虽然主战派占少数，但苻坚一统天下心意已决。就在前秦出兵前

---

① 《晋书》卷一一四《苻坚载记下》，第9册，第2913页。
② 《资治通鉴》卷一〇三，"晋孝武帝宁康三年七月"条，第7册，第3269页。
③ 《晋书》卷一一三《苻坚载记上》，第9册，第2896页。
④ 《晋书》卷一一四《苻坚载记下》，第9册，第2911页。
⑤ 《晋书》卷一一四《苻坚载记下》，第9册，第2913页。
⑥ 《晋书》卷一一四《苻坚载记下》，第9册，第2915页。
⑦ 《晋书》卷一一四《苻坚载记下》，第9册，第2916页。
⑧ 《晋书》卷一一四《苻坚载记下》，第9册，第2916页。

夕，苻融再次劝阻："陛下听信鲜卑、羌虏诌谀之言，采纳良家少年利口之说，臣恐非但无成，亦大事去矣。垂、苌皆我之仇敌，思闻风尘之变，冀因之以逞其凶德。少年等皆富足子弟，希关军旅，苟说佞诌之言，以会陛下之意，不足采也。"① 苻坚却认为："今有劲卒百万，文武如林，鼓行而摧遗晋，若商风之陨秋箨。"② 在其南下前甚至已经"下书期克捷之日，以帝为尚书左仆射，谢安为吏部尚书，桓冲为侍中，并立第以待之"③。

其二，淝水之战。

太元八年（383 年）七月，苻坚下令，进攻东晋。八月，苻坚以苻融、张蚝、梁成、慕容垂等率二十五万步骑为前锋，以姚苌为龙骧将军，督都益、梁州诸军事。苻坚由长安出发，将士共计六十余万，骑兵二十七万。九月，苻坚抵达项城，凉州军队抵达咸阳，蜀汉军队正顺流而下，幽冀军队到达彭城，东西万里，水陆并进，运漕多达万艘，抵达颍口。参加作战秦军，可谓声势浩荡，号称百万，但是其战线过长，实际参战者只有三十万左右。

面临强敌压境，东晋以谢石为征虏将军、征讨大都督，谢玄为前锋都督，与谢琰、桓伊等率水陆军八万抗击前秦，又派龙骧将军胡彬带领五千水军援助寿阳，以桓冲为江州刺史率军十万控制长江中游，阻止前秦巴蜀军东下。

十月，苻融率秦前锋部队攻占寿阳，慕容垂部攻占郧城。胡彬得知寿阳被攻破，退守硖石，等待与谢石、谢玄大军会合，苻融又率军攻打硖石。前秦卫军将军梁成等率众五万驻扎洛涧，沿淮河布防遏制东面部队。谢石、谢玄等在距离洛涧二十五里的地方驻军，由于惧怕梁成而不敢前进。苻坚率轻骑八千开赴寿阳与苻融汇合，并派朱序劝谢石等投降。朱序原为晋将，至晋营后反将秦军实情告知谢石、谢玄：

---

① 《晋书》卷一一四《苻坚载记下》，第9册，第2936页。
② 《晋书》卷一一四《苻坚载记下》，第9册，第2915页。
③ 《晋书》卷一一四《苻坚载记下》，第9册，第2917页。

"若秦百万之众尽至,诚难与为敌。今乘诸军未集,宜速击之;若败其前锋,则彼已夺气,可遂破也。"[①]十一月,东晋刘牢之率五千精兵开赴洛涧,大破秦军,斩杀前秦梁成及副将王咏。谢石等水陆并进,苻坚登城而望,草木皆兵,心生畏惧。谢玄、谢琰、桓伊等率军渡河,苻坚欲趁晋军半渡而击之,下令军队后退。秦军不知因何后退,却听朱序大呼:"秦兵败矣!"[②]二十几万秦兵乱作一团,将帅无法正常指挥。谢玄等乘机追击,大败前秦军队。苻坚中流矢,单骑逃到淮河以北。朱序乘机与张天锡、徐元喜归顺东晋,东晋收复寿阳。前锋部队溃败后,其后续部队也随之溃逃。除慕容垂所统三万部众得以保全,前秦各路军队全都溃散,苻坚回洛阳之时仅剩十余万人。

其三,前秦失败原因。

淝水之战是前秦兼并东晋,统一全国的战争,但是因众多民族加入以及民族关系对于此战的影响,使得淝水之战又具有民族战争的性质。前秦淝水战败原因错综复杂,除前秦众臣反对原因外,还有以下几个方面:

一是前秦虽然统一了北方,但实质上北方尚未实现真正意义的一统。北方各民族政权虽然臣服于前秦,但多因慑于武力而归降,而非慕德而至,各民族首领多怀异心。永兴三年(365年)七月,匈奴右贤王曹毂、左贤王刘卫辰叛秦。宁康元年(373年),太史令张猛劝苻坚除去慕容暐子弟,苻坚不纳。苻融再次进言:"陛下爰命六师,大举征讨,劳卒频年,勤而后获,本非慕义怀德归化。而今父子兄弟列官满朝,执权履职,势倾劳旧,陛下亲而幸之。臣愚以为猛兽不可养,狼子野心。"[③]苻坚却认为:"黎元应抚,夷狄应和,方将混六合以一家,同有形于赤子,汝其息之,勿怀耿介。"苻坚此言虽有道理,但是却忽略了当时民族矛盾与民族隔阂,所以在淝水之战时,各民族军队并非

---

① 《资治通鉴》卷一〇五,"晋孝武帝太元八年十月"条,第7册,第3311页。

② 《资治通鉴》卷一〇五,"晋孝武帝太元八年十一月"条,第7册,第3312页。

③ 《晋书》卷一一三《苻坚载记上》,第9册,第2896页。

真心为前秦作战。在淝水战前，慕容楷、慕容绍就对慕容垂言："主上骄矜已甚，叔父建中兴之业，在此行也！"慕容垂此时也说出心声："然。非汝，谁与成之！"[1]

除民族矛盾外，前秦统治集团内部也不稳定。太和二年（367年），苻生兄弟苻柳、苻双、苻廋、苻武举兵造反。太元五年（380年），苻洛自称大将军、大都督、秦王，并遣使至鲜卑、乌桓、高句丽、百济、新罗、休忍各国征兵。叛乱虽然很快被平定，但却引起关中不宁。苻坚随后即将宗亲子弟分派关东各要地镇守。

二是苻坚后期统治失当，志满意骄。经过多年经营，前秦不但内部得以恢复发展，而且对外征服众多民族，统一北方，苻坚志满意骄，尤其在王猛死后，前秦奢侈之风抬头，"悬珠帘于正殿，以朝群臣，宫宇车乘，器物服御，悉以珠玑、琅玕、奇宝、珍怪饰之"[2]。太元二年（377年），慕容农对慕容垂说："自王猛之死，秦之法制，日以颓靡，今又重之以奢侈，殃将至矣，图谶之言，行当有验。"[3]

三是前秦统治阶级与各族人民的矛盾。冉闵屠胡事件使胡汉矛盾进一步激化，前秦经历苻生残暴统治，此时苻坚奢侈之风抬头，再加上常年对外用兵，百姓思晋之心尚存，厌战之情又生。苻坚此次南下师出无名，所以不但统治阶级内部反对，下层人民反抗情绪也非常强烈。

四是两国在国力上存在差别。从两国实力对比来看，东晋在此之前，虽然出现桓温之危，但此时东晋却是上下和睦。谢安与王彪之共掌朝政，政局稳定、财政收入增加、阶级矛盾有所缓和。而前秦在统一北方过程中，历经频繁战乱，经济遭到很大破坏。

五是从两国军事实力对比来看，前秦号称百万，但是战线过长，"前后千里，旗鼓相望。东西万里，水陆齐进"，前锋仅有三十万，而实际参战军队只有集结在淝水一带的十万左右。而东晋前线兵力也有

---

① 《资治通鉴》卷一〇五，"晋孝武帝太元八年"条，第7册，第3309页。

② 《晋书》卷一一三《苻坚载记上》，第9册，第2904页。

③ 《资治通鉴》卷一〇四，"晋孝武帝太元二年"条，第7册，第3282页。

二十万。所以，两军实力大致相当。从兵员成分看，前秦虽然兵众，但是由各族拼凑而成，缺乏向心力，前秦内部兵力，也是在一个月内集结而成，缺乏训练及战斗经验。而东晋主力是北府兵，是针对前秦强大军事压力而建，是谢玄在原郗鉴军队基础上招募流民而成。流民饱尝民族压迫之苦，"人多劲悍"[①]，加之训练有素，在对前秦战争中屡屡获胜。从战略上看，苻坚在进攻东晋前，既缺乏对东晋的了解，又不能听大臣进谏，在进攻东晋过程中又轻率冒进，急功近利。

六是淝水之战的成败，在很大程度上与民族意识与民族情结密切相关。东晋君臣面临强敌，临危不惧，将军指挥若定，北府兵多是由北方流民组成，不愿让南方面临少数民族统治者的蹂躏。而北方在前赵、后赵、冉魏、苻生统治下，人民思晋情结更加强烈。苻坚继位后，虽然北方经济有所发展，但苻坚连年征战，又使前秦国力受损，人民并没有真正安定下来。淝水之战前，苻坚又大规模征兵，使人民对苻坚这样一位十六国名君也大为失望。《魏书》卷四七《卢渊传》："苻坚瓦解，当缘立政未至。"也就是说前秦国内缺乏稳定和谐的民族关系。田余庆先生在其《东晋门阀政治》一书中指出："苻坚之兴，兴于他缓和了民族矛盾；苻坚之败，败于他远未消弭民族矛盾。民族矛盾在相当程度上被他的民族政策的成就暂时掩盖起来。"[②]

（五）淝水战后前秦与东晋的关系

淝水战后，原为苻坚所倚重的慕容垂、慕容冲、姚苌等纷纷起兵反叛，北方一时出现后燕、后秦、西燕、后凉、西秦等多国并立局面。在关中，西燕、后秦、前秦相互混战，在河北，丁零、后燕与苻丕相互争夺。东晋也乘机出兵收复中原。分兵东西两路，东路由谢安、谢玄统领，西路由桓冲、桓石民负责。

太元九年（384年）正月，东晋上庸太守郭宝攻克魏兴、上庸、新

---

① 《晋书》卷六七《郗鉴传》，第6册，第1803页。
② 田余庆：《东晋门阀政治》，北京：北京大学出版社，2005年，第204页。

城三郡。四月，竟陵太守赵统攻克襄阳。同时，晋广威将军、河南太守杨佺期又进据成固，击败秦梁州刺史潘猛。杨佺期乘胜推进，又败秦将军窦冲等部。五月，前秦洛州刺史张五虎占据丰阳，归附东晋。七月，荆州刺史桓石民占据鲁阳，遣河南太守高茂戍守洛阳。

同年五月，东晋梁州刺史杨亮率众五万伐蜀，以巴西太守费统所率水陆军三万为前锋，杨亮驻扎巴郡。前秦益州刺史王广派巴西太守康回等抵抗。七月，康回军多次失利退守成都。梓潼太守垒袭率涪城部众降晋。十二月，秦通州刺史潘猛弃汉中，奔长安。次年四月，晋蜀郡太守任权攻克成都，梁、益二州重归东晋。

太元九年（384 年）八月，东晋太保谢安上奏，请求乘苻氏失败收复中原，东晋以谢玄为前锋都督，率桓石虔进攻前秦。谢玄占据了彭城，刘牢之收复郓城，河南城邑皆归附东晋。谢安上疏，请求亲自出征北伐。朝廷任命谢安为都督扬、江、青、冀、司、雍、荆等十五州诸军事。九月，刘牢之兵临郓城，"河南城堡承风归顺者甚众"[①]，秦兖州刺史张崇弃城奔后燕。十月，谢玄派阴陵太守高素进攻前秦青州刺史苻朗，苻朗率众降东晋。前秦与后燕交战失利，苻丕司马杨膺请求归附东晋，苻丕不许。此后，东晋谢玄派龙骧将军刘牢之等占据碻磝，济阳太守郭满占据滑台，将军颜肱、刘袭驻军黄河以北。苻丕派将军桑据驻守黎阳抵抗，被晋军所败。杨膺向谢玄上表，请求执苻丕归附东晋。

同年，谢安、桓冲相继病故，司马道子执政，东晋改取保守态度，北伐之事告一段落。

三、东晋对前秦发展的影响

苻健入关，因忙于内乱外患，无暇顾及政权建设。苻坚继位之初，社会经济残破不堪，民族矛盾、阶级矛盾尖锐复杂，为巩固统治，苻

---

① 《晋书》卷八四《刘牢之传》，第7册，第2188页。

坚在政治、经济、文化等方面对前秦进行了较大改革。

（一）在政治上，仿效汉族政权建立政治制度，打破胡汉分治

苻健时，前秦仍然延续前后赵制度，实行胡汉分治。至苻生时，已无单于的相关记载。苻坚打破前后赵时期胡汉分治制度，开始完全仿效魏晋职官体系。完全以封建正统自居，大力宣扬封建文化。在中央设丞相、太尉、尚书、长史、侍中、中书侍郎等职位，在地方，分州、郡、县三级，除司隶校尉外，州设刺史、州牧，郡设太守，县设会长。为加强对各地的控制，苻坚又于建元十六年（380年）分遣宗亲坐镇各方。

苻生时，诛杀氐、羌酋豪为维护皇权扫清了障碍。苻坚继任后，任用王猛、邓羌等人共同治理百官，铲除特进樊世与强德，数月内贵戚豪强二十余人被惩处，百官震恐，"路不拾遗，风化大行"①，维护了中央集权。徐嵩，苻坚时以贤良被举荐，任长安令期间，严于执法，贵戚子弟有犯法者，一概追查，请托之路受阻，深得苻坚欣赏，前秦此时出现"无罪而不刑，无才而不任"②的局面。苻坚这种随才叙用制度，有利于打破民族隔阂，加快了前秦汉化步伐。

为前秦发展需要，苻坚比较重用汉人，尤以王猛为重，"朝政莫不由之"③。诸氏诋毁王猛者，苻坚"恚甚，慢骂，或有鞭挞于殿庭者"④，公卿皆惧怕王猛。王猛在位时，"刚明清肃，善恶著白，放黜尸素，显拔幽滞，劝课农桑，练习军旅，官必当才，刑必当罪。由是国富兵强，战无不克，秦国大治"⑤。咸安二年（372年）二月，前秦任命清河人房旷为尚书左丞，房旷兄房默以及清河人崔逞、燕国人韩胤为尚北郎，北平人阳陟、田勰、阳瑶⑥为著作佐郎，郝略为清河相。他们都是

---

① 《晋书》卷一一三《苻坚载记上》，第9册，第2887页。
② 《晋书》卷一一四《苻坚载记下》，第9册，第2932页。
③ 《晋书》卷一一三《苻坚载记上》，第9册，第2885页。
④ 《晋书》卷一一三《苻坚载记上》，第9册，第2886页。
⑤ 《资治通鉴》卷一〇三，"晋简文帝咸安二年八月"条，第7册，第3258—3259页。
⑥ 阳瑶，阳鹜之子。

关东有声望的士人，为前秦的汉化及发展做出了重要贡献。

此外，苻坚推行"黎元应抚，夷狄应和"①的民族政策，优待其他民族。太和五年（370年），王猛施计将慕容垂子慕容令吓回前燕，慕容垂因此逃至蓝田，但很快被秦军擒获，苻坚没有责罚，待之如初。司马光称："秦王坚礼之以收燕望，亲之以尽燕情，宠之以倾燕众，信之以结燕心。"②在灭前燕后，太史令张猛劝苻坚诛杀慕容暐及其子弟，苻坚反而以慕容暐为尚书，慕容垂为京兆尹。在吕光征伐西域前，苻坚嘱托："西戎荒俗，非礼义之邦。羁縻之道，服而赦之，示以中国之威，导以王化之法，勿极武穷兵，过深残掠。"③这一政策，对于缓和各族矛盾起到一定作用，如若苻坚不是在后来决策中屡屡失误，慕容鲜卑、羌、丁零等族首领也不会萌生复国行动。

（二）在经济上，采取一系列措施鼓励农业生产

前秦初年，自然灾害对关中经济造成重大损失。永和十年（354年），前秦发生严重饥荒，一升米价值一匹布。永和十一年（355年）二月，前秦发生蝗灾，百草无遗，为畜牧业、农业带来巨大损害。苻坚继位后，采取了一系列措施劝课农桑、鼓励生产，"开山泽之利，公私共之，偃甲息兵，与境内休息"④。苻坚甚至"亲耕藉田，其妻苟氏亲蚕于近郊"⑤。

咸安二年（372年），前秦境内干旱，苻坚督促百姓用区种法耕作，以提高单位面积产量，又惧收成不好，减省官员用度，因此出现"关、陇清晏，百姓丰乐，自长安至于诸州，皆夹路树槐柳，二十里一亭，四十里一驿，旅行者取给于途，工商贸贩于道。百姓歌之曰：'长安大街，夹树杨槐。下走朱轮，上有鸾栖。英彦云集，诲我萌黎'"⑥。

---

① 《晋书》卷一一三《苻坚载记上》，第9册，第2896页。
② 《资治通鉴》卷一〇二，"晋海西公太和五年正月"条，第7册，第3229页。
③ 《晋书》卷一一四《苻坚载记下》，第9册，第2914页。
④ 《晋书》卷一一三《苻坚载记上》，第9册，第2885页。
⑤ 《晋书》卷一一三《苻坚载记上》，第9册，第2886页。
⑥ 《晋书》卷一一三《苻坚载记上》，第9册，第2895页。

太元二年（377年），关中大旱，苻坚征发豪右奴仆三万人，开挖泾水上游，引入灌溉田地，"及春而成，百姓赖其利"①。经过多年经营，氐汉在经济上逐渐融合，前秦于太元七年（382年）大获丰收，上等农田每亩产七十石，下等农田每亩产三十石。此外，苻坚注意节俭，逢遇大旱，"减膳彻悬，金玉绮绣皆散之戎士，后宫悉去罗纨，衣不曳地"②。

（三）在文化上，推崇儒学，禁止老庄、谶纬之学

氐族虽然进入中原多年，但因处于社会底层，以武为事，直至苻生时，苻氏仍然缺乏对汉文化的了解。苻洪"多权略，骁勇善骑射"③，苻健也是"勇果便宜弓马"④。苻坚年幼欲学文化，苻洪惊讶："汝戎狄异类，世知饮酒，今乃求学邪！"⑤苻坚继位后，开始在国内大力提倡儒家文化，氐人方才系统了解汉族文化。

第一，广立学校，广招学员。升平五年（361年），苻坚广修学校，召集郡国通晓一经以上学生入学，公卿以下子孙皆入学受业。对于通达儒学、办事干练、清修廉直以及孝悌力田者，皆予以表彰。苻坚还亲临太学，考查学生儒学，"庶几周孔微言不由朕而坠"⑥。并每月至太学，学生竞相劝勉。

第二，礼聘儒士。太和六年（371年），苻坚攻灭前燕后，至学校行礼，祭祀孔子，太子及公卿大夫嫡长子皆入学行敬师之礼。苏通、刘祥二人精通二《礼》，苻坚以苏通为《礼记》祭酒，居东庠；刘祥为《仪礼》祭酒，居西序。韦逞母宋氏，其家族以儒学著称，精于《周官》音义，苻坚于是在宋氏家立讲堂，置学生百二十人受业，号宋氏为"宣文君"。

---

① 《晋书》卷一一三《苻坚载记上》，第9册，第2899页。
② 《晋书》卷一一三《苻坚载记上》，第9册，第2885页。
③ 《晋书》卷一一二《苻洪载记》，第9册，第2867页。
④ 《晋书》卷一一二《苻健载记》，第9册，第2868页。
⑤ 《晋书》卷一一三《苻坚载记上》，第9册，第2884页。
⑥ 《晋书》卷一一三《苻坚载记上》，第9册，第2888页。

第三，推行学而优则仕。永和九年（353年）正月，苻健下诏"其自公卿已下，岁举贤良、方正、孝廉、多略、博学、秀才、异行各一人，或献书规谏，或面陈朕过，其悉以闻，勿拘贵贱"①。咸安二年（372年），苻坚亲临太学，考学生经义，任用八十三人。"自永嘉之乱，庠序无闻，及坚之僭，颇留心儒学，王猛整齐风俗，政理称举，学校渐兴。"②

第四，为统一思想，苻坚在广泛推崇儒学的同时，接受王猛建议，禁止人们学习老、庄、谶纬之学。咸安二年（372年），苻坚下令禁止非正道典学。宁康三年（375年），苻坚下诏"今天下虽未大定，权可偃武修文，以称武侯雅旨。其增崇儒教；禁老、庄、图谶之学，犯者弃市"③，尚书郎王佩读谶纬之书，被苻坚所杀，自此，前秦无人学习谶纬。虽然谶纬之学得到禁止，但是玄学仍然在贵族中传播。苻坚之弟苻融，"下笔成章，至于谈玄论道，虽道安无以出之。耳闻则诵，过目不忘，时人拟之王粲"④，曾作《浮图赋》，深得朱彤、赵整等人推崇。苻坚从兄之子苻朗，担任地方长官之时，"耽玩经籍，手不释卷，每谈虚语玄，不觉日之将夕"⑤，并著有《苻子》数十篇流行于世。

当时"人思劝励，号称多士，盗贼止息，请托路绝，田畴修辟，帑藏充盈，典章法物靡不悉备"⑥。这对于关中各民族汉化以及前秦思想的统一都起到推动作用。

第五，前秦还保留了中原礼乐文化。"永嘉之乱，海内分崩，伶官乐器，皆没于刘、石。"⑦前秦统一北方后，得前燕、前凉乐声、伶工，保存了许多前朝文物制度。淝水战后，东晋始得西晋所失乐工乐器，

① 《十六国春秋辑补》卷三十《前秦录一》，第241页。
② 《晋书》卷一一三《苻坚载记上》，第9册，第2895页。
③ 《资治通鉴》卷一〇三，"晋孝武帝宁康三年"条，第7册，第3270页。
④ 《晋书》卷一一四《苻坚载记下》，第9册，第2934页。
⑤ 《晋书》卷一一四《苻坚载记下》，第9册，第2936页。
⑥ 《晋书》卷一一三《苻坚载记上》，第9册，第2888页。
⑦ 《晋书》卷二三《乐志下》，第3册，第697页。

"太元中，破苻坚，又获其乐工杨蜀等，闲习旧乐，于是四厢金石始备焉"①。

第六，前秦时期，虽然有专门史官修史，但是由于苻坚极重声誉，关于前秦历史的描写有曲笔之处。如苻坚母与将军李威私通，被史官载入《起居注》，苻坚不但焚书，且将史官治罪，著作郎董拙所记时事，十不存一。据史料载，苻生暴虐为史臣渲染所致，据《洛阳伽蓝记》载，"苻生虽好勇嗜酒，亦仁而不杀。观其治典，未为凶暴，及详其史，天下之恶皆归焉。苻坚自是贤主，然贼君取位，妄书君恶，凡诸史官，皆是类也"。刘知幾《史通》曲笔篇云："昔秦人不死，验苻生之厚诬。"②苻坚极重声誉，而其帝位却是由弑主而得，所以关于苻生的暴行记载，史学界一直存在分歧。

（四）在思想上，逐渐接近汉族伦理道德

太和四年（369 年）八月，京兆尹王猛上书献《十略》："一曰君道宜明；二曰臣尚忠敬；三曰子贵孝养；四曰民生在勤；五曰教无偏党；六曰养民在惠；七曰延聘耆贤；八曰惩恶显善；九曰伐叛讨逆；十曰易简宏大。"苻坚采纳，并以王猛为谏议大夫。前秦尤其注重孝道。苻坚时，曾有人盗其母钱而逃，太后听闻："三千之罪，莫大于不孝，当弃之市朝，奈何投之方外乎？方外岂有无父母之乡乎？"③苻坚弟苻融，"性至孝，初届冀州，遣使参问其母动止，或日有再三"④。

综上所述，我们可以得出以下几点认识：

其一，"由于中国历史具有统一的传统，凡是统治北方的势力，都认为分裂是不正常的暂时现象，都不自安于南北分裂状态，都企图南进以求统一。反过来看，南方的政权，大体也是这样"⑤。综观时局，

---

① 《晋书》卷二三《乐志下》，第3册，第698页。
② 《史通》卷七《曲笔第二十五》，第37页。
③ 《十六国春秋辑补》卷三三《前秦录三》，第262页。
④ 《晋书》卷一一四《苻坚载记下》，第9册，第2935页。
⑤ 田余庆：《东晋门阀政治》，北京：北京大学出版社，2005年，第208页。

前秦尚不具备统一全国的条件，即使攻下东晋，全国也有再度分裂的危险，因为北方与南方文化风尚等方面存在差异，而且北方也尚未稳定。从历史发展趋势看，淝水之战是统一全国的正义之战，但因时机未成熟，所以无论战争结果如何，都不能实现真正的全国统一。

其二，前秦是十六国以来第一个实现北方大统一的国家。在消灭前燕、征服仇池后，苻坚提出"朕方混六合为一家，视夷狄为赤子"[①]，以正统自居，而将东晋视为割据政权，"惟东南一隅未宾王化"[②]。苻坚之所以执意南下，还有一个原因就是"恐后世以其非正统，故急欲灭晋"[③]。而且，自苻氏兴起至苻坚时，苻氏统治集团内部也存在前秦非正统论。苻洪自称"戎狄异类"，最受苻坚重用的王猛临终也称东晋乃"正朔相承"。苻坚执意北伐，一方面是实现其心中真正意义上的正统，另一方面也是向世人证明前秦的正统地位。

其三，苻坚厚待慕容鲜卑、羌、匈奴等各民族首领，对于缓和民族矛盾起到一定作用。但是苻坚将宗亲分驻要地，而疏于防范鲜卑，尤其在淝水之战时，只留太子领几万弱卒留驻京师，就使得在淝水之战后，各族首领有机会叛离。苻坚在北方民族尚未对前秦认同的条件下，贸然发动对东晋的战争，不仅不能统一全国，反而带来了自身政权的瓦解。

其四，前秦时期，少数民族汉化步入一个新的阶段。氐族很早便与汉族杂居，其汉化较早。苻坚在位时，一改前后赵胡汉分治政策，在政治、经济、文化上汉化倾向更为明显，汉化得更为彻底。至隋唐时，大部分氐族已经逐渐融合于汉族之中。

第四节　仇池的兴衰

东汉建安年间，略阳清水氐人杨腾率部众迁徙至仇池定居，杨氏以

---

① 《资治通鉴》卷一〇三，"晋孝武帝宁康元年"条，第7册，第3267页。
② 《晋书》卷一一四《苻坚载记下》，第9册，第2911页。
③ 《朱子语类》卷一三六，第3243页。

此地为中心，先后建立前仇池国（296—371 年），后仇池国（385—443 年），武都国（443—477 年），武兴国（478—553 年）及阴平国（477—580 年）。

因仇池地方百顷，故以百顷为号，魏封杨腾孙杨千万为百顷氏王。传至杨飞龙时，势力渐强，晋武帝封他为征西将军，迁居略阳。元康六年（296 年），为避齐万年之乱，杨茂搜率部众还百顷，自号辅国将军、右贤王。晋愍帝封他为骠骑将军、左贤王。南阳王司马保又封杨茂搜子杨难敌为征南将军。杨茂搜死后，杨难敌与杨坚头分治仇池，杨难敌号左贤王，驻守下辩，杨坚头号右贤王，驻守河池。

咸和九年（334 年）正月，仇池王杨难敌死，其子杨毅继位，自称龙骧将军、左贤王、下辩公。次年，杨毅遣使向东晋称藩。咸康三年（337 年），杨毅族兄杨初杀杨毅自立为仇池公，向后赵称臣。后又遣使向晋穆帝称藩。永和三年（347 年），晋以杨初为使持节、征南将军、雍州刺史、平羌校尉、仇池公，以杨初子杨国为镇东将军、武都太守。永和十一年（355 年）正月，前仇池公杨毅弟杨宋奴派人刺杀杨初，杨初子杨国又杀杨宋奴，自立为仇池公。桓温上表请任杨国为镇北将军、秦州刺史。永和十二年（356 年），杨国叔父杨俊杀害杨国自立，东晋任命他为仇池公，杨国子杨安投奔前秦。太和三年（368 年），东晋任命仇池公杨世为秦州刺史，杨世弟杨统为武都太守。杨世也向前秦称臣，前秦任命杨世为南秦州刺史。太和五年（370 年），仇池公杨世去世，儿子杨篡继位，开始与前秦绝交。杨篡的叔父武都太守杨统与杨篡争夺封国，互相起兵攻打。咸安元年（371 年）三月，前秦西县侯雅、杨安、五统、徐成及羽林左监朱彤、扬武将军姚苌率步骑七万伐仇池公杨篡。四月，秦兵至鹫峡，杨篡率众五万拒之。梁州刺史弘农杨亮遣督护郭宝、卜靖帅千余骑助杨篡，与秦兵战于峡中；杨篡兵大败，死者十之三四。郭宝等亦败，杨篡收部众退还。西县侯雅进攻仇池，杨统率武都部众归降前秦，杨篡也面缚出降。前秦以杨统为南秦州刺史，以杨安为都督南秦州诸军事，镇守仇池，前仇池灭亡。

　　杨宋奴被杀后，其孙杨定逃往前秦。苻坚死后，杨定还陇右上邽，收复前仇池领土，建都历城，置储蓄于百顷，自称龙骧将军、仇池公，遣使向东晋称藩。其后又取天水、略阳等地，自称秦州刺史、陇西王。杨定因进攻西秦，兵败被杀，其表弟杨盛继位，向东晋、后秦、北魏称藩。东晋拜杨盛为镇南将军、仇池公。义熙元年（405年），杨盛趁东晋内乱，占据汉中。次年，又攻陷后秦祁山。后仇池的扩张，成为北魏、刘宋的重大威胁，元嘉二十年（443年），后仇池为北魏所灭。

第七章

东晋与羌族的关系

第一节 羌族的起源与发展

一、羌族的起源与发展

　　羌族是我国西部古老民族，商代以前，被称为西戎。在商代，"羌"作为族称见于历史。关于羌族的起源，学术界主要存在以下几种观点：一种认为氐羌与炎帝、黄帝有密切的渊源关系。傅斯年、顾颉刚、王锺翰等诸位学者认为，"羌"与"姜"同源，"表示族类与地望用羌，表示女性与姓用姜"[①]。氐羌祖先原为农业民族，到夏商时期才发展为游牧民族。另一种认为，羌与三苗有关。《后汉书》载："西羌之本，出自三苗，姜姓之别也。"[②]古代三苗战败，迁至甘肃东南，与当地居民融合，形成羌族来源之一。

　　虽然对羌族起源没有形成定论，但至少说明羌族历史悠久，是我国西部地区的主要开发者，与华夏族共同创造了我国古代文明。大禹时代，一部分羌民因辅佐大禹治水有功，留居黄河以南。商代时，羌方是商朝方国之一，在今甘肃、陕西西部、山西西南及河南西北一带。《诗·商颂·殷武》云："昔有成汤，自彼氐羌，莫敢不来享，莫敢不来王，曰商是常。"《竹书纪年》载："武丁三十四年，克鬼方，氐羌来宾。"氐羌在向商朝朝贡的同时，还常常受到商朝的欺压，商朝常常对羌方发动大规模战争，或掠虏奴隶，或将俘虏羌人用作人牲。至

[①] 王锺翰：《中国民族史》，北京：中国社会科学出版社，1994年，第121页。
[②] 《后汉书》卷八七《西羌传》，第10册，第2869页。

周代，羌族与华夏族关系发生转变，周始祖弃之母即为姜人部落的姜嫄。姜嫄得到周人的崇敬，周姜关系密切，不少姜姓被分封为诸侯，如齐、吕、申、许、纪、向、州、彰、历等，这些姜姓在周代基本已融合于华夏族。

先秦时期，西戎一部分深入中原腹地，与汉族融合。春秋时期骊戎、邦戎、冀戎、扬拒、泉皋之戎、伊洛之戎、陆浑之戎、蛮氏、茅戎、九州之戎等深入华夏族地区，与华夏族关系密切。他们有的被秦晋楚所灭，有的被华夏化了，有的则西迁至陕西甘肃境内，分布于西北的戎支在战国时被广泛称为氐羌了。

地处河湟地区的羌人，受到中原先进农业的影响，为改变原始落后生产方式，不断迁入中原。秦穆公时，"益国十二，开地千里，遂霸西戎"①。秦厉公时，无弋爰剑逃至河湟地区。有些学者直接以无弋爰剑为羌族传说中的祖先。这种想法显然是不对的。《后汉书·西羌传》中明确记载，无弋爰剑为秦国奴隶，后逃亡至三河间，"诸羌见爰剑被焚不死，怪其神，共畏事之，推以为豪"②，所以无弋爰剑之前羌族早已存在。无弋爰剑到河湟地区后，"教之田畜，遂见敬信，庐落种人依之者日益众。……其后世世为豪"③。秦献公欲消灭狄獂戎，无弋爰剑曾孙忍季父率众南迁至赐支河曲西数千里外，与众羌断绝往来，后世子孙分化形成越巂羌、广汉羌、武都羌，忍及其弟舞留在湟中，"忍生九子为九种，舞生十七子为十七种。羌之兴盛，从此起矣"④。

两汉时，为防止羌族与匈奴的联合，统治者将羌人迁到塞内。首先在今青海西宁建西平县，在西平以西置临羌县，以东置破羌县，隶属陇西郡。始元六年（前81年），从陇西郡分出金城郡，管辖临羌、破羌等县。王莽执政后，又在今青海海晏设西海郡。此外，西汉还

① 《史记》卷五《秦本纪》，第1册，第194页。
② 《后汉书》卷八七《西羌传》，第10册，第2875页。
③ 《后汉书》卷八七《西羌传》，第10册，第2875页。
④ 《后汉书》卷八七《西羌传》，第10册，第2876页。

设置护羌校尉、属国都尉、陇西南部都尉、金城西部都尉等机构治理西域。

除此之外，两汉还在羌族地区进行屯田、戍边，将内地士卒、农民、罪犯迁居此地屯田，发展农业。在促进羌汉两族交流与西部地区经济发展的同时，西汉侵占了羌族大量牧场与耕田，迫使羌族人民迁往偏远地区。西汉宣帝时，接受赵充国建议，在湟水流域屯田。东汉时，除在湟水以南、黄河以北屯田外，又在西海东部和河曲两岸大力屯田，金城长史上官鸿建屯田 27 部，金城太守侯霸屯田 7 部。同时，官吏还在这些地区修缮城郭、开导水田，并带来了先进的生产技术与生产工具。两汉政府屯田主要目的在于稳定在羌族地区的统治，却因为损害了羌族人民的利益，常常引起羌民的反抗。西汉末年，王莽执政时期又在青海湖西岸置西海郡，因"犯者徙之西海。徙者以千万数"①，再次激起羌族人民的反抗，新莽末，"众羌遂还据西海为寇。更始、赤眉之际，羌遂放纵，寇金城、陇西"②。

东汉时，起义连续不止，"中兴以来，羌寇最盛"③，而统治者主要通过军事镇压与恩威招抚两种手段来平息反抗。同时，大量羌人内迁，开始有了东、西羌之分，东羌居安定、北地、上郡等地，西羌居陇西、天水、金城。治理羌族官吏、豪右多对羌民压迫、剥削，"习俗既异，言语不通，数为小吏黠人所见侵夺，穷恚无聊"④，不断激起羌族人民的反抗，自建初二年（77 年）至建安十九年（184 年）的一百三十余年间，就爆发了五次大规模的民族起义，这一时期的护羌校尉主要任务就是平息羌族的反抗。甘青地区的羌汉人口急剧减少，给东汉政府造成严重的财政危机，《后汉书·西羌传》言，"惜哉寇敌略定矣，

---

① 《汉书》卷九九《王莽传》，第12册，第4077—4078页。
② 《后汉书》卷八七《西羌传》，第10册，第2878页。
③ 《后汉书》卷六五《段传》，第8册，第2151页。
④ 《后汉书》卷八七《西羌传》，第10册，第2878页。

而汉祚亦衰焉"①。东汉末年，羌族或自卫、或为军阀所用也加入中原混战之中。

三国时，魏、蜀、吴为扩充地盘与兵源，地处三国交界处的羌人成为他们的争夺对象。蜀魏统治者往往强制羌民内徙，让他们服兵役、徭役，羌民不堪重负，便奋起反抗。正始八年（247年），雍、凉羌胡叛魏降蜀，与蜀将姜维联合进攻曹魏，同年魏军即平定叛乱，羌胡万余落再度归附曹魏。

自西汉正式立郡县管理羌族始，羌民就一直处于社会的下层，深受中原统治者的剥削与压迫，这种剥削是由其剥削阶级的本质决定的，羌族人民与汉族统治者的矛盾逐渐由以民族矛盾为主向以阶级矛盾为主转化。在这种矛盾中，羌民并未因深受剥削而远离中原，相反，羌族不断了解中原文化、融入汉族社会之中，与汉人的隔阂逐渐减少。

二、后秦的兴亡

后秦建立者姚氏，是西羌的一支——烧当羌。无弋爱剑五传至研，因研最豪健，后世以研为号，再传十三世至烧当，烧当击败先零、卑湳，占据大、小榆谷，因大、小榆谷土地肥美，部族逐渐强大，子孙又以烧当为种号。王莽时期，烧当后世东吾内迁归附中原，弟迷吾为烧当酋豪。公元2世纪初，烧当羌为东汉政府击败，徙至河曲、陇西、汉阳一带。

永嘉之乱时，赤亭烧当羌在首领姚弋仲率领下徙至榆眉，有众数万，自称护羌校尉、雍州刺史、扶风公。赤亭羌势力虽有所发展，但与其他割据势力相比，仍较为弱小，不得不先后依附于前赵、后赵。石虎在位时，姚弋仲率部众数万迁于清河，又协助石虎攻伐段辽，镇压梁犊起义，为后赵立下汗马功劳。姚弋仲"清俭鲠直，不治威仪，

---

① 《后汉书》卷八七《西羌传》，第10册，第2901页。

虎甚重之；朝之大议，每与参决，公卿皆惮而下之"①。后冉闵建国，姚弋仲占据滠头，割据一方。永和七年（351年），石氏政权灭亡，姚弋仲率众归附东晋，东晋任命姚弋仲为使持节、六夷大都督、督江诸军事、车骑大将军、开府仪同三司、大单于、高陵郡公，又任命其子姚襄为持节、平北将军、都督并州诸军事、并州刺史、平乡县公。

永和八年（352年），姚弋仲死，姚襄继任，因与前秦交战失利，姚襄率众归附东晋，并以其五位弟弟为质，东晋以姚襄驻守谯城。因东晋殷浩屡次挑起冲突，永和十一年（355年）姚襄占据许昌，自称大将军、大单于。其后与前秦争夺关中，升平元年（357年）姚襄为秦军所擒，弟姚苌率众归降前秦。太元九年（384年），姚苌奉命与苻叡征讨慕容泓，苻叡战死，姚苌惧获罪而逃至渭北牧马之地，天水人尹纬、尹详，南安人庞演等集结羌族豪强五万余家归附姚苌，推举姚苌为盟主，姚苌自称大将军、大单于、万年秦王。太元十一年（386年），姚苌大败慕容冲，又破卢水胡郝奴，在长安称帝，建国号大秦，史称后秦。

太元十八年（393年），姚苌死，子姚兴继位，苻登趁机进攻后秦，却被姚兴击败。次年，姚兴斩杀前秦国主苻登。前秦灭亡后，后秦又开始征服周边政权。隆安四年（400年），后秦武力征服西秦。隆安五年（401年）五月，后秦趁后凉内乱，率步骑六万进攻后凉，西凉、南凉、北凉纷纷遣使向后秦进贡。九月，后凉吕隆向后秦请降。十二月，北魏挑起了与后秦的战争。拓跋遵、和跋率众五万进攻高平。次年二月，后秦守将没弈干逃奔秦州。此后，魏军又侵犯河东郡，长安大震。五月，姚兴遣义阳公姚平、尚书右仆射狄伯支等率步骑四万征伐北魏，即历史上著名的柴壁之战，十月，秦军大败。姚兴多次遣使向北魏请和，北魏坚决不许，并乘胜进攻薄坂。因柔然进攻北魏，拓跋珪方撤兵。

---

① 《资治通鉴》卷九七，"晋穆帝永和元年"条，第7册，第3068页。

当初，北魏灭匈奴首领刘卫辰，其子刘勃勃投奔后秦，深得姚兴宠信。姚兴以刘勃勃为安北将军、五原公，镇守朔方。义熙三年（407年）五月，后秦与北魏交好，刘勃勃集结部众，突袭没弈干，收编其军。此后，刘勃勃连年侵扰后秦边境，成为后秦祸患。同年，乞伏乾归势力逐渐强大，难以控制，姚兴将其留在长安，以其子乞伏炽磐代管部众。义熙四年（408年），后秦先后败于南凉、大夏。次年，乞伏乾归逃回苑川，复西秦，西秦自此也开始侵扰后秦。义熙八年（412年）十月，仇池公杨盛叛秦，侵犯骚扰祁山。姚兴晚年，后秦既已呈现衰微之象。

姚兴在位时，勤勉政事，广纳贤良，推崇儒学，弘扬佛法，建立法制，使后秦社会经济有所恢复发展，境内各民族进一步汉化。但由于处于北魏与东晋两大政权之间，后秦发展受限。姚兴晚年，诸子争位，内部矛盾尖锐。姚弼深受姚兴宠信，拉拢朝中官员，培植势力，排挤太子姚泓。义熙十年（414年），姚兴病重，姚弼聚集部众阴谋作乱，右仆射梁喜、姚懿、姚宣等请以刑罚惩处姚弼。次年，姚兴清查姚弼党羽唐盛、孙玄等人，因姚泓求情，姚弼等人方得免罪。义熙六年（416年），姚泓继位，内乱却愈加严重。

在刘裕北伐之时，姚懿、姚恢先后起兵反对姚泓。义熙十二年（416年）底，姚懿在蒲坂称帝，并向各州发布檄文，却未得到响应，很快被姚成都与姚绍军平定。次年正月，姚恢起兵。姚泓即位之时，已经怀疑姚恢有二心，姚恢为自保，只得暗中聚集军队阴谋作乱。在面临东晋入侵之时，姚泓将其"外则置之死地，内则不豫朝权"①。姚恢只得自称大都督、建义大将军，以"除君侧之恶"②为名，由北雍州直奔长安，被姚绍、姚讚联合斩杀。在内乱的同时，后秦还连年遭到西秦、大夏、仇池、东晋等政权的侵扰，加之国主姚泓庸懦，后秦国

---

① 《资治通鉴》卷一一七，"晋安帝义熙十二年"条，第8册，第3692页。
② 《资治通鉴》卷一一八，"晋安帝义熙十三年"条，第8册，第3698页。

势日衰。而东晋刘欲势力壮大，北伐之时，后秦官吏望风迎降。义熙十三年（417年），刘裕攻克长安，姚泓兵败投降，后秦亡。

第二节　后秦与东晋的关系

后秦立国之时，北魏正崛起于北方，后秦发展受限，领土的扩张仅限于对周边几个弱小政权的征服。与前秦相比，后秦与东晋虽然也是联合与对抗并存，但在刘裕北伐前，双方并未出现大规模的军事冲突，其对抗主要表现在支持东晋叛离势力，分化东晋统治集团力量上。双方关系具体表现在以下几个方面：

一、姚氏与东晋的臣属关系

由氐羌两族历史我们不难看出，后赵时期氐族苻氏势力已经远远超出羌族姚氏，姚氏并未受到后赵统治集团的猜忌与排挤。永和五年（349年），后赵石鉴即帝位后，姚弋仲据滠头，割据一方，但与后赵仍然保持名义上的臣属关系。两年后，冉魏灭后赵，姚弋仲方遣使向东晋请降。而东晋内部出现司马昱、殷浩与桓温相持局面，朝廷正需要一支强大力量来牵制桓温，同时固守江淮流域、增强北伐力量。所以东晋任命姚弋仲为使持节、六夷大都督、督江诸军事、车骑大将军、天府仪同三司、大单于、高陵郡公，又任命姚襄为持节、平北将军、都督并州诸军事、并州刺史、平乡县公。永和八年（352年）三月，姚弋仲病重，对其子说："吾本以晋室大乱，石氏待吾厚，故欲讨其贼臣以报其德。今石氏已灭，中原无主，自古以来未有戎狄作天子者。我死，汝便归晋，当竭尽臣节，无为不义之事。"[1]综观姚弋仲一生，他是一位颇为忠厚之人，只是为时局所迫先后依附前赵、后赵、东晋。姚弋仲受到传统华夷观影响，因义而效忠后赵，后又因忠甘心臣服于东晋。

---

[1]《晋书》卷一一六《姚弋仲载记》，第9册，第2961页。

姚氏与东晋的关系，并未向姚弋仲所期盼的方向发展。姚襄继位后，未遵从其父遗言，先率众屯于碻磝（今山东聊城茌平区西南古益河上），后又西迁荥阳，欲返关中。后与前秦交战失利，姚襄方以其五位弟弟为质归附东晋，东晋封姚襄为持节、平北将军、并州刺史、即丘县公，驻守谯城。姚襄采取安抚流民的政策，得到汉羌人民支持，组成了一支汉羌联合的军队。当时，姚氏实力不及前秦，本欲以东晋为依靠。东晋若善加安抚，必会成为北伐的强大战斗力，但东晋却因内部斗争，误遣殷浩北伐。殷浩是一介文人，既不懂政治，也不懂军事，他在任期间，与桓温对峙，又不能容忍姚襄。姚襄驻扎历阳，沿淮河两岸开垦屯田，训练士兵，殷浩囚禁质子，并多次派刺客刺杀姚襄，引起姚襄的反抗。十月，姚襄率兵北进，击败殷浩，殷浩退守谯城。十一月，殷浩派刘启、王彬之在山桑进攻姚益，刘启、王彬之皆战亡，姚襄又占据芍陂。十二月，姚襄渡淮河，驻守盱眙，招募掳掠流民，人数多达七万。虽然殷浩引起冲突，但姚襄实力与东晋相差甚远，只能遣使至建康陈述殷浩的罪行，并向东晋谢罪。永和十年（354年）三月，姚襄遣使向前燕请降，结束与东晋的臣属关系，双方进入相持阶段。

姚襄叛东晋，实为东晋政治决策失误。殷浩对少数民族颇怀敌意，在北伐关键时期，不一致对外，反而多次挑起内部冲突，致使自身处于孤立无援状态。当然，在群雄迭起的年代，没有殷浩，东晋也未必能真正驾驭姚氏，姚氏虽然不济苻氏，但其实力在不断壮大。从长远来看，姚氏还是东晋的重要威胁。

姚襄叛晋后，东晋边境常常受到后秦的侵扰。永和十年（354年）五月，江西流民郭敞等执陈留内史刘仕投降姚襄。东晋朝廷震惊，加固长江守备。永和十一年（355年）五月，姚襄北返，在外黄（属陈留郡）进攻晋冠军将军高季，占据许昌。永和十二年（356年）五月，姚襄进攻洛阳周成，两军在洛阳相持月余，长史王亮劝姚襄退兵，姚襄不听。同年，桓温向朝廷提出"修复园陵，移都洛阳"[①]之请，朝廷便命他讨伐姚襄。六月，桓温自江陵北上，八月，桓温至洛阳城南伊水，一战击败姚襄。姚襄西走，周成投降，桓温便进入洛阳，拜谒西晋诸帝陵墓，并命人修复，留兵驻守，而后班师还江陵。隆安元年（397年）九月，姚兴率军进犯东晋的湖城，东晋弘农太守陶仲山、华山太守董迈都投降了他。后秦军队很快抵达陕城，攻克上洛。姚兴又遣姚崇进犯洛阳，河南太守夏侯宗之坚守在金墉，姚崇未能攻克，裹挟两万多户流民而回。因姚氏实力相对较为弱小，未能成为东晋的严重威胁，战争并未成为东晋与后秦关系的主流，对抗主要以后秦支持东晋叛离势力的形式表现出来。

二、晋臣与后秦的联合与归附

东晋政权自建立起，就是一个各方势力迭起、政治斗争不止的王朝。后秦建立时期，正值东晋晚期，政局更为动荡，而在政治斗争中失势者，往往向后秦寻求庇护。晋臣联合、归附后秦的原因，主要分为两种类型：

第一，因政治斗争而避难后秦。

在北方各民族不断混战、争夺中原霸主的同时，南方虽然处在东晋王朝统治下，但是统治集团内部权力之争却此起彼伏，而且矛盾冲突相当严重，多次兵戎相见。在后秦建立时期，东晋先后出现了桓玄之乱与刘裕夺权两起政治叛乱，在激烈的政治斗争中，有些失势的晋臣不得不向北方民族政权寻求政治保护。

元兴元年（402）三月，桓玄攻入建康，开始着手排除异己。桓玄剥夺刘牢之兵权，刘牢之欲起兵反叛，却不得人心，自缢而死。司马元显、司马尚之等被斩首，荆州刺史司马休之、刘牢之之子刘敬宣以及高雅之逃奔洛阳，以子弟为质向后秦求援。姚兴将符信交予他们，

---

① 《晋书》卷九八《桓温传》，第8册，第2571页。

至关中招募兵丁。十月，桓玄大肆杀害北府旧将高素、竺谦之、竺朗之、刘袭以及刘季武等人。刘袭兄冀州刺史刘轨与司马休之、刘敬宣、高雅之等相约共攻桓玄，失败而逃，司马休之、刘敬宣等人归附南燕，袁虔之、刘寿、高长庆、郭恭等投奔后秦。

后秦对司马休之、刘敬宣、袁虔之、刘寿等人的支援与招抚，主要还是出于探听东晋实情、吸纳人才的需要。招抚汉人现象在当时北方民族政权中普遍存在，而且此次依附后秦的或是东晋高层政治官员，或是北府兵将领，有利于后秦适时调整与东晋的外交决策。在桓玄遣使要求后秦归还辛恭靖、何澹之时，姚兴曾对何澹之说："桓玄不推计历运，将图篡逆，天未忘晋，必将有义举，以吾观之，终当倾覆。卿今驰往，必逢其败，相见之期，迟不云远。"① 可见，姚兴对桓氏篡权持否定态度。因后秦实力不及东晋，对东晋内乱只能持观望态度，在这场政治斗争中，后秦既无力趁虚进攻东晋，也未因桓玄图谋篡逆而支持司马氏，姚兴所做只是因后秦利益而为之，在桓楚失败后，桓氏一派的桓谦、桓怡、桓蔚、桓谧以及温楷等人投奔后秦，姚兴也没有拒绝。

刘裕在消灭桓楚中势力逐渐壮大，之后又消灭南燕，平定卢循、徐道覆起义及蜀中割据势力，在东晋政治地位不断提升，其政治野心也日益膨胀，掀起了东晋末期最后一次政变。义熙六年（410年）六月，东晋司马国璠及其弟司马叔璠、司马叔道投奔后秦。在桓玄失败后，司马休之返回建康，任荆州刺史，颇得江汉人心，为刘裕所不容。义熙十一年（415年），刘裕捕杀司马休之次子司马文宝、侄子司马文祖，并发兵进攻司马休之，司马休之部众溃败。五月，司马休之、鲁宗之、鲁轨，以及谯王司马文思、新蔡王司马道赐、梁州刺史马敬、南阳太守鲁范等人皆奔后秦。

这类投降后秦者多是东晋高层政治官员，这对于后秦了解东晋的政

---

① 《晋书》卷一一七《姚兴载记》，第10册，第2984页。

治、军事实力是极为有利的，而这些官员也多次代表后秦侵扰东晋边境，为边境人民带来灾难。如司马休之到后秦，任扬州刺史，多次侵扰襄阳。义熙十二年（公元416年），后秦王姚兴派遣鲁宗之带兵进犯襄阳，鲁宗之死，其子鲁轨继续带兵进犯。

第二，东晋叛乱势力，依附后秦。

这一时期，东晋叛乱势力归附后秦者可分为两类，一类是归附后秦，作为后秦官员，为后秦效力；另一类是名义上归附后秦，实则是与后秦合作，共同与东晋抗衡。

东晋部分官员投降后秦后，很快融入后秦军事行动之中，为后秦所用。太元十八年（393年），东晋平远将军、护氐校尉杨佛嵩率胡蜀三千户投降姚苌，后秦以杨佛嵩为镇东将军，为后秦征战。隆安三年（399年）十月，杨佛嵩与后秦齐公姚崇攻克东晋的洛阳。义熙七年（411年），夏王刘勃勃进攻后秦，斩杀安远将军姚详，收降后秦部众五万余人。次年，姚兴任命杨佛嵩为雍州刺史，进击大夏，杨佛嵩与夏王刘勃勃交战失利，被刘勃勃所杀。义熙元年（405年），东晋荆州刺史魏咏之死，江陵令罗修、前别驾刘期公谋举兵反叛，共推王慧龙为盟主，准备进取荆州。而刘裕为防江陵有变，任命并州刺史刘道规为都督荆、宁等六州诸军事及荆州刺史，罗修只好与王慧龙逃往后秦。

杨佛嵩、罗修、王慧龙叛离东晋后，皆成为后秦官员之一。而这一时期，东晋另一叛乱势力——谯纵建立谯楚政权，因势力弱小，依附于后秦，与后秦建立名义上的臣属关系，实则是独立的割据政权，即谯楚政权。谯纵为巴西南充人，祖父谯献之在西川名声显赫。义熙元年，侯晖与阳昧等谋划反叛，谯纵被迫担当首领，自称梁、秦二州刺史。谯纵军很快占领益州，自称成都王。次年，刘裕遣龙骧将军毛脩之将兵与司马荣期、文处茂、时延祖共讨谯纵，司马荣期被其参军杨承祖所杀，毛脩之退守白帝。义熙三年（407年），刘裕又以襄城太守刘敬宣率众五千伐蜀，刘道规为征蜀都督。九月，谯纵遣使向后秦称藩，与后秦建立名义上的臣属关系，谯纵向后秦贡献方物，接受后秦册封。姚兴封谯纵为大都督、相国、蜀王，加授九锡，承制封拜如王者之礼仪，并在军事上派遣名士、军队多次支持、援助谯楚。因桓氏家族在荆楚颇有威望，姚兴遣桓谦辅佐谯纵。桓谦初到谯楚，便虚心谦恭，招纳各地投靠士人。在与晋军作战中，桓谦发挥了重要的号召力，在谯纵进攻江陵之时，因桓氏部属遍布荆楚，东晋将士皆有归降之心。在进攻建康之时，桓谦招募旧部，得两万人。

谯楚政权建立后，多次遭遇东晋出兵讨伐，幸得后秦相助，方退晋兵。义熙四年（408年），刘敬宣遣巴东太守温祚率众两千从外水进军，并率益州刺史鲍陋、辅国将军文处茂、龙骧将军时延祖从垫江前进。姚兴派遣平西将军姚赏、南凉州刺史王敏率众两万支援，相持日久，晋军因军粮匮乏，疾疫流行，只好退兵。义熙五年（409年），东晋再次讨伐谯纵，姚兴再次派姚赏、王敏率众两万救援，晋军败回。同年，谯纵开始向东晋进攻，遣侍中谯良、太常杨轨至后秦，请求出兵江东。谯纵遣荆州刺史桓谦、梁州刺史谯道福率众两万进攻江陵，姚兴遣前将军苟林率兵与其会合。晋楚军队在枝江大战，桓谦被晋军所获，苟林因此而撤兵。次年八月，谯纵再次遣使至后秦，请求出兵伐晋。此次仍然由桓谦、谯道福与苟林共同出击。十一月，谯纵攻陷巴东。义熙九年（413年），建威将军、益州刺史朱龄石攻克成都，斩谯纵，平定益州。

除因政治斗争、叛乱而投奔后秦的官员外，还有一部分是因战败而被迫投降后秦的。如晋安帝隆安三年（399年），后秦进犯东晋洛阳，河南太守辛恭靖被擒。姚兴欲重用辛恭靖，却被辛恭靖毅然拒绝，"我宁为国家鬼，不为羌贼臣"[1]，三年后辛恭靖逃回东晋。此外京兆韦华、谯郡夏侯轨、顺阳太守彭泉、汝南太守赵策等皆因战败主动归降后秦。

在对待东晋问题上，我们可以发现后秦虽然与东晋处于敌对状态，但是因其实力尚不足以对东晋发动兼并战争，且有前秦败亡灭国

---

① 《晋书》卷八九《辛恭靖》，第8册，第2321页。

教训，姚兴只能在东晋出现内乱时，对叛乱势力予以援助，一方面削弱东晋实力，增强自身力量，防止这些官员投身北方其他政权；另一方面，这些叛离势力对东晋政治、军事颇为了解，有利于后秦在秦晋对抗中取得优势。后秦多次安抚东晋叛离官员，也在于更为清楚地探察东晋实情，而东晋官员也多能以实相告。如姚兴曾问袁虔之桓玄才略，袁虔之认为桓玄"猜忌安忍，刑赏不公，以臣观之，不如其父远矣"①。司马国璠等至后秦，司马国璠又说"裕削弱王室，臣宗族有自修立者，裕辄除之；方为国患，甚于桓玄耳"②。但从整体来看，他们依附后秦主要是寻求栖身之地，并未对东晋政权构成重大威胁。

三、刘裕北伐

虽然后秦连年侵扰东晋边境，并且收纳、支持东晋叛离势力，但受实力所限，后秦对东晋始终持保守态度。姚兴统治后期，后秦已经呈现衰微之势，而东晋刘裕在消除内乱外患中实力日益增强，为进一步提高威望，为其夺权做最后的准备，刘裕开始北上伐秦。义熙元年（405 年）七月，刘裕遣使与后秦讲和，并索取南乡等几个郡，与其说刘裕此次是求和，不如说是索求失地。这年后秦正与吐谷浑、仇池相互攻伐，姚兴对刘裕才能又有所忌惮，认为"刘裕拔起细微，能诛讨桓玄，兴复晋室，内厘庶政，外修封疆"③，不宜与东晋发生正面冲突，遂割让南乡、顺阳、新野、舞阴等十二个郡归还东晋。这是刘裕与后秦的首次正面交锋，以胜利告捷。

义熙七年（411 年），后秦已经察觉刘裕北上的动向。后秦颍川太守姚平都向姚兴进言："刘裕敢怀奸计，屯聚苟陂，有扰边之志，宜遣烧之，以散其众谋。"④姚兴此时对东晋态度与苻坚南下时略有相似，认

---

① 《资治通鉴》卷一一二，"晋安帝元兴元年十二月"条，第8册，第3546页。
② 《资治通鉴》卷一一五，"晋安帝义熙六年六月"条，第8册，第3635页。
③ 《资治通鉴》卷一一四，"晋安帝义熙元年七月"条，第8册，第3585页。
④ 《晋书》卷一一八《姚兴载记下》，第10册，第2995—2996页。

为："裕之轻弱，安敢窥吾疆场！苟有奸心，其在子孙乎！"[1] 并对尚书杨佛嵩下令："吴儿不自知，乃有非分之意。待至孟冬，当遣卿率精骑三万焚其积聚。"[2] 此时，后秦已经面临内忧外患，北有大夏与北魏，西有南凉、西秦，内部其子皇位之争蠢蠢欲动，姚兴却被前期胜利冲昏了头脑而不自知。

义熙十二年（416年），后秦国力更为恶化，姚兴死，其子姚泓继位，氐、羌、匈奴各族首领纷纷反秦，大夏也在蚕食秦地。后秦皇室内部姚弼、姚懿、姚恢先后起兵反叛，后秦正值建国以来最为动荡的时期。因后秦多次援助东晋叛臣，一些反对刘裕的势力尚残存于后秦，为彻底扫清夺权道路上的障碍，以及进一步提高政治威望，刘裕发动了对后秦的北伐。此次北伐是刘裕禅代帝位的最后一步，北魏政治家崔浩曾预言，"裕克秦而归，必篡其主"[3]。

义熙十二年八月，刘裕从建康出发，次彭城。以龙骧将军王镇恶、冠军将军檀道济带领步兵从淮河、泗水向许昌、洛阳进发；以新野太守朱超石、宁朔将军胡藩进军阳城；以振武将军沈田子、建威将军傅弘之进军武关；以建武将军沈林子、彭城内史刘遵考带领水师从石门出发，自汴水入黄河；以冀州刺史王仲德督领前锋的几支部队，开通钜野淤塞河道，进入黄河。九月，王镇恶、檀道济进入秦境，所过之处，全部告捷，各地守军多主动归降晋军，沈林子进入黄河，攻破仓垣，王仲德率军进入了滑台。十月，晋军攻克阳城、荥阳，很快向洛阳进击，洛阳守将姚洸投降。

义熙十三年（417年）正月，刘裕率水军从彭城出发。二月，王镇恶抵达潼关，檀道济、沈林子攻陷襄邑堡，又分兵进攻蒲坂与匈奴堡，因被姚成所阻，遂与王镇恶会师，进攻潼关。七月，沈田子、傅弘之等率军进入武关，驻扎青泥。八月，姚泓率军进攻沈田子，反被

---

① 《晋书》卷一一八《姚兴载记下》，第10册，第2996页。
② 《晋书》卷一一八《姚兴载记下》，第10册，第2996页。
③ 《资治通鉴》卷一一八，"晋安帝义熙十三年"条，第8册，第3705页。

沈田子所败，损失万余人，退回灞上，关中郡县多投降沈田子。王镇恶放弃强攻潼关，向渭水行进，二十三日，王镇恶在渭桥大破秦军，次日姚泓投降，后秦亡。九月，刘裕入长安，因刘裕志在代晋，十二月便匆匆离开长安，夏国赫连勃勃乘虚而入。

综观这次北伐，双方成败的原因大概有以下几个方面：

其一，后秦灭亡最主要的原因在于统治集团内部的猜疑与皇位之争。此事要追溯到姚兴立嗣之时，姚泓虽被立为太子，但姚兴却对姚弼宠爱有加，朝中出现太子与姚弼两派的斗争。姚兴多次包容姚弼，虽然最后将姚弼赐死，皇位之争却一直延续至后秦灭亡。在刘裕北伐期间，姚懿、姚恢相继起兵争位，两次叛乱虽然时间短暂，但却极大妨碍了秦军对晋军的战略部署，而且削弱了自身的实力，无异于加快了晋军灭秦的步伐，将后秦推向危险的边缘。

其二，后秦在战略上屡屡失误。在面临强敌时，后秦姚泓、姚洸犯了轻敌之过，未作好充分准备，部署失误。义熙十二年（416年），姚绍主张将安定军民迁回京师，"可得精兵十万，虽晋、夏交侵，犹不亡国"[1]，姚泓认为关中兵马足以抵御晋军，未采纳其言。关于此次晋军数量，文献语焉不详，由淝水之战晋军出兵二十万来看，因北方尚有强大的北魏，刘裕必然留下部分兵力保卫建康，从理论上讲参加北伐的晋军不应超出二十万，所以安定十万精兵对于牵制晋军还是十分必要的。在姚恢起兵时，姜纪曾说，"国家重将、大兵皆在东方，京师空虚"[2]。在晋军进攻洛阳之时，宁朔将军赵玄主张坚守金墉，等待援军。姚洸却接受姚禹等人之言，派赵玄率众千余人孤军作战。赵玄在柏谷被晋军所杀，姚禹投降晋军，姚洸也只好出城投降，洛阳陷落。

此外，早在姚兴在位之时，后秦已经呈现衰弱之势，在对外作战中屡屡失利，尤其是柴壁之战，损失惨重，"姚平粮竭矢尽，将麾下三十

---

① 《资治通鉴》卷一一七，"晋安帝义熙十二年"条，第8册，第3692页。
② 《资治通鉴》卷一一八，"晋安帝义熙十三年"条，第8册，第3698页。

骑赴汾水而死，狄伯之等十四将四万余人，皆为魏所擒"。而刘勃勃在叛离后，亦常常扰边，"岭北诸城门不昼启"。姚泓继位后，在面临两大外患的同时，内部的动乱使国力更为衰弱。

其三，东晋军事实力强大。刘裕在平定内乱消除外患过程中既已展现出其卓越的军事才能，而其所领导的北府兵也是兵精将勇，战斗力强。崔浩评价刘裕："奋起寒微，不阶尺土，讨灭桓玄，兴复晋室，北禽慕容超，南枭卢循，所向无前，非其才之过人，安能如是乎！"[1]在北伐过程中，刘裕部署得当，分兵多路进攻后秦，使后秦数面受敌，疲于应敌。此外，在北伐中，刘裕妥善处理了与北魏的关系，避免了腹背受敌。义熙十三年（417年），刘裕向北魏借道，北魏发兵十万驻扎于黄河北岸，观察晋军动向，刘裕率七百士兵击退魏军。另外，对于刘裕北伐，大夏、北魏皆抱渔翁得利态度，从某种程度上说，他们是支持刘裕北伐的，因为他们早已预见，他们是此次北伐的最终受益者。

其四，东晋稳定的政治环境。在淝水战后，北方再度分裂，南方东晋也是"晋政宽弛，纲纪不立，豪族陵纵，小民穷蹙"[2]，寒门庶族刘裕正是在这种情况下登上了历史舞台。刘裕在政治、经济、军事方面采取一系列措施，对内兴利除弊，缓和矛盾，发展经济，对外消灭南燕、后秦，使南方出现稳定发展的新景象。

东晋前几次北伐失败的一个重要原因，就是统治集团内部斗争不止，受各方势力牵制，无法全力北上。而此时的东晋已为刘裕所掌控。在北伐之前，刘裕已经将建康交由亲信掌管，"以世子义符为中军将军，监太尉留府事。刘穆之为左仆射，领监军、中军二府司马，入居东府，总摄内外"[3]，在北伐后秦时并无后顾之忧。后秦灭亡后，因刘穆之病故，为防生变，刘裕便匆匆返回建康，北伐成果很快被夏国

---

① 《资治通鉴》卷一一八，"晋安帝义熙十三年"条，第8册，第3705页。
② 《资治通鉴》卷一一三，"晋安帝元兴三年"条，第8册，第3565页。
③ 《资治通鉴》卷一一七，"晋安帝义熙十二年"条，第8册，第3688页。

窃取。

其五，北方人民的支持。北方各族人民饱受战乱之苦，渴望国家统一、安定，而他们又以晋朝为正朔，所以东晋每次北伐，都能得到北方人民的支持与援助。

与前几次北伐一样，刘裕北伐在客观上同样具有收复中原、统一南北的使命，刘裕又打出"收复山陵"的旗号，得到了北方官民的支持。义熙十三年（417年），姚绍命姚鸾把守要道，断晋军粮道。晋军粮饷匮乏，王镇恶"亲至弘农，说谕百姓，百姓竞送义租，军食复振"[1]。后三秦父老闻刘裕还建康时，流涕诉曰："残民不沾王化，于今百年，始睹衣冠，人人相贺。长安十陵是公家坟墓，咸阳宫殿是公家室宅，舍此欲何之乎！"[2]

这次北伐虽未达到收复中原的目的，但却有着积极的历史意义，是东晋历次北伐中最为成功、影响最为深远的一次。北伐的两位直接受益者是刘裕与赫连勃勃。刘裕凭借这次北伐，进一步提高了政治地位，加速了以宋代晋的步伐，达到了他北伐的目的。而赫连勃勃则窃取了北伐成果，轻易占领了关中地区，扩大了势力范围。除此之外，北伐对于南北方政局的变化以及南北关系也起到了重要作用。虽然赫连勃勃占据关中，但潼关以东直至青州，黄河以南的地区仍为东晋所有，使日后宋魏之间出现广大缓冲区，保障了南方政治稳定与经济发展。刘裕也最终取代司马氏建立刘宋，结束了腐朽的门阀政治，在南北分裂的时期迎来了第一次繁荣发展时期，在其子刘义隆时期出现了元嘉之治。刘裕北伐消灭南燕与后秦，也间接为北魏统一北方扫清了道路。从总体上看，北伐对于南北方的统一与发展都起到了推动作用。

北伐未能收复中原，我们认为，并非是刘裕放弃关中。从当时各国

---

① 《资治通鉴》卷一一八，"晋安帝义熙十三年"条，第8册，第3703页。
② 《资治通鉴》卷一一八，"晋安帝义熙十三年"条，第8册，第3714页。

实力来看，东晋尚不具备统一南北的条件，而北方北魏也不会坐视东晋蚕食北方疆域。从民族融合程度看，关中民族成分十分复杂，统一时机尚未成熟。当时崔浩就曾预言："关中华、戎杂错，风俗劲悍；裕欲以荆、扬之化施之函、秦，此无异解衣包火，张罗捕虎；虽留兵守之，人情未洽，趋尚不同，适足为寇敌人资耳。"①

第三节　东晋对后秦的影响

政权建立初期，统治者都会在政治、经济、文化等方面采取一系列措施，以利于社会的稳定与发展。而在十六国时期，仿效魏晋制定政治、经济政策是北方民族政权的一般规律。作为较早与汉族融合的羌族政权，后秦在建立之初就已经具有了封建政权的性质。

一、建立健全法制制度

姚苌在位时，已经有相关法律的记载，如"有复私仇者，皆诛之"②。姚兴即位后，更加注重法制建设，使后秦法制更加健全。姚兴专门在长安设立律学，传授郡县散吏，培养官员公平、公正执法，提高官员法律意识。隆安三年（399年），姚兴下令，"简省法令，清察狱颂，守令之有政绩者赏之，贪残者诛之"③，"刑政有不便于时者，皆除之"④，凡州郡县不能决断的案件，交由廷尉审理。姚兴还常亲自听审疑案，时号无冤滞。因司隶校尉郭抚、扶风太守强超、长安令鱼佩、槐里令彭明、仓部郎王年等勤于政务、为官清廉，姚兴下书褒奖，增抚邑一百户，赐超爵关内侯，并进位一级。而始平太守周班、槐里令李，因贪污罪而被诛杀。十六国统治者由边疆步入中原，他们往往法律意识淡薄，尤其是在当时北方混战的大背景下，统治者肆意滥杀也

---

① 《资治通鉴》卷一一八，"晋安帝义熙十三年"条，第8册，第3705—3706页。
② 《晋书》卷一一六《姚苌载记》，第9册，第2970页。
③ 《资治通鉴》卷一一一，"晋安帝隆安三年九月"条，第8册，第3496—3497页。
④ 《晋书》卷一一七《姚兴载记上》，第10册，第2980页。

非罕见，姚兴对法制的重视，是值得称道的。

二、招抚流民，放免奴婢，发展农业

淝水之战后，前秦与慕容冲关中交战，"冲纵兵暴掠，关中士民离散，道路断绝，千里无烟"①，长安甚至出现人相食的局面。面对这种局面，姚兴通过招抚流人、放免奴婢等一系列措施，推动农业的发展与政治的稳定。太元十九年（394年）姚兴灭前秦苻登，"散其部众，归复农业。徙阴密三万户于长安"②，隆安三年（399年）又"班命郡国，百姓因荒自卖为奴婢者，悉免为良人"③。姚崇攻克东晋柏谷，"徙流人西河严彦、河东裴岐、韩袭等二万余户而还"④，姚兴斩武都氏屠飞、啖铁，"遣狄伯支迎流人曹会、牛寿万余户于汉中"⑤。义熙元年（405年），姚硕德伐仇池，"徙汉中流人郭陶等三千余家于关中"⑥。

这一方面为农业发展提供了充足的劳动力，另一方面妥善安抚流民，有利于缓和民族矛盾、阶级矛盾。此外，姚兴还提倡节俭，本人"车马无金玉之饰，自下化之，莫不敦尚清素"⑦，并且"下书禁百姓造锦绣及淫祀"⑧，这就节约了大量人力财力，有利于经济的恢复。后秦也在此时出现了"关中丰全，仓库殷积"⑨的大治局面。

三、提倡儒学，弘扬佛法

为维护封建统治，后秦立国后统治者积极推行儒学。姚苌时，"立

---

① 《资治通鉴》卷一〇六，"晋孝武帝太元十年五月"条，第7册，第3345页。
② 《晋书》卷一一七《姚兴载记上》，第10册，第2976页。
③ 《晋书》卷一一七《姚兴载记上》，第10册，第2979页。
④ 《晋书》卷一一七《姚兴载记上》，第10册，第2978页。
⑤ 《晋书》卷一一七《姚兴载记上》，第10册，第2979页。
⑥ 《晋书》卷一一七《姚兴载记上》，第10册，第2985页。
⑦ 《晋书》卷一一七《姚兴载记上》，第10册，第2983页。
⑧ 《晋书》卷一一七《姚兴载记上》，第10册，第2978页。
⑨ 《宋书》卷四五《王镇恶传》，第5册，第1370页。

太学，礼先贤之后"①。姚兴继位后，请名儒至长安讲学。天水人姜龛、东平人淳于岐等因通晓儒学而受到礼敬，各自门徒数百，在长安授学时，由远方而来求学者万千余人。凉州人胡辩在洛阳，其弟子千余人，关中学子也多前往就学，为方便儒生求学，姚兴下令不得阻拦儒生出入，儒学之风因此大盛。除此之外，姚氏也比较注重自身的儒学修养。姚襄"雄武冠世，好学博通，雅善谈论，英济之称著于南夏"②。姚兴常在闲暇之时，请姜龛至东堂，研习道术经艺。所以，后秦国内"学者咸劝，儒风盛焉"③。

在推行儒学、提高后秦文化素质的同时，姚兴还在国内大力提倡佛教，加强对人们的思想监控。元兴三年（404 年），姚兴迎龟兹僧人鸠摩罗什至长安讲经，待以国师之礼。鸠摩罗什通晓汉语，发现旧有译经谬误颇多，姚兴因而便命鸠摩罗什、僧略、僧肇等八百余人参与校勘，又翻译各种"经""论"三百余卷。此外，姚兴还大量营造佛塔、寺院等建筑，坐禅修行者常达千余人。在姚兴的影响下，公卿以下官员也都信奉佛教，"州郡化之，事佛者十室而九矣"④。姚兴对佛教的大力提倡，促进了佛教事业在关中的进一步发展。后秦灭亡后，大批僧人南下，将鸠摩罗什学说传至南方。

四、思想观念的转变

在长期与汉族杂居以及学习儒家文化的过程中，姚氏的思想观念逐渐接近于汉族。

首先，正统观与东晋接近。姚弋仲临终曾对姚襄说，"吾本以晋室大乱，石氏待吾厚，故欲讨其贼臣以报其德。今石氏已灭，中原无

---

① 《晋书》卷一一六《姚苌载记》，第9册，第2968页。
② 《晋书》卷一一六《姚襄载记》，第9册，第2962页。
③ 《晋书》卷一一七《姚兴载记上》，第10册，第2979页。
④ 《晋书》卷一一七《姚兴载记上》，第10册，第2985页。

主，自古以来未有戎狄作天子者"①，可见，姚弋仲虽然先后寄身于前赵与后赵，但终以晋为正朔，否认少数民族政权的正统地位。但到姚苌时，正统观发生了变化。姚苌擒获苻坚后，向苻坚索要传国玉玺，从这点看，姚苌已经承认前秦在北方的地位，为树立威望，寻找正统地位，才继承前秦基业，建国号大秦。姚苌在宴会时，曾称："诸卿皆与朕北面秦朝，今忽为君臣，得无耻乎！"②

其次，非常重视忠君观念。东晋豫州刺史祖约投奔石勒，石勒以礼待之，姚弋仲认为："祖约残贼晋朝，逼杀太后，不忠于主，而陛下宠之，臣恐奸乱之萌，此其始矣。"③石勒因此诛杀祖约。后石虎废石弘自立，姚弋仲"称疾不贺"④。临终之时，姚弋仲又嘱咐姚襄，"我死，汝便归晋，当竭尽臣节，无为不义之事"⑤，但后来为形势所逼，姚襄不得不背弃嘱托。

最后，提倡孝道。隆安元年（397年），太后虵氏死，姚兴"哀毁过礼，不亲庶政"。后尚书郎李嵩上奏章："三王异制，五帝殊礼。孝治天下，先王之高事也，宜遵圣性，以光道训。既葬之后，应素服临朝，率先天下，仁孝之举也。"⑥姚兴采纳李嵩之言，素服临朝。隆安三年（399年）九月，姚兴下令"赐孤独鳏寡粟帛有差，年七十已上加衣杖"⑦。

五、搜罗人才，任人唯贤

姚苌在位时，"修德政，布惠化，省非急之费，以救时弊，闾阎之

---

① 《晋书》卷一一六《姚弋仲载记》，第9册，第2961页。

② 《资治通鉴》卷一〇六，"晋孝武帝太元十一年"，第7册，第3364页。

③ 《晋书》卷一一六《姚弋仲载记》，第9册，第2960页。

④ 《晋书》卷一一六《姚弋仲载记》，第9册，第2960页。

⑤ 《晋书》卷一一六《姚弋仲载记》，第9册，第2961页。

⑥ 《晋书》卷一一七《姚兴载记上》，第10册，第2977页。

⑦ 《晋书》卷一一七《姚兴载记上》，第10册，第2980页。

士有豪介之善者，皆显异之"①。姚兴即位后，"留心政事，苞容广纳，一言之善，咸见礼异"②，京兆人杜瑾、冯翊人吉默、始平周宝等因上书评议时政而得荣升提拔。古成诜因"布德行仁，招贤纳士"③而受姚苌重用，擢为尚书郎。这其中尤以尹纬最受器重，姚苌临终，尹纬已经缙绅顾命大臣之列，《晋书》评价他"成兴之业，皆纬之力也"④。姚氏对人才的招抚与重用，使得众多有识之士为其效力，推动了后秦的进步。

综上所述，我们可以得出以下几点认识：

其一，后秦兴于内部团结和睦，败于祸起萧墙。姚苌临终以太尉姚旻、尚书左仆射尹纬、右仆射姚晃、尚书狄伯支辅佐姚兴，并嘱咐姚兴："有毁此诸人者，慎勿受之。汝抚骨肉以仁，接大臣以礼，待物以信，遇黔首以恩，四者既备，吾无忧矣。"⑤姚兴即位之初，姚绪、姚硕德、姚崇皆手握重兵，以姚硕德兵力最强，威望最高。但姚硕德深明大义、顾全大局，亲至长安，承认姚兴地位，缓和了后秦紧张的政治氛围。姚兴在他们支持下，内修政事、外拓疆土，使后秦成为北方两大强国之一。姚兴病危时，皇室内部就出现了内斗，姚兴去世仅一年，后秦就灭亡了。

其二，与前期民族政权相比，后秦统治者的汉化政策更为彻底。经过前期其他民族政权统治者推行汉化政策以及各民族的相互融合，这一时期后秦已经不再是单纯从形式上仿效汉制，从其治国政策来看，与汉族政权建立之初稳定社会所推行的政策颇多相似之处。这一方面是因为氐羌人民很早便与汉人杂居，另一方面也是前期其他民族政权推行汉化政策、各民族汉化程度越来越深的结果。

---

① 《晋书》卷一一六《姚苌载记》，第9册，第2967页。
② 《晋书》卷一一七《姚兴载记上》，第10册，第2979页。
③ 《晋书》卷一一六《姚苌载记》，第9册，第2969页。
④ 《晋书》卷一一八《姚兴载记下》，第10册，第3005页。
⑤ 《晋书》卷一一六《姚苌载记》，第9册，第2973页。

其三，虽然氐羌自古被人们所并提，而且姚氏"大秦"国号是延续前秦而来，但是在与东晋的关系上，两政权既有相似又存在差别。前秦国力强盛一时，多次主动出击东晋，在与东晋的关系中占据主动地位。后秦崛起时，北方政治环境发生变化，后秦地处北魏与东晋两大政权之间，发展很受限制，姚兴虽像苻坚一样，表露了其轻视东晋之意，但实际上即使在东晋内乱迭起的时期，后秦仍然无力征伐东晋，反而被东晋歼灭，这是两国实力对比的结果。无论两国实力如何，他们都败于骄傲轻敌，在与晋的战争中未做好充分准备，东晋是两国灭亡一个关键因素。

第八章
两晋与西域的关系

西域有广义与狭义之分，据《汉书·西域传》与《后汉书·西域传》所载，狭义的西域指玉门关、阳关以西，葱岭以东，昆仑山以北，天山以南的地区，相当于今新疆的大部分地区，广义的西域则指古代中亚地区。魏晋时期，西域疆域范围与两汉时基本一致。西域是一个由众多民族政权组成的地区，这些政权之间常有征战，但他们对中原文化却都十分向往，多愿意主动与中原保持经济往来、向中原寻求政治庇护。若讲两晋与西域的关系，不得不对两汉与西域的关系有所了解。

第一节　两汉与西域关系述略

一、西汉与西域的关系

西汉初期，虽然统治者与匈奴达成和亲协议，但匈奴仍然时有入边，严重威胁边疆稳定与经济发展。至汉武帝时期，政局稳定、经济富足、兵强马壮，开始反击匈奴。当时，西域在匈奴掌控下，在经济与军事上为匈奴入侵西汉提供了援助。为断匈奴右臂，汉武帝两次派张骞出使西域，虽然两次皆未达到预期目的，但却加强了中原与西域的联系，开拓了汉朝通往西域的南北两道，迎来了汉代与西域交往的第一个高潮。

西汉逐渐与乌孙、楼兰、姑师、大宛、鄯善、车师等西域诸国建立政治、经济联系，至汉宣帝神爵二年（公元前 60 年），西汉取代匈奴控制西域。次年，宣帝任命郑吉为西域都护，这是西汉在西域设置的最高长官，至王莽时期，先后有韩宣、甘延寿等十八人在西域任都护。初元元年（公元前48年），汉元帝在车师置戊己校尉，负责屯田。王莽时期，朝廷对西域征收赋税日益加重，西域各国不堪重负，投归匈奴，中原与西域联系中断。

二、东汉与西域的关系

东汉建立后，在相当长的一段时间内，朝廷对西域诸国采取消极政策。建武十四年（38年），莎车王贤与鄯善王遣使至洛阳进贡，这是西域与东汉联系之始。因匈奴对西域诸国赋敛甚重，建武十七年（41年），莎车王贤遣使请求东汉置都护，光武帝因天下初定，无暇经营西域，拒绝了莎车王之请。建武二十一年（45年），鄯善、车师、焉耆等国遣子入侍，请求东汉派都护，再次遭到光武帝拒绝。因莎车王贤对诸国发动兼并战争，鄯善、焉耆等国再次归附匈奴。莎车王贤死后，西域诸国相互兼并，形成鄯善、于阗、车师等强国并立局面。

永平八年（65年），匈奴胁迫西域各国进犯河西各郡县。永平十六年（73年），窦固、耿忠等北击匈奴，占领伊吾庐地，并设宜禾都尉，东汉军队首次进入西域。于阗等国遣子至东汉入侍，西域恢复与东汉的交往，次年，东汉又设立西域都护与戊己校尉。但是东汉与西域交往并不顺利，曾三次中断，史称"三通三绝"。东汉后期，统治集团日益腐败，宦官专权，边吏残暴，引起了西域各国的反抗。灵帝时，"朝威稍损，诸国骄放，转相陵伐。元嘉二年，长史王敬为于寘所没。永兴元年，车师后王复反攻屯营。虽有降首，曾莫惩革，自此浸以疏慢矣"①。

---

① 《后汉书》卷八八《西域传》，第10册，第2912页。

第二节　魏晋与西域的关系

　　曹魏与蜀、吴两国争战不休，无暇顾及西域，统治者对西域经营持消极态度。曹操曾告诫即将赴任的武威太守毌丘兴："羌、胡欲与中国通，自当遣人来，慎勿遣人往。"[①]魏文帝曾问苏则："前破酒泉、张掖，西域通使，敦煌献径寸大珠，可复求市益得不？"苏则认为："若陛下化洽中国，德流沙漠，即不求自至；求而得之，不足贵也。"[②]崔林甚至认为，"道路护送，所损滋多。劳所养之民，资无益之事，为夷狄所笑"[③]，曹魏群臣多不支持主动与西域交往。而河西、陇右地区也是战乱频繁，敦煌豪强把持地方政权，西域胡商常常受到他们的欺压勒索，妨碍了西域与中原的往来。所以这一时期只有鄯善、龟兹、于阗、焉耆、危须、大月氏、康居、大宛、乌孙、疏勒和车师十一国与曹魏有往来记录。

　　西晋时，中原实现统一，统治者开始经营西域，其中太康年间（280—289年）中原与西域往来最为密切。泰始年间（265—274年），因鲜卑秃发树机能起义，阻断中原与西域交往达十年之久。后戊己校尉马循两次平定鲜卑叛乱，西晋在西域威望大增，西域诸国纷纷朝贡、遣子入侍，但十余年后，鲜卑在河西势力渐大，西晋又进入八王之乱，西晋与西域往来减少，太康以后完全中断。魏晋与西域的关系主要表现在以下几个方面：

一、设置郡县

　　自汉元帝初元元年（公元前48年）在车师置戊己校尉，这一政策一直延续到西晋末年。曹魏时，高昌在原车师前部故地，魏在高昌设郡。《北史·西域·高昌传》载："高昌者，车师前王之故地，汉之前部地也……汉西域长史及戊己校尉并居于此。晋以其地为高昌郡。张

①《三国志》卷一《魏书·武帝纪》，第1册，第40页。

②《三国志》卷十六《魏书·苏则传》，第2册，第492—493页。

③《三国志》卷二四《魏书·崔林传》，第3册，第680页。

轨、吕光、沮渠蒙逊据河西，皆置太守以统之。"①因东晋偏安江南，与西域基本无联系，这里的晋显然是西晋。高昌郡的设立，加强了西晋与西域的联系，尤其是与附近车师前部、焉耆、鄯善、龟兹的关系。

除高昌郡外，魏晋还在伊吾置县。自永平十六年（73年），东汉就在伊吾屯田，置宜禾都尉。曹魏时，在此设伊吾县，西晋沿袭曹魏置伊吾都尉，皆隶属敦煌。元康五年（295年），晋惠帝分敦煌郡之宜禾、伊吾、宜安、深泉、广至五县，分酒泉之沙头，又立会稽、新乡，共八县为晋昌郡，伊吾改归晋昌郡管辖。

此外，有些学者认为在西晋泰始年间，曾在楼兰设置鄯善郡。持此观点者，主要是根据尼雅遗址所出佉卢文书以及楼兰出土的晋代文书，不仅有"鄯善郡尉"的汉文篆印，而且有关于鄯善郡的相关记载。但是也有学者经过多方考证，否认鄯善郡的存在②。

二、设置官吏，进行政治、军事管理

魏晋沿用汉制，在高昌置戊己校尉，隶属敦煌太守。曹魏与西域联系有限，高昌是曹魏唯一直接控制的地区，戊己校尉负责管理西域事务。因西域一直受到敦煌豪强欺压，魏明帝太和年间（227—233年），仓慈任敦煌太守，保护并鼓励西域商业贸易，使敦煌与西域间的贸易呈现一派繁荣景象。仓慈死时，西域诸胡"悉共会聚于戊己校尉及长吏治下发哀，或有以刀画面，以明血诚，又为立祠，遥共祠之"③。可见，西域非常重视与中原的往来。

这一时期，鲜卑在河西地区逐渐壮大。咸宁元年（275年）六月，"西域戊己校尉马循讨叛鲜卑，破之，斩其渠帅"④；二年秋，鲜卑"阿

---

① 《北史》卷九七《西域传》，第10册，第3212页。

② 余太山：《两汉魏晋南北朝与西域关系史研究》，北京：中国社会科学出版社，1995年，第116—118页；马雍：《西域史地文物丛考》，北京：文物出版社，1990年，第102—105页。

③ 《三国志》卷十六《魏书·仓慈传》，第2册，第513页。

④ 《晋书》卷三《武帝纪》，第1册，第65页。

罗多等寇边，西域戊己校尉马循讨之，斩首四千余级，获生九千余人，于是来降"[1]。由此，我们也可以看出，西晋比较重视对西域的治理，戊己校尉拥有较强军事力量，对于维护西晋在这一地区的统治以及与西域的交往发挥着重要作用。

除戊己校尉外，魏晋还在海头置西域长史府。戊己校尉治高昌，西域长史负责楼兰地区事务，皆隶属敦煌。现代出土的楼兰文书中，文书纪年都采用"泰始"年号，可见楼兰地区与中原联系是较为密切的。但自泰始八年（272年）以后则未见到西晋其他年号纪年的文书，显然鄯善仅在西晋最初几年内较大程度上受控于中原政权[2]。此后，鄯善国获得更大自主权，但与西晋仍然保持着密切联系，受到西晋的影响。

戊己校尉、西域长史主要负责屯田戍军、维护地方安全以及中原与西域的交往事宜，而当地政务仍然由诸国自行治理。

三、遣使朝贡

曹魏时期，西域各国遣使朝贡的记录仅有几次，分别在黄初三年（222年）、太和元年（227年）、太和三年（229年）、正始元年（240年）以及元熙二年（265年）。朝贡的国家有鄯善、龟兹、焉耆、于阗、大月氏、危须、康居以及大宛，此外在《三国志·乌丸鲜卑东夷传》中还提及乌丸、疏勒以及车师三国，其他西域小国与中原则缺乏往来记录，关系疏远。杜佑在《通典》中曾说："爰自魏及晋，中原多故，西域朝贡多不过三数国焉。"[3]西晋时来朝贡的国家，与曹魏时大体相同，有大宛、焉耆、康居、大秦、龟兹、鄯善、车师前部、疏勒和于阗，而且主要集中在晋武帝太康年间。

西域诸国朝贡，主要还是以经济目的为主，应该是两汉对西域影响

① 《晋书》卷三《武帝纪》，第1册，第66页。
② 余太山：《西域通史》，郑州：中州古籍出版社，2003年，第79页。
③ 《通典》卷一九一《边防七·西戎总序》，第5197页。

的结果，尤其是西汉对西域的经营，加强了西域与中原的联系。

四、质子关系

据《三国志·魏书》卷二四《崔林传》载，"龟兹王遣侍子来朝，朝廷嘉其远至，褒赏其王甚厚。余国各遣子来朝，间使连属"[1]，说明曹魏时期，西域诸国多遣子入侍，而曹魏对西域遣子入侍也非常重视，给予丰厚的回赏。但是中间也有西域胡商以质子为名，行经商之实，从中渔利，所以崔林认为"所遣或非真的，权取疏属贾胡，因通使命，利得印绶"，这样魏国就耗费了大量人力物力，"劳所养之民，资无益之事"[2]。

西域遣子入侍主要集中在太康年间，西域戊己校尉马循两次平定鲜卑叛乱以及马隆平定秃发树机能叛乱后，西晋在西域再次获得较高威信与威慑力，西域与中原交通得以恢复，各国纷纷遣子入侍。

泰始六年（270年），焉耆王龙安遣子入侍。

太康元年（280年）八月，车师前部遣子入侍。

太康四年（283年）八月，鄯善国遣子入侍。《初学记》卷二十六引《晋永安起居注》："太康四年，有司奏，鄯善国遣子元英入侍，以英为骑都尉，佩假归义侯印，青紫绶各一具。"

太康六年（285年）十月，龟兹、焉耆国遣子入侍。

在西晋威信影响下，各国遣子入侍，多是为寻求政治保护，也有些西域国家遣子入侍学习中原文化，如太康年间，焉耆王、龟兹王分别遣子至洛阳求学。此外，正如崔林所言，这一时期的质子有些并非西域诸国王子，而是以西域质子为名，行经商之实。

---

[1] 《三国志》卷二四《魏书·崔林传》，第3册，第680页。
[2] 《三国志》卷二四《魏书·崔林传》，第3册，第680页。

五、册封、颁发印信

西域与魏晋的关系还表现在西晋对西域的册封上。曹魏时，赐车师后部王壹多杂守魏侍中，号大都尉，并接受曹魏政权的官印。西晋太康六年（285 年），晋武帝派杨颢为使者，拜大宛蓝庾为大宛王，车师前部、鄯善、龟兹、焉耆等纷纷遣子入侍，西晋封鄯善、焉耆、龟兹、疏勒、于阗等首领为王。泰始（265—274 年）中，康居王那鼻主动遣使上封事。

尼雅城北出土晋简中有西晋对西域上层人物册封的记载，"晋守侍中大都尉奉晋大侯亲晋鄯善、焉耆、龟兹、疏勒、于阗"，王国维先生认为"上十三字，实此五王之公号也，不一一言之者，文例宜然也"[1]。这一方面表明西域仍然与西晋保持着臣属关系，另一方面"亲晋"二字表明二者之间只是名义上的臣属关系，"示其非纯臣也"[2]，西晋对西域西部地区控制较为薄弱。

西域诸国与魏晋保持臣属关系，主要还是出于经济利益方面的种种考虑，而魏晋赐封西域诸国则在于通过大国更加有效控制西域，维护在西域的统治。然就实际意义而言，除了继续保持西域与中原的密切联系外，鄯善等国则打着魏晋的旗号，役使、兼并邻近小国。

六、经济往来

自张骞通西域后，由陇右、河西，出敦煌玉门后，主要有南北二道。东汉明帝时，窦固取伊吾地，又开通一道，即《魏略·西戎传》所载，"依敦煌玉门关入西域，前有二道，今有三道。从玉门关西出，经婼羌转西，越葱岭，经县度，入大月氏，为南道。从玉门关西出，发都护井，回三陇沙北头，经居卢仓，从沙西井转西北，过龙堆，到故

---

[1] 王国维：《观堂集林》卷十七《尼雅城北古城出土晋简跋》，第3册，北京：中华书局，1961年，第865页。

[2] 王国维：《观堂集林》卷十七《尼雅城北古城出土晋简跋》，第3册，北京：中华书局，1961年，第868页。

楼兰，转西诣龟兹，至葱岭，为中道。从玉门关西北出，经横坑，辟三陇沙及龙堆，出五船北，到车师界戊己校尉所治高昌，转西与中道合龟兹，为新道"[1]。其中，新道是原北道，中道才是后来东汉时所开。东汉末年，中道受阻，魏晋始通。通过朝贡、质子、经商等途径，西域的珍珠、玛瑙、名马、香料、胡椒等传入中原，中原的丝绸、锦帛、纸笔等源源不断流入西域。

魏晋十六国时期，秦陇地区的汉人因饱受战乱之苦，部分逃往西域，为西域带去了中原的农业耕作技术与先进生产工具。自西汉始，因汉朝驻军屯田，西域对农业有所了解，但仅限于军屯地区，至魏晋时期，大量汉人的迁入推动了西域绿洲农业的发展。

第三节　魏晋对西域的影响

在西域与中原的交往中，双方在取得经济利益的同时，在政治、文化等方面也产生了相互影响。自西汉以来，不少汉人因屯田、戍边、经商等原因，最终定居西域，在这些汉人被同化的同时，西域也受到了汉族文化的影响，在风俗、婚姻、丧葬等方面产生了变化。

在政治上，鄯善等国在职官体系上受到西晋的影响。虽然泰始八年以后，鄯善获得更大自主权，但其行政建制仍然受到了西晋的影响。在20世纪瑞典人斯文赫定在罗布泊北区发现的楼兰遗址佉卢文简牍中，记载了鄯善国的官职，有长史、司马、主簿、功曹、兵曹、书佐、门吏、录事、从掾等官，显然是受到中原行政体制的影响。

在文化上，汉字与儒家文化在某些地区得以推行。西域与中原语言本不相通，在长期相互交流中，西域有些国家也开始使用汉字，学习儒家文化。西域长史李柏写信给焉耆王"臣柏言焉耆王龙图"[2]用的就是汉字。据《北史·西域传》与《梁书·西域诸戎传》载，高昌麹氏王

---

[1] 余太山：《两汉魏晋南北朝与西域关系史研究》，北京：中国社会科学出版社，1995年，第229页。

[2] 罗振玉，王国维：《流沙坠简》，北京：中华书局，1993年，第277页。

朝"国人语言与中国略同""文字亦同华夏",而且高昌地区已经把《毛诗》《论语》《孝经》等作为典籍阅读,将五经、历代史、诸子集作为必读之书,并"置学官子弟以相教授"。当然,汉字并未成为当地通用语言,像鄯善国仍然以佉卢文为通用语言。

在风俗习惯上,高昌等国也受到了中原文化的影响。据《周书》《隋书》所载,高昌在刑法、政令、婚姻、丧葬等方面"与华夏小异而大同"①,焉耆、龟兹、于阗等地婚俗与高昌略同。

综上所述,我们不难看出:其一,西域与魏晋的经济交往,往往以朝贡与回赐的形式进行。其二,除太康年间,魏晋时期疏于对西域的治理,西域诸国保持着较大独立性。其三,在西域诸国中,丝路南道与北道与中原联系较为密切,丝路中道除焉耆、龟兹外,少有其他诸国与中原的交往记录。其四,中原对西域的经营,与中原政局密切相关。其五,魏晋对西域的经营远不如两汉时期,但是中原对西域的影响却是在不断加深的。

---

① 《北史》卷九七《西域传》,第10册,第3215页。

第九章
对两晋民族关系的思考

两晋时期，是北方各民族最为活跃的一个历史阶段，是各民族的民族关系、民族关系思想以及民族文化重要转折期，是各民族共同进步的历史时期。各少数民族首次登上中原历史舞台，在发展本民族政权的同时，在客观上推动了中国社会的全面进步以及各民族的共同繁荣。

第一节　北方民族政策研究

东汉末年以来，各地封建军阀长期混战，中原地区人口大量死亡，生产遭到严重破坏，三国及西晋统治者为补充兵源、发展生产，鼓励甚至强制少数民族入迁。一方面大量少数民族涌入中原，是出现十六国政权的前提；另一方面各民族进入中原不久，民族隔阂、民族矛盾不可避免，而相互融合则需要一个漫长的过程。在这样的背景下，十六国政权相继建立，对于如何处理民族关系，他们采取了以下政策。

一、胡汉分治

胡汉分治是十六国时期各少数民族统治者普遍实行的民族政策。所谓胡汉分治，就是划族而治，少数民族事务由大单于负责管理，而汉族事务则按照传统汉族统治模式进行管理。胡人在政治上占据主导地位，参与军政大事，而汉人则主要从事农业生产。客观上说，在十六国时期中原各民族混杂又彼此隔阂的环境下，实行胡汉分治只能是阻碍了民族间的交流与融合。在具体实施中胡汉分治政策也引起了民族歧视与民族压迫，其结果是加剧了当时的民族矛盾。

第一个在中原实行胡汉分治的少数民族政权是汉赵，其首创者是匈奴贵族刘渊。西晋末年，刘渊攀附两汉王朝，建立汉国，实行胡汉分治，以汉族政治制度为主，单于台为辅。单于台最高长官为大单于，大单于不同于以往匈奴族首领，相当于大司徒或封疆大吏，专管少数民族事务，大单于位置非常重要，一般由国家储君担任，刘聪继位后，以其弟刘乂为大单于，声称"待乂年长，复子明辟"①。后刘聪有意将位传于其子刘粲，于建兴二年（314年）立刘粲为大单于，总领百官，代替刘乂之位。

羯族石勒建立后赵，延续前赵政策，设大单于镇抚百蛮，内史管理汉人事务。太兴二年（318年），石勒拜"中垒支雄、游击王阳并领门臣祭酒，专明胡人辞讼，以张离、张良、刘群、刘谟等为门生主书，司典胡人出内，重其禁法，不得侮易衣冠华族。号胡为国人"②。不仅专门派人管理少数民族事宜，还以法律形式规定羯人为"国人"，汉人为"赵人"，严令禁止称羯人为胡，重则可能引来杀身之祸。因羯人自入中原以来，一直处于下层被奴役的命运，导致羯族对汉族的仇视，汉人在后赵地位极低，即使出任后赵官吏，也不免被羯人欺凌。一次石勒见内史樊坦衣冠弊坏，大惊："樊参军何贫之甚也！"樊坦对曰："顷遭羯贼无道，资财荡尽。"③樊坦一时失言，忙叩头泣谢，可见民族政策之严厉。后赵胡汉分治政策激化了民族矛盾，使后赵成为十六国时期民族矛盾最严重的政权，也直接导致了后来冉闵的民族仇杀。

前秦创建之初，仿效两赵制度，设立单于台，实行胡汉分治。苻健称帝后，将大单于之职授予苻苌。苻坚杀苻生自立后，没有再设立大单于人选，单于台无形中消失了。

在处理民族关系方面，苻坚是十六国时期少有的开明政治家，他在统一北方过程中，打破民族差异，对各民族一视同仁、实行怀柔

---

① 《晋书》卷一〇二《刘聪载记》，第9册，第2658页。
② 《晋书》卷一〇五《石勒载记下》，第9册，第2735页。
③ 《晋书》卷一〇五《石勒载记下》，第9册，第2741页。

政策，表现出高度的民族自觉性，有利于缓和民族矛盾，促进民族融合，然而苻坚在北方尚不稳定时便贸然挑起与东晋的战争，导致了前秦的衰亡，这样的民族政策未能贯彻下去。后世称后赵民族政策失之于苛，前秦民族政策失之于宽①。

二、笼络汉族士人

少数民族的胡汉分治主要针对的是普通老百姓，面对北方士人则是另一套政策。各民族政权表面上是少数民族主导的，实质上是少数民族贵族与汉族士族的联合政权，正因为有汉人的辅佐，他们在政治、经济、文化上才能建立初具规模的封建政权。

即使在民族矛盾尖锐的后赵，统治者出于统治需要也非常重视知识分子。石勒因参军樊坦清贫，而提拔他为章武内史。后樊坦失言称羯贼，石勒也未计较，称"孤律自防俗士，不关卿辈老书生也"②。可见，只要是能为其所用，为后赵效力，即可少受胡汉政策束缚。

慕容廆为吸引汉人归附，设立"冀州人为冀阳郡，豫州人为成周郡，青州人为营丘郡，并州人为唐国郡"③，使汉人有归家之感，

苻坚在位时，特别重视人才，无论民族贵贱，有真才实学皆可叙用。最突出的就是苻坚对王猛的重用。王猛出生正值中原战乱，家贫如洗，苻坚不顾民族隔阂大胆起用王猛，至咸安二年（372年），王猛担任丞相之职，在前秦地位仅次于皇帝，权势显赫。

三、民族仇杀

除胡汉分治外，部分政权也出现过民族仇杀现象。刘渊、刘聪、刘曜、石勒、石虎等都曾对其他民族实行残酷的掠夺与屠杀。永嘉五年（311年），洛阳陷落，刘曜等攻入洛阳杀太子、王公大臣二十余人，杀

---

① 宋肃瀛：《论后赵和前秦的民族政策与宗教政策》，《西南民族学院学报》1993年第6期。
② 《晋书》卷一〇五《石勒载记下》，第9册，第2741页。
③ 《晋书》卷一〇八《慕容廆载记》，第9册，第2806页。

百姓三万余人。石勒起兵初期，"得公卿人士多杀之"①，至攻陷河北，对汉族士人态度由杀戮转向怀柔。然其从子石虎攻陷城池，往往仍然坑杀民众，少有存活下来的，石勒屡次劝解均无改变。前燕慕容儁攻打敕勒，杀害俘虏十余万人。民族仇杀影响最大的当数冉闵屠胡事件，二十余万人死于其中，此后统治者引以为鉴注重缓和民族关系。

四、强制徙民

强制徙民是历代统治者惯用的统治方式之一。徙民的目的不外乎三条：一是使他们脱离故土，削弱其势力；二是迁徙之地人才缺乏，需要充实人力、物力；三是如果迁徙到京城，则便于控制。

大兴三年（320年），刘曜强徙上郡氐、羌首领伊余等部二十余万人于长安，以便于掌控。

后赵在征服汉族坞堡或少数民族部落后，往往采取迁徙之策，或迁到襄国周边便于防范，使他们脱离故土。咸和八年（333年），石虎平定石生、石朗叛乱后，迁徙雍、秦二州十万余户至关东，秦州三万余户至青、并二州。在消灭鲜卑段部与慕容部后，迁徙两部鲜卑至雍、司、兖、豫、洛等地。太元十五年（390年），石虎强迁关东流民，秦、雍大族九千余人于襄国。

强制徙民在前秦也是屡见不鲜。永和八年（352年），丞相苻雄徙张遇及陈、颍、许、洛地区五千民众于关中。建元元年（365年），苻坚平定匈奴右贤王曹毂部叛乱后，"徙其豪杰，六千余户于长安"②。建元六年（370年），消灭前燕，迁徙慕容暐、王公、百官及普通民众四千余户至长安。太元元年（376年），灭前凉后，"徙豪右七千余户于关中"③。

民族间文化的差异以及地位的不同，导致民族矛盾一直是十六国时

---

① 《晋书》卷六二《刘琨传附刘群传》，第6册，第1691页。
② 《资治通鉴》卷一〇一，"哀帝兴宁三年"条，第7册，第3200页。
③ 《资治通鉴》卷一〇二，"海西公太和五年"条，第7册，第3239页。

期的一个突出问题。十六国政权的少数民族统治者天下观、民族观不同，他们的民族政策也略有差异。像我们提到前赵、后赵、前秦都曾实行过胡汉分治，但慕容燕政权则实行的是华夷一体的政策。统治者的民族政策对政权的走向起到了直接的引导作用。后赵严厉的民族隔阂政策导致了民族矛盾尖锐进而演化为民族仇杀。前燕华夷一体的政策，有意识地推动慕容部在政治、经济、文化等方面的全面进步，加速了慕容部融入中华民族多元一体格局的脚步。苻坚突破民族界限，以天下为己任，强调"黎元应抚，夷狄应和"①，对汉族士人、少数民族首领予以重用，比如对于姚苌与慕容垂的重用。再如匈奴刘卫辰率众投降前秦，在内地耕种，前秦云中护军贾雍派人抢掠了他们的成果，苻坚知道后免去了贾雍之职，并派人安慰被抢的匈奴部众，归还抢劫之物。可以说，如果没有苻坚急于求成，贸然南侵东晋，北方应会朝着民族融合的方向发展。但苻坚过于迷信自己的怀柔政策，忽略了北方当下长期积累下的民族矛盾，对慕容鲜卑贵族慕容垂、羌族首领姚苌毫无戒心，为淝水之战后北方分裂埋下了隐患。

第二节　东晋对中原政局的影响

东晋自始至终不乏北伐、收复中原之举，先后有祖逖、庾亮、殷浩、桓温、刘裕等人多次行动，但他们多出于提高在东晋政治威望、扩充个人势力的目的，均未达到收复中原的目的。东晋留给我们的印象是偏安江南，安于现状，权臣当道、内乱不止，并未参与到中原政权的争斗之中，但东晋与北方民族政权保持着或多或少的联系，对中原政局的变动还是产生了一定的影响。其影响不仅来自于东晋政权本身的实力，更多地来自传统民族思想给东晋带来的天然的威望。

---

① 《晋书》卷一一三《苻坚载记上》，第9册，第2896页。

一、为慕容燕扩张提供了合法地位，减少了其发展阻力

西晋末年，东部鲜卑有三部，他们分别是鲜卑段部、宇文部和慕容部，其中慕容部实力最弱。慕容廆即位之初，曾因父仇与西晋决裂，先伐夫馀又攻辽西，后被西晋出兵讨伐。慕容部同时面临西晋、段部、宇文部三方军事威胁，慕容廆意识到若要在东北壮大，必须处理好与西晋的关系，向西晋借势，所以于太康十年（209 年）向西晋称臣。与西晋建立臣属关系后，不但减少了在东北扩张的阻力，为其吞并周边政权提供了合法依据；而且在中原战乱之时赢得了滞留北方汉人的归附。在慕容燕已经成为东北唯一强国后，趁中原大乱时，慕容皝欲出兵进攻刘曜入主中原，但是师出无名，史料记载，"未有朝命，仍遣其长史刘祥献捷京师，兼言权假之意，并请大举讨伐中原"①。这就为慕容燕打着讨伐叛逆旗号，进攻中原找到了借口。

二、为前秦、后秦提供政治庇护，壮大了少数民族政权的实力

前秦、后秦在北方失利时，都曾避难东晋，使本政权得到短暂喘息。氐族首领蒲洪在后赵时，屡立战功，氐族实力壮大，为后赵统治集团所不容，南下归附东晋。在苻氏不为北方政权所容的情况下，得到了东晋的政治庇护，也赢得了汉人的归附，秦陇地区人民相率归附苻氏，苻氏部众达到十万余人。

同样，氐族首领姚弋仲在后赵灭亡后，主动归附东晋。次年，姚弋仲病亡，其子姚襄继位，欲返回关中，然不敌前秦，只能再次归附东晋。然主持北伐的殷浩敌视少数民族，囚禁质子，多次派人刺杀姚襄，迫使姚襄投靠前燕。

三、间接加入中原民族政权的争斗，加速政权的更迭

前秦苻坚统一北方后，于建元九年（373 年）提出"黎元应抚，夷

---

① 《晋书》卷一○九《慕容皝载记》，第9册，第2819页。

狄应和，方将混六合以一家，同有形于赤子"①，对各民族一视同仁。在自认为前秦政权已然稳定、民族关系融洽之时，苻坚提出"惟东南一隅未宾王化。吾每思天下不一，未尝不临食辍餔，今欲起天下兵以讨之"②。当时前秦苻氏集团集体反对，唯独鲜卑、羌族首领慕容垂、姚苌等人支持南下，他们因慑于前秦武力而降，希望趁前秦南下之时伺机复国。结果淝水之战后秦军溃败，慕容垂、姚苌等少数民族首领纷纷独立建立政权，尔后北方土地上出现了后燕、后秦、西燕、西秦等国家，前秦也走到了灭亡的边缘，中原再次陷入分裂。

东晋与赫连勃勃所建大夏相隔甚远，但义熙十三年（417年）刘裕北伐攻灭后秦。刘裕虽遣使至大夏，与赫连勃勃约为兄弟，待刘裕返回东晋后，赫连勃勃还是乘虚而入，占领关中地区，扩大了势力范围。

四、北方百姓寄希望于东晋收复中原，每每支持东晋北伐

除东晋与北方民族政权的关系外，北方人民的思晋情结对北方政局也会产生一定影响。比如后赵时期，曹嶷对东晋的归属感，导致他虽身在后赵，却割据青州，以期伺机归附东晋。再如石氏虽然统一北方，但是晋朝南迁时日尚浅，北方汉人多有思晋情结。在祖逖北伐之时，黄河沿岸坞主也常常向祖逖报告后赵动向，因此晋军常常取胜。桓温北伐时，击败苻健，驻军灞上，也赢得关中父老夹道欢迎，以酒肉犒劳北伐军。直到东晋末年，刘裕北伐时，北方民众仍然渴望东晋北上收复中原，每日千人以上负粮归附晋军。

虽然北方正在经历民族观、天下观的转变，但作为汉族王朝的东晋在他们心目中的地位仍然是不可低估的，除部分怨恨晋王室抛弃民众偏安江南外，大部分民众还在盼望东晋北上收复中原，统一天下，结束战乱。汉族政权历代积累下来的声望，使少数民族政权在北方无法

---

① 《晋书》卷一一三《苻坚载记上》，第9册，第2896页。
② 《晋书》卷一一四《苻坚载记下》，第9册，第2911页。

立足或要招揽民众壮大实力时，也愿意归附东晋或与东晋建立名义上的臣属关系。所以表面上东晋没有介入北方争斗，实质上却对中原政局产生了不可低估的影响。

第三节 北方民族政权对汉族发展的影响

任何民族间的影响都是相互的，各民族文化在相互碰撞、交流与融合中，不仅为汉族所同化，同时也为汉族文化注入了生机与活力，无论是政治、经济、文化抑或社会生活等方面无不显示了少数民族对汉族的影响。

一、在政治上，有力打击了汉魏以来形成的汉族士族门阀制度

门阀士族形成于魏晋之际，在两晋时期影响尤为突出。两晋统治者为取得豪强地主的支持，多对他们作出让步，士族地主世居高位，政治权力与经济利益都得到朝廷的保护，失去了进取心，因而形成居高位者耽溺享乐、昏聩无能、聚敛奢靡之风日盛的局面，他们之间甚至相互攀比，著名的石崇与王恺斗富就发生在此时。少数民族登上历史舞台后，虽然也选择与地主阶级合作，但统治者对于汉人的重用，则明显具有任人唯贤的倾向，寒门庶族中才能出众者得以跻身统治上层，寒门庶族得以翻身，登上历史舞台，打破了以往门阀士族把持朝政的腐败政局，有利于形成开明的政治环境。

二、在经济上，促进了汉族经济的多元化

少数民族在入居内地后，多开始发展农业经济，但畜牧业的影响仍然存在，而且畜牧业对汉族在经济、生活、军事等方面均产生了重要影响。少数民族多以游牧为主要生活方式，长于饲养牲畜及加工畜产品，他们内迁后，将游牧民族的这一特长也带入内地。东魏贾思勰在《齐民要术》中记载了牛、马、骡、羊等牲畜饲养方法及相马术等，使汉族人民在军事、食品、服饰等方面都发生了变化。此外，胡饼、胡

床、胡服在这一时期进入人们的日常生活之中，芝麻、胡豆、大蒜、黄瓜、香菜、核桃等得到推广。"泰始之后，中国相尚用胡床貊槃，及为羌煮貊炙，贵人富室，必畜其器，吉享嘉会，皆以为先。太康中，又以氈为絈头及络带袴口。百姓相戏曰，中国必为胡所破。夫氈毳产于胡，而天下以为絈头、带身、袴口，胡既三制之矣，能无败乎！"①

当然，因为生活方式的差异，少数民族入主中原也对中原经济造成了严重破坏。少数民族统治者在发展农业时，也圈占了大片土地作为牧场与苑囿，浪费土地资源，对社会生产力的破坏及损坏程度都是显而易见的。此外，自西汉以来，洛阳一直是政治、经济的中心，"豪门大族，商贾胡貊，天下四（方）会，利之所聚"②。而到十六国时，整个北方陷入长年混战中，农业生产遭到严重破坏，人民流离失所，商业自然无法正常运行。而迁徙南方的东晋，其商业也呈衰微之势，"自中原丧乱，元帝过江，用孙氏旧钱，轻重杂行，大者谓之比输，中者谓之四文。吴兴沈充又铸小钱，谓之沈郎钱。钱既不多，由是稍贵"③。

三、在思想上，尊夏贱夷、内诸夏而外夷狄的民族关系思想受到强烈冲击

"内诸夏而外夷狄"与"非我族类，其心必异"是汉族重要的民族关系思想，受此民族关系思想的支配，汉族对少数民族多持有偏见，西汉时，投降匈奴的官员不仅被视为败类受到强烈谴责，亲属也受到严厉惩处。随着混战局面的加剧、晋室的南迁，"华夷之辨"观念在一些汉人中已经淡化，北方未能南迁的民族，无论是普通百姓，还是世家大族，多投身于其他民族政权之中，甚至帮助他们进军中原，与晋对抗。这一时期，汉人投身民族政权，民族政权吸收汉人在北方成为一种普遍现象。投身其他民族政权，不再视为叛国，不再被认为是一

---

① 《晋书》卷二七《五行上》，第3册，第823页。
② 《三国志》卷二一《魏书·傅嘏传》，第3册，第624页。
③ 《晋书》卷二六《食货志》，第3册，第795页。

种耻辱而受到强烈谴责。而且，汉人不固定为一个政权效力，有时为了发挥能力，可以再投靠其他政权，甚至因某种原因而背叛某个政权后，也可以再次归附该政权，不仅不会受到责难，还可以再次受到重用。如东晋荀羡攻破前燕泰山山庄，俘获泰山太守贾坚，责问贾坚："君父、祖世为晋臣，奈何背本不降？"贾坚回答："晋自弃中华，非吾叛也。民既无主，强则托命。既已事人，安可改矣！吾束修自立，涉赵历燕，未尝易志，君何忽忽相谓降乎！"①司马颖手下振武将军王育曾在匈奴汉国任太傅，北海人刘敏元在前赵任中书侍郎、太尉长史，《晋书》仍将其列入《忠义传》。这一时期，不仅是汉族士人、百姓，当北魏成为北方唯一强国与东晋遥相对峙时，东晋政府开始向北魏朝贡，这既体现了北方少数民族在历史上的重要地位，也体现了民族关系以及民族关系思想的重大转折。

之所以会出现这样的转变，与少数民族统治者开明的政策是密不可分的。吸收、借鉴汉族文化是这一时期各民族政权的共同特点，没有汉族地主阶级的支持，汉化只能停留在表面。同时，晋室南迁，北方地主阶级为生存所需，不得不与当地少数民族统治者合作以维护自身的政治、经济利益。

四、在相互融合过程中，少数民族的语言、文化、风俗习惯也逐渐渗入汉族之中

少数民族在受到中原文化影响的同时，也保留了部分旧有的生活习俗，并将大量胡歌、胡乐、胡舞、胡戏、胡服等带入中原，为中原文化增添了新鲜色彩。

首先，胡服被广大汉族人民所接受，成为日常便服的一种。早在战国时期，赵武灵王就曾推行"胡服骑射"，但范围有限，影响较小，这种政策未能得到社会的普遍认可。魏晋时，称胡服为袴褶，即衣着以

---

① 《资治通鉴》卷一〇〇，"晋穆帝升平二年"条，第7册，第3172页。

裤为主，上身着褶，下身着裤。① 袴褶为北方少数民族日常服装，因为便利实用，为汉族所采用。《晋书·郭文传》载"（顾）飏以（郭）文山行或须皮衣，赠以韦袴褶一具，文不纳"②，《郭璞传》载郭璞行经越城，"间遇一人，呼其姓名，因以袴褶遗之"③。可见，当时胡服在汉族已成为日常服装之一。《旧唐书·舆服志》："谯服，盖古之褒服也，今亦谓之常服。江南则以巾褐裙襦，北朝则杂以戎夷之制。爰至北齐，有长帽短靴，合袴袄子，朱紫玄黄，各任所好。"④ 此外，汉族人原席地而坐，坐具为低矮的榻几。东汉时胡床传入中原，自晋朝始在北方普遍流行，并推广到南方，汉人因此改变席地而坐的习俗。

其次，少数民族文化为汉族文化注入了新鲜血液。至今为人们所传颂的《敕勒歌》与《木兰诗》正是少数民族与汉族融合的反映。《敕勒歌》原是赞美草原游牧生活，被译为汉文后仍然如此传神，本身就是两种文化结合的产物。《木兰诗》中花木兰策马扬鞭、驰骋疆场的形象，显然与男耕女织的汉族传统文化相悖，只有在民族融合的魏晋南北朝才有可能出现像花木兰一样的巾帼英雄。

再次，我国史学空前繁荣、发展。两晋十六国时期，是我国史学的一个繁荣、转折时期，随着华夷观念的转变，史学家在修史过程中必然会有所体现。受复杂的政治环境与华夷之别、内诸夏而外夷狄的民族关系思想的影响，各民族政权统治者皆设置史官，编写本政权国史，以确保本政权在历史上的地位。我国历史上首次出现了专门记载少数民族历史的文献，这些史籍以华夷共祖观念为其指导思想，记载本民族历史，宣扬本政权功德，为我们全面了解各民族留下了宝贵的资料。据《史通》卷十二《古今正史》载，前赵、后赵、前燕、后燕、南燕、前秦、后秦、夏、代、北魏诸国统治者皆设史官，为本民

---

① 张清莲：《魏晋南北朝社会对汉民族服装的影响》，《成才》2000年第7期。
② 《晋书》卷九四《郭文传》，第8册，第2440页。
③ 《晋书》卷七二《郭璞传》，第6册，第1910页。
④ 《旧唐书》卷四五《舆服志》，第6册，第1951页。

族、本政权修史。

受统治者的影响，史书不免有曲笔之处，但从整体而言，它较为完整地保存了各民族的社会状况，为我们了解各民族留下了宝贵的财富。东晋十六国时期，史学出现前所未有的繁荣局面，不仅在体裁上超出了以汉族为核心的固有模式，出现特定为某一民族政权编写的史书，而且史学家的指导思想也发生重大转变，史书的撰述与评价更为客观、全面。

最后，胡笳、羌笛、琵琶等少数民族乐器及乐曲传入中原，推动了中原文艺的繁荣与发展。西晋中期，天竺国送给凉州刺史张轨乐工十二人，乐器一部，其中有笛子、琵琶、箜篌、五弦、铜鼓、皮鼓和都昙鼓等，并带来天竺曲调多种。西域著名的龟兹乐、高昌乐、于阗乐、疏勒乐等在隋唐时成为中原宫廷音乐文化的重要组成部分。此外，在宋人郭茂倩编写《乐府诗集》卷二五《梁鼓角横吹曲》内，《企喻歌辞》四首、《琅琊王歌辞》八首、《钜鹿公文歌辞》三首、《慕容垂歌辞》三首、《折杨柳歌辞》五首、《折杨柳枝歌》五首、《慕容家自鲁企由谷歌》一首、《高阳王乐人歌》二首已经确定为北方少数民族民歌[①]，这些民歌反映了北方少数民族的生活习俗与精神风貌，少数民族质朴、幽默、尚武、开朗的民风是北方刚健文风形成的一个重要因素。

当然，受强烈的民族矛盾影响，少数民族入主中原之初出于报复心理，对中原文化也造成了严重的破坏。太安三年（304年），洛阳为张方所占，其部下将宫室财物全部抢光，幸有卢志劝阻，宫室才免被焚毁。永嘉中，王弥与刘聪率一万骑兵至京城，焚烧国学与太学[②]。王弥、刘曜等人烧毁的不只是两座学府，大量汉族文化精髓也随之一并消失。苻坚广修学校，考问博士五经，博士多不能对，王寔说："自刘石扰覆华畿，二都鞠为茂草，儒生罕有或存，坟籍灭而莫纪，经沦学

---

① 沈意：《魏晋南北朝时期北方少数民族民歌简论》，《内蒙古大学学报》（哲学社会科学版），2009年第1期。

② 《晋书》卷一〇〇《王弥传》，第8册，第2610页。

废，奄若秦皇。"①

五、各民族不但在政治、经济、文化等方面趋同，而且在血缘上发生了融合

北方各政权基本上是胡汉联合政权，在统治阶层各民族融合的同时，普通民众也因受到共同阶级压迫而相互支持、联合行动，民族感情逐渐加深。当各民族融合达到一定程度时，就有可能在共同的政治、经济与文化环境下形成一个民族，或一方融入另一方之中，或双方相互融合形成新的民族。十六国时期，少数民族的内徙往往是大规模的，有些甚至是举族迁徙，因此当该民族政权灭亡后，留在中原的人民就逐渐与其他民族融合了。因为汉化是这一时期的主流，各民族或融入汉族，或先与其他民族融合最后共同被汉化。同时，未能南迁的汉人融入少数民族政权之中，推动了少数民族汉化的进程。

在中原建立政权的匈奴、鲜卑、羯、氐、羌等民族，因统治者的主动汉化，民族汉化的程度与规模更为显著。最先建立政权的屠各，在北魏时尚见于史籍，在西魏、北周后就少见于史籍，已基本融入汉族之中。夏国灭亡后，铁弗匈奴部众为北魏所统治，后北魏大力推行汉化政策，各族人民在共同地域、共同语言文化、共同经济生活中，逐渐形成共同的心理素质，少数民族与汉族之间的差异也就逐渐消失，最终融入汉族。此外，至隋唐时内迁的氐羌民族特点基本消失，也融入汉族之中。在少数民族汉化的同时，也存在部分汉人胡化的情况。如渤海冯氏在后燕时移居辽东，长期受鲜卑文化熏染，而逐渐鲜卑化。当然，在进入隋唐以后，他们又随鲜卑人汉化，融入汉族发展的洪流之中。

除上层统治者的努力外，各族人民在共同的政治环境下，形成共同的反抗心理，甚至在一定范围内爆发共同反抗压迫的斗争。他们在斗

---

① 《晋书》卷一一三《苻坚载记上》，第9册，第2888页。

争中，相互支持、联合行动，增强了各族人民之间的感情，在客观上促进了民族融合。如太宁元年（323年），陈安领导的秦陇地区的人民起义，就有陇右氏、羌十余万人加入。树机能领导的氏羌民族起义也超出了民族与地域的界限。少数民族汉化，为汉族注入了新鲜血液，汉族吸纳少数民族的多元文化要素，使汉族在政治、经济、文化、风俗方面更加丰富多彩，更富活力与创造力，在客观上加速了其自身社会的发展。

六、佛教对汉族文化产生了深远的影响

佛教起源于印度，东汉时经西域传入中原。两晋时期，原与西域相邻的少数民族入主中原，大力提倡佛教，使佛教在中原广泛传播，其中尤以后赵、前秦、后秦三国对佛教传播贡献最大。

后赵是十六国中最早提倡佛教的国家，在统治者的大力支持下，中原佛教迅速发展，涌现出一批高僧，著名的佛图澄、道安、慧远等都出现于这一时期。后赵立国后，佛图澄被尊为国师，并专门建立天乐寺、白马佛塔供其修行、传教。石虎即位后，佛图澄地位更是高于众人，所受礼遇仅次于皇帝，太子、王公无不对他表示尊重，每五天去拜见一次，彼时佛图澄弟子遍布全国。此外，除天乐寺外，后赵还修建了大量佛寺，《高僧传·佛图澄传》记，"受业追游，常有数百，前后门徒，几且一万。所历州郡，兴立佛寺八百九十三所，弘法之盛，莫与先矣"[1]。

陇右是西域与天竺僧人进入中原的必经之路，居住在此的氏羌人民很容易受到佛教的影响，所以前秦、后秦统治者对佛教也比较重视。太元二年（377年），苻坚闻西域有鸠摩罗什，襄阳有释道安，并遣求之，送释道安"外国金箔倚像，高七尺，又金坐像、结珠弥勒像、金

---

[1] 释慧皎：《高僧传》，北京：中华书局．1992年，第345—356页。

缕绣像、织成像，各一张"①。因苻坚对佛教的支持，昙摩持、僧伽提婆、吐火罗昙摩难提等高僧都相继来到长安。

十六国时期的僧人不仅负有传教的任务，而且往往参与国家的政治、军事等重大方针政策的制定与实施。后赵与段部鲜卑交战，佛图澄劝石勒送段末波回本国，石勒听从，最终得到段末波援助，瓦解了西晋在北方最后的力量。刘曜进攻洛阳，石勒欲将兵救援，部将皆劝阻，唯佛图澄认为"大军若出，必擒刘曜"②，石勒率兵赴洛阳，果然活捉刘曜。

佛教之所以如此兴盛，不仅是统治者的提倡，更重要的是佛教的思想适应了当时变乱的政治环境。《魏书·释老志》言，"凡其经旨，大抵言生生之类，皆因行业而起。有过去、当今、未来，历三世，识神常不灭。凡为善恶，必有报应。渐积胜业，陶冶粗鄙，经无数形，澡练神明，乃致无生而得佛道"，又佛家有"五戒"，即"去杀、盗、淫、妄言、饮酒"，对于约束百姓起到一定作用。③自东汉末年以来，除西晋初年短暂稳定外，中原一直处于战乱之中，各方势力争战不休，民不聊生，佛教因果轮回理论成为广大人民精神寄托，人民通过信仰佛教，从精神世界逃离现实的痛苦，寄希望于来世。后赵、前秦、后秦等十六国统治者以佛教作为各族人民的精神寄托，起到了稳定社会秩序的作用。

佛教文化虽然得到北方少数民族政权的提倡，但佛家一不拜父母，二不拜皇帝，与儒家文化忠孝观相悖，很难得到东晋统治者的支持。所以，释慧远提出将佛儒合明的论点："佛经所明，凡有二科，一者处俗弘教，二者出家修道。处俗则奉上之礼，尊亲之敬，忠孝之义，表于经文。在三之训，彰乎圣典。斯则与王制同命，有若符契。出家则是方外之宾，内乖天属之重而不违其孝，外阙奉主之恭而不失其敬。

---

① 释慧皎：《高僧传》，北京：中华书局．1992年，第179页。
② 《晋书》卷一〇五《石勒载记下》，第9册，第2744页。
③ 《魏书》卷一一四《释老志》，第8册，第3026页。

如令一夫全德，则道洽六亲，泽流天下。虽不处王侯之位，固已协契皇极，大庇生民矣。"[1] 使得佛教与儒家文化能够共存，并且得到东晋统治者的支持。佛教在东晋政权的传播也较西晋以前更为深刻，不少官员信奉佛教，如何充"性好释典，崇修佛寺，供给沙门以百数，糜费巨亿而不吝也"[2]，王恭"不闲用兵，尤信佛道，调役百姓，修营佛寺，务在壮丽，士庶怨嗟。临刑，犹诵佛经，自理须鬓，神无惧容"[3]。又有部分官员与僧人相交甚好，如支遁与郗超、王坦之与竺法师、权翼与道安、习凿齿与道安，甚至出现出家为僧者，如晋时的竺道潜为晋大将军王敦弟，竺法壹俗姓陆，为吴郡人。

因十六国前信仰佛教者甚少，这一时期有些汉人受夷夏之别、保护汉族文化思想的束缚，反对统治者的政策。后赵著作郎王度曾上书，认为"佛，外国之神，非诸华所应祠奉。汉代初传其道，惟听西域人得立寺都邑，以奉其神，汉人皆不出家。魏承汉制，亦循前轨。今可断赵人悉不听诣寺烧香礼拜，以遵典礼，其百辟卿士下逮众隶，例皆禁之，其有犯者，与淫祀同罪。其赵人为沙门者，还服百姓"[4]，朝廷官员支持王度者甚众。但石虎继续支持佛教，下令"朕出自边戎，忝君诸夏，至于飨祀，应从本俗。佛是戎神，所应兼奉，其夷赵百姓有乐事佛者，特听之"[5]，佛教并未因部分朝廷官员的反对而受到影响。

从总体上说，佛教的传播还是带来了积极的意义：一、僧人参政，对于统治者的暴行多能起到劝免作用。佛图澄凭借自己的威望，在一定程度上扼制了石勒与石虎的暴行；在姚襄与前秦战争时，僧人智通也曾劝阻姚襄厉兵收众。二、百姓信仰佛教，从某种意义上讲减少了民怨，出现大量宿命论的信徒，可以减少动乱的发生。三、佛教也为汉

---

① 《高僧传》卷六《全晋文》一六一，转引自万绳楠：《陈寅恪魏晋南北朝史讲演录》，贵阳：贵州人民出版社，2008年，第293页。

② 《晋书》卷七七《何充传》，第7册，第2030页。

③ 《晋书》卷八四《王恭传》，第7册，第2186页。

④ 《晋书》卷六五《艺术传》，第8册，第2487页。

⑤ 《晋书》卷六五《艺术传》，第8册，第2488页。

族文化的繁荣注入了新的内容，大量寺庙与石窟的修建，雕刻与绘画技艺兴起，许多绘画、志怪小说的内容也取材于佛教文化。四、共同的宗教信仰推动了不同民族间的交流，减少了民族隔阂，增进了民族感情。

两晋十六国时期，是中国融合的一个高潮，北方少数民族迅速集中地壮大起来，积极主动地参与到当时中国社会的发展之中，不但推动了少数民族的进步，也为汉族的发展注入了新鲜血液，各民族共创中华在这一时期得到充分的体现。经过魏晋南北朝的民族聚合，使得汉族统治者在民族思想上发生了变化，如隋文帝曾对西域使者称，"朕受命于天，抚育四海，望使一切生人皆以仁义相向"[①]，唐太宗也认为："自古皆贵中华，贱夷、狄，朕独爱之如一，故其种落皆依朕如父母。"[②] 在这种思想的指导下，民族关系朝着更有利于民族与社会的方向发展，使汉人与其他各族人民在经济、文化等方面出现空前的融合，为隋唐大一统局面形成奠定了基础。

第四节　两晋与北方民族政权关系的特点

两晋时期是一个农耕与游牧并存、胡族与汉族融合、胡风与汉俗交融的时代，各民族、各政权之间既有冲突斗争，又相互融合共处，民族关系呈现出前所未有的复杂性，民族思想也发生了前所未有的转变。这一时期民族关系的特点具体表现在以下几个方面：

一、打破了汉族居中、夷狄居边的传统政治格局，开创了少数民族入主中原的先河。

各民族的正统观在这一时期呈现出纷繁复杂的局面。尊华贱夷思想以及长期汉族居中、四夷居边的格局，给少数民族造成了沉重的心理

[①] 《隋书》卷八三《西域传》，第6册，第1843页。
[②] 《资治通鉴》卷一九八，"唐太宗贞观二十一年五月"条，第13册，第6247页。

阴影，所以各民族政权与东晋关系的转变不仅是地位的变化，而且也是一次思想领域的革命。正如我们所知，自西晋末年始，少数民族第一次入主中原，他们所面临的不仅是要统治中原，而且因为自然与社会环境的变化，如何才能够得到中原人民认可、如何适应中原的社会秩序成为他们的首要问题。虽然少数民族进入中原，但是汉族人口仍然占据绝对优势，自古形成的对夷狄的歧视观不会骤然改变，少数民族统治者不仅要得到汉族的认可，而且要得到其他少数民族的认可。在这一情况下，他们不约而同地采取了相同的措施，不但在政治、经济、文化思想上缩小与汉族的差距，而且从民族起源上拉近与汉族的关系，从根本上为自身正名。所以，在这一时期出现了汉族正统地位受到质疑，华夷共祖观念得到各民族统治者广泛认同的局面。同时，东晋正统观在北方仍然普遍存在。

我们可以从以下两个层面分析当时的正统观：

首先，北方政权统治者的正统观。寻根现象与文化认同心态是当时在少数民族统治者中普遍存在的两种现象。在长期与汉族的交流中，少数民族已经逐渐对汉族文化产生了认同心理，寻根自然成为他们为自身寻求合法地位的有力武器。少数民族统治者在寻根过程中，有些自认汉朝后裔，有些则追溯上古五帝、夏、商、周时代，总之，华夷共祖观念在少数民族统治者中达成共识，在入主中原后，他们多以此为政权正名。

寻根现象反映了其他民族对汉族文化的认同，同时也反映了他们内心深处的自卑心理。在各民族长期融合中，长期受到汉文化影响后，寻根现象正是反映了他们对汉族正统地位的认同，而为取得同样地位，只能寻求他们曾经也是汉族的证据，在这种情况下寻根现象便应运而生了。寻根只是达到政治目的的一种手段，在其背后仍然存在着各民族政权对本政权地位的疑虑。刘渊虽声称"夫帝王岂有常哉，大禹出于西戎，文王生于东夷，顾惟德所授耳"①，然仍以汉高祖后裔自居。前燕慕容皝于咸康三年（337年）自称燕王，两年后，因为燕王非晋室所封而派刘翔等到晋"言权假之意"②。

从客观上讲，寻根现象是值得肯定的行为。其一，寻根使各民族融合上升到思想高度，有利于共同心理素质的形成。其二，有利于各民族对少数民族政权合法性的认可，减少民族隔阂，为少数民族入主中原提供理论支持。其三，有利于提高少数民族的自信心，少数民族不断克服自卑心理，减少以往汉族民族观对其政权造成的压力。虽然寻根的目的不尽相同，但可以看出各民族的民族意识的觉醒以及他们为提高本民族地位所做的努力。经过各族人民不懈努力，民族认同为越来越多的人所接受，甚至出现了以少数民族为正统的史书。如在北齐魏收编写《魏书》时，拓跋鲜卑建立的北魏成为正统王朝，而东晋则与其他民族政权共同视为地方政权。

除此之外，我们还可以发现，汉化是这一时期的主流。各民族政权多曾向晋称臣，在其势力壮大后，方与晋脱离臣属关系，甚至与晋对峙。为得到各族人民的归附与支持，他们打着拥晋的旗号，推动了本民族政权的政治完善、经济发展以及军事扩张。各少数民族之所以都不同程度汉化，与其政权中汉人也有着莫大关系。众多政权中以前燕最为突出，本较为弱小的慕容鲜卑在其首领大力推行汉化政策后，得到北方汉人归附，一跃成为东北地区唯一强国。前凉统治者张轨一直遵循"尊晋攘夷"与"保宁域内"的方针，其后继者也主动保持与晋的臣属关系。在前秦攻灭前凉之前，前凉大臣皆认为："吾世事晋朝，忠节著于海内。今一旦委身贼庭，辱及祖宗，丑莫大焉！"③而前凉也因此得到人民的支持，成为当时北方存在时间最长的一个政权。事实证明，汉化较为彻底者，其政权较易得到各民族人民的认同，存在时

---

① 《晋书》卷一〇一《刘元海载记》，第9册，第2649页。
② 《资治通鉴》卷九六，"晋成帝咸康五年条"，第7册，第3035页。
③ 《资治通鉴》卷一〇四，"晋孝武帝太元元年"条，第7册，第3274页。

间较长。

其次，北方臣民的正统观。随着中原政治局势转变，部分汉人选择为少数民族政权效力，并助其入主中原，推动政权建设与发展，也在推动传统民族观、正统观的转变。正统观本为汉族提出，姑且不论汉族，各少数民族以往所接触的也是汉族正统观。虽然各民族政权统治者力图证明自身的正统地位，但是这种观念尚未被广泛接受，统治者的寻根并不能立刻使人们思想发生转变。东晋虽已偏安江南，但是它对北方人民的影响仍然是根深蒂固的。

在民族政权中，无论是汉族或是少数民族臣民，东晋正统观依然广泛存在。司马睿称帝前，前燕高昌、高诩曾劝慕容廆遣使至建康劝进，"明公虽雄据一方，而诸部犹阻兵未服者，盖以官非王命故也。谓宜通使琅邪，劝承大统"[①]。苻坚重臣王猛临终劝谏："晋虽僻处江南，然正朔相承，上下安和，臣没之后，愿勿以晋为图。"[②] 在后赵内乱至灭亡期间，大部分后赵官员或冉魏官员也选择归附东晋，石虎时期得到信任的蒲洪以及姚弋仲也先后归附了东晋。羌族首领姚弋仲曾嘱咐其子姚襄："自古以来未有夷狄作天子者，我死，汝便归晋，当竭尽臣节，无为不义之事。"[③] 太元十九年（394年），氐族杨盛自称征西将军、秦州刺史、仇池公，仍遣使向东晋称藩。可见，直到东晋后期，各民族政权高层统治者仍然受到以往汉族正统观的影响。

上层统治阶级尚不能接受新的正统观，深受民族压迫与阶级压迫的普通民众更是如此，他们仍然期盼着晋军北上统一中原。西晋末年，少数民族首次入主中原，但之后中原便进入了各民族混战状态，战乱与分裂是首次入主中原的各民族政权给北方人民的第一印象，加之固有的民族关系思想的影响，相比之下，他们自然对东晋政权感情更为深厚。尽管前秦废除后赵苛政，劝课农桑，但当桓温北伐前秦时，"三

---

① 《资治通鉴》卷九〇，"晋元帝建武元年"条，第7册，第2845页。

② 《资治通鉴》卷一〇三，"晋孝武帝宁康三年"条，第7册，第3269页。

③ 《晋书》卷一一六《姚弋仲载记》，第9册，第2961页。

辅郡县皆来降……民争持牛酒迎劳，男女夹路观之，耆老有垂泣者，曰：'不图今日复睹官军！'"[1]。同样，在刘裕北上进攻南燕时，"北方之民执兵负粮归裕者，日以千数"[2]。

以上是北方各民族、各阶层人民的正统观，而作为南下的东晋政权，仍对北方少数民族政权持有偏见，认为东晋南迁也只是暂时的，庾亮、祖逖、刘裕等都曾试图"克得神州""中兴晋室"。事实上，东晋已经与其他民族政权一样，在逐鹿中原。虽然北伐大臣自认正统，但是他们不可否认，中原地区已为其他政权所占。即使臣服于东晋的政权，也只是在国力尚弱时借用曾经统治中原的西晋的旗号而已，并无真心归附之意，一旦强大就与它脱离臣属关系。

从主观上看，少数民族政权得到当时北方人民的普遍认可，可谓困难重重。从客观上看，少数民族入主中原已然成为事实，原晋政权已经退居江南，不应以固有的民族观而否认少数民族政权的历史地位，尤其是前赵与前秦的贡献最为突出。这种格局的形成，推动了民族融合向纵深方向发展，从长远看，无论是对汉族或是少数民族的发展都是有利的。各民族在北方的活跃表现，更加体现了各民族共同创造历史、共同推动历史进步的理论。

二、民族关系的复杂性

两晋与各民族政权的关系，主要是封建割据政权之间的关系，与以往不同的是他们之间的关系还具有了民族性，具有了以往割据政权所未有的历史意义，成为中国民族关系史上新的一页，也使民族融合进入一个新的阶段。

东晋十六国时期，是一个各种矛盾相互交织的时代，其中包括各少数民族之间的矛盾、少数民族与汉族的矛盾、少数民族各政权之间统一北方的矛盾、少数民族政权与东晋政权统一全国的矛盾、汉族统

---

[1] 《资治通鉴》卷九九，"晋穆帝永和十年"条，第7册，第3140页。
[2] 《资治通鉴》卷一一五，"晋安帝义熙五年"条，第8册，第3618页。

治者与少数民族人民之间的矛盾、少数民族统治者与被统治民族的矛盾等，而在现实中往往是多种矛盾相互作用的，单一矛盾往往是不存在的。

西晋以前，少数民族政权与汉族政权的交往多是受到经济利益的驱使，而汉族政权与少数民族政权的交往则是以政治目的为主。各民族政权或依附于中原王朝，或侵扰中原边境以获取生存所需，即使是西汉初期强大的匈奴，在利益得到满足后也撤去了对汉高祖的包围。两晋时期，各民族政权与东晋的交往则转变为以政治目的为主，提高政治地位、争夺领土、统一南北成为其重要目的，而驱使他们做出这些行为的因素之一，便是为本民族政权争取合法地位。其中最突出的表现便是南下灭晋，统一南北，以期成为统一全国的政权。虽然都以失败告终，但是少数民族在这个过程中不断冲破以往民族关系，在各民族长期统治北方的过程中，逐渐得到包括汉族在内的各民族的认同，民族自信心不断提升，对后世少数民族入主中原产生了重要的影响。

三、从两晋历史来看，各民族政权都为民族融合与实现中国统一做出了重要贡献

首先，晋武帝招抚少数民族内迁政策的推行。西晋初年大批匈奴、乌桓、鲜卑、羯、氐、羌人民入居中原，据不完全统计，这一时期内迁的少数民族总人数在二三百万，为民族交流与融合提供了条件。在西晋末年发生的较大规模的起义，都是各民族共同反抗民族压迫与阶级压迫的斗争，是多民族的起义，在起义中他们相互交流、相互了解，增进了民族感情。

其次，各民族政权建立后，统治者出于政治目的多次徙民，打破了各族人民聚族而居的分布格局，为各民族共同地域的形成提供了可能性。此外，统治者大力推行汉化政策，加速了少数民族社会的进步，减少了他们与汉族之间的隔阂。

再次，东晋十六国政权最终虽未能实现南北统一，但大一统在各民

族政权中已经形成共识。或许统治者发动南北战争的目的并不单纯，但从总体上看，它是维护祖国统一的正义的战争，统治者为实现全国统一、稳定社会秩序所作出的努力是值得肯定的。

四、东晋以后，虽然是南北分裂，但是南北方仍然是相互影响的

众多民族政权间接参与到东晋群臣的内斗之中，东晋对北方民族政权的更迭也产生了一定影响。且不论北方各民族政权之间的混战，南方虽然处于东晋王朝的统治下，却也是各方势力迭起。在激烈的政治斗争中失势者往往借助于外力，或寻求军事援助，或直接投奔民族政权，民族政权对他们的要求往往予以回应，但并不直接参与到东晋的政治斗争之中。前燕、前秦、后秦、南燕等国都曾是他们依附、联合的对象，其中以后秦最为典型，不但接受政治斗争中失势者，而且对从东晋中独立的谯楚政权多次予以军事上的援助。从某种意义上讲，在东晋统治阶级内部矛盾的推动下，东晋大臣认可了民族政权，虽然南北暌隔，但是受到全国政治环境的影响，其民族思想也发生了转变。而各民族政权接受东晋失势者，除在政治、军事等方面既得利益外，还提高了他们的民族自信心，使他们更加坚定本政权的地位。

此外，从两晋与各民族政权的关系中不难看出，虽然东晋偏安江南，未能与其他民族政权一样占据中原，但是它对北方政局变动却起着推动作用。东晋与北方众多民族政权仍然保持着密切联系，部分政权因东晋的支持而迅速崛起，部分政权因与东晋战争失利而导致亡国，东晋通过多种形式参与到中原政局的变更之中。

五、北方各民族政权更迭有一个共同规律，即成于团结，败于内乱

综观这一时期的民族关系，虽然北方政权更迭频繁，各民族相互混战，但是决定一个政权成败的主要因素还在于国内的稳定与否。前

赵、后赵、前燕、前秦、后秦等国之所以崛起于北方，在于他们内部的团结，共同为本民族的发展而努力，而他们之所以败亡则在于其后继者皇权之争以及堕落腐化，才为其他政权提供了可乘之机，这一时期的政权无不具有这样的特点。

六、两晋与北方政权的联系，以政治、军事联系为主，经济贸易联系则少见于史籍记载

西晋末年始，北方社会经济受到严重破坏，商业自然受到影响。进入十六国后，战乱不止，人民迁徙不定，农业正常生产秩序无法维持，几乎无商业可言。以往各政权之间通过朝贡、使节往来、质子等方式进行经济交流，而这一时期十六国往往与东晋处于对立状态，旧有经济交流途径受阻，这一时期的经济交流通常是在民间或通过官吏走私等方式进行，规模远远不如以往。暂时向晋称臣的政权如前燕、前秦、后秦等尚能通过使节往来、进贡等方式与东晋交流，但是因相距遥远或臣服时间短暂，经济交流也远不如以前。

东晋十六国时期，是我国历史上民族融合的重要时期，无论统治者出于政治、经济、军事需要强徙人民，抑或是普通民众迫于战争、灾荒因素被迫迁徙，在客观上都打破了各民族原有的分布格局，使各民族相互杂居，相互交流，有利于共同经济生活、共同文化、共同语言、共同心理素质的形成。尽管文化落后的少数民族灭亡西晋，统治中原，最后仍然是被汉族的先进文化所征服，加快了汉化的步伐。纵观历史，我们发现，文化的强盛是一个民族长盛不衰的重要原因，是其征服其他民族最强有力的武器，武力征服最终还是要屈从于先进的文化，先进文化使一个民族具有了生存力与凝聚力。

第五节　两晋时期民族关系中存在的问题

虽然十六国时期民族融合的主流是值得肯定的，但是在民族融合的过程中存在的问题也是不容忽视的。民族矛盾、阶级矛盾以及由此引

起的少数民族汉化过程中存在的问题，如各民族间的相互排斥、各民族的反抗斗争、战争对人民与社会造成的破坏性、民族仇杀等都是客观存在、必须正视的。

第一，在各民族大整合的背景下，民族矛盾被空前激化，最突出的就是民族起义与民族仇杀。

在魏晋大量少数民族入迁的同时，少数民族必然受到汉族统治者的阶级压迫，同时不同文化背景下的各民族之间难免产生冲突，当民族矛盾激化时就有可能爆发民族起义或发生民族仇杀。西晋时期民族矛盾以汉族统治阶级压迫剥削少数民族为主，而在汉—前赵、后赵入主中原后，则是汉族联合其他少数民族对统治民族压迫政策的反抗。这一时期的矛盾既是民族矛盾又是阶级矛盾，两种矛盾相互交织。

汉赵统治者入主中原之时，刚刚结束西晋对他们的压迫，民族矛盾仍然十分尖锐。永嘉五年（311年），匈奴刘曜攻下洛阳后，纵兵大掠，"杀太子诠、吴孝王晏、竟陵王楙、右仆射曹馥、尚书闾丘冲、河南尹刘默等，士民死者三万余人。遂发掘诸陵，焚宫庙、官府皆尽"[1]。后赵石勒在位时虽然有心缓和阶级矛盾，颁布"不得侮易衣冠华族"[2]的禁令，但是收效甚微。尤其在石虎死后，冉闵发动了空前的民族大仇杀，屠杀城内外胡、羯男女老少二十余万。在这之后的少数民族统治者注意调整民族政策，缓和阶级矛盾，北方主要矛盾由胡汉民族矛盾转变为各民族政权的权力之争。

第二，少数民族统治者虽然注重对汉人的吸收，但大多数汉人在各民族政权中，其才能未能得到充分发挥。

各少数民族进入中原后，若要控制文化较高的汉族，必须与当地的世家大族合作，承认他们的政治、经济地位。而留在北方的世家大族为维护自身利益，也多选择与各族统治者合作。石勒在河北将"衣冠

---

① 《资治通鉴》卷八七，"晋怀帝永嘉五年六月"条，第6册，第2763页。
② 《晋书》卷一〇五《石勒载记下》，第9册，第2735页。

人物，集为君子营"[1]，苻坚复魏晋士籍，得到关中豪族的支持。从表面看，胡汉统治者是合作共赢，但受夷夏之别思想影响，各民族统治者对汉族官员多持戒备心态。任用汉人虽然成为当时民族政权的共识，但多为形势所迫，汉人在民族政权中多不能发挥自己的才智，或担任低级军事官吏，或担任文职、传播文化，有些参与政治的，却也只能提出建议，不具有实权。北魏因民族关系引发的"崔浩国史案"以及北周宇文泰强行将所有汉人将士改为鲜卑人姓氏等事件都是民族矛盾激化的结果。汉人比较受重视的政权当属慕容燕，所以慕容燕能迅速强大，最终消灭周边强敌——段部与宇文部。事实证明，重用汉人进行彻底汉化的政权逐渐强大，而那些一味通过武力征服其他政权者，因文化的落后会很快被其他政权所征服，淡出历史舞台。

第三，北方民族政权都存在时间短，这是游牧文化与农耕文化碰撞的结果。

虽然少数民族首领都仿效汉族建立了统治秩序，但是由于少数民族统治者认识程度的深浅以及管理经验的缺乏，所以对汉族制度的模仿多流于形式。在如此短暂的时间内，让少数民族统治者完全适应封建统治秩序存在一定难度，而且当时处于战乱时期，政权不仅要面对外患，内部也常常出现激烈的冲突，在民族政权统治者完全适应这种中原制度之前，往往已经被其他政权所取代。

游牧民族政权往往注重征服，疏于治理，这种情况在十六国中仍然被保留下来。该时期，民族政权建立后，有些少数民族统治者贪图享乐、大兴宫室、不理政事，统治异常残暴，繁重的兵役、徭役最终引起境内人民的背离与反抗。如石虎在位时，国内百姓只能道路以目，他却还在向外扩张，意图征服东晋与前燕，这完全是游牧民族文化的特色。

这些现象是当时社会不可避免的，是各民族在相互交流、相互融合

---

[1] 《晋书》卷一〇四《石勒载记上》，第9册，第2711页。

中必然存在的。封建社会的本质决定了阶级矛盾是当时社会的主要矛盾，少数民族在汉化过程中，同样也被卷入阶级矛盾之中，成为统治阶级或被统治阶级。这一时期的民族矛盾一方面是由民族隔阂与文化差异引起的，另一方面也是由不同阶级利益的矛盾引起的；同时，大量少数民族汉化，阶级矛盾不再是汉族政权内部的矛盾，而是超越了民族界限，在一定范围内具有了民族性。民族矛盾可以在相同阶级的不同民族间得到缓和，而阶级矛盾却不会因种族的不同而有所改变。社会总是在曲折中前进的，我们要正视曲折的存在，但又不能过分强调曲折而忘记历史发展的主流。人类历史正是在曲折中不断前进的，以正确的态度面对曲折，在曲折中前进是历史发展的一般规律。我们在肯定民族融合的同时，也必须正视民族交往中存在的问题，总结经验教训，以便更好地处理民族关系，避免重复历史悲剧。

第六节　魏晋南北朝民族关系的发展趋势

虽然北方为少数民族所统治，但是从历史的发展规律我们可以看出，落后文化总会被先进文化所征服，在武力与文化间，虽然武力可以取得暂时的胜利，但文化才是一个民族长存的关键。综观北方各民族政权，我们可以发现以下几个共同点：与汉族地主阶级联合治理国家，重用汉人维护封建统治秩序；重视农业生产，劝课农桑，制定租赋制度；重视儒家文化，大力推广儒学，各民族政权都在不同程度上加速了自身封建化的进程。他们虽然以武力征服了中原，最终还是被文化先进的汉族所征服，融入汉族之中。无论是上层统治者，或是下层劳动人民，在这一时期都不可避免地卷入了民族融合的浪潮之中。

第一，汉族地主与少数民族统治阶级在政治上进一步联合。

这不但有利于消除汉族对其他民族的歧视心理，而且有利于各种政治制度的相互借鉴。虽然他们之间的民族矛盾不可能在短时间内完全消除，但是受到共同利益的驱使，他们之间以合作为主，民族矛盾已退居次要地位。其他民族统治者初入中原，为建立政权急需汉族地主的协助与支持。尤其是到北魏孝文帝时，从法律上确认了汉族地主的合法地位。少数民族统治者的提倡，使各民族的汉化更具系统性，加速了各民族在深度与广度上汉化的进程。

第二，各民族经济得到进一步发展。

虽然这一时期，对北方农业经济的发展造成了不可估量的破坏，但是少数民族内迁后都不同程度地发展了农业经济，同时也将畜牧业经济带入中原，这有利于以后各族人民共同发展北方经济，有利于各民族经济的共同进步。

第三，各民族之间的文化差异在不断缩小。

各族人民在进入中原之前，在文化上远远落后于中原汉族。虽然各族文化水平不一，但是趋向一致，在相互交流、相互融合的过程中，汉语逐渐成为各族人民的通用语言，儒家文化也为北方各族人民所普遍接受。同时，少数民族优秀文化成果也被中原文化所吸收，成为中华民族共同的文化宝库。

第四，北方各族统治者出于政治目的，往往与包括汉族在内的其他各族联姻，而一般民众在杂居过程中，也不可避免地出现族际间的通婚。如匈奴与其他各族通婚形成铁弗匈奴、拓跋鲜卑、宇文鲜卑、卢水胡、稽胡等，匈奴与汉族融合形成鲜卑屠各部。

第五，十六国时期，是各民族自卑心理与民族自尊心相互交织的历史时期，这是少数民族与汉族融合的一个必然的历史过程。

"一个民族当与本民族成员在一起时，所显露的是个体意识，而当与其他民族在一起时，更多显露的则是民族意识。当所从属的民族处于上升时期时，它在其他民族面前表现于外的是民族的自尊意识。当所属民族团体衰落时，所显露于外的则是民族自卑与民族压抑感，更多倾向于怀旧、复古，崇仰民族历史、民族英雄人物，以获得民族意识上的心理平衡。"[1]各民族的民族关系思想发生历史性转变，这对于以

---

[1] 孙玉兰，徐良玉：《民族心理学》，北京：知识出版社，1990年，第31页。

后少数民族与汉族的关系以及中原政治格局都产生了重大影响。

各民族在相互融合中，增进了彼此的了解，虽然民族矛盾仍然存在，但是各民族的共同进步，使得民族交往上升到一个新的层次。少数民族主动登上中原历史舞台，从整体上提高了少数民族的素质，增强了民族自信心与自豪感，使民族关系达到了质的飞跃。从中我们可以看出，各民族主动融合是民族融合最有效的方式，是更深层、更大范围、速度更快的融合，在相互融合中，各民族形成共同的伦理观、价值观，民族感情加深，达到了精神层面的相互融合。

纵观中国历史发展，我们不难看出，在每一次大分裂、民族大融合之后，都会带来中国的繁荣与发展。之所以会出现社会的发展与繁荣，与各民族的共同努力是分不开的，没有各民族间的相互交流、相互借鉴，就没有社会的全面、稳定、快速的前进，也没有中华民族多元一体格局的形成。魏晋南北朝是我国历史上民族融合范围最广、程度最深的一次，在各族人民共同努力下，迎来了隋唐盛世的辉煌局面。

参考文献

一、古籍类

[1] 房玄龄. 晋书 [M]. 北京：中华书局，2008.

[2] 魏收. 魏书 [M]. 北京：中华书局，1974.

[3] 司马光. 资治通鉴 [M]. 北京：中华书局，2007.

[4] 司马迁. 史记 [M]. 北京：中华书局，2005.

[5] 班固. 汉书 [M]. 北京：中华书局，1959.

[6] 范晔. 后汉书 [M]. 北京：中华书局，1962.

[7] 陈寿. 三国志 [M]. 北京：中华书局，1959.

[8] 李延寿. 北史 [M]. 北京：中华书局，2000.

[9] 萧子显. 南齐书 [M]. 北京：中华书局，1983.

[10] 汤球. 二十五别史·十六国春秋辑补 [M]. 济南：齐鲁书社，1998.

[11] 魏征. 隋书 [M]. 北京：中华书局，1973.

[12] 徐坚. 初学记 [M]. 北京：中华书局，1962.

[13] 释慧皎. 高僧传 [M]. 北京：中华书局，1992.

二、专著

[1] 杨建新. 中国西北少数民族史 [M]. 北京：民族出版社，2003.

[2] 杨建新. 中国少数民族通论 [M]. 北京：民族出版社，2005.

[3] 崔明德. 中国古代和亲通史 [M]. 北京：人民出版社，2007.

[4] 崔明德. 两汉民族关系思想史 [M]. 北京：人民出版社，2007.

[5] 钱穆. 国史大纲 [M]. 北京：商务印书馆，2006.

[6] 白翠琴. 中国历代民族史·魏晋南北朝民族史 [M]. 北京：社会科学文献出版社，2007.

[7] 《中国北方民族关系史》编写组. 中国北方民族关系史 [M]. 北京：中国社会科学出版社，1987.

[8] 吕思勉. 中国民族史 [M]. 北京：东方出版社，1996.

[9] 谭其骧. 长水集（上、下册）[M]. 北京：人民出版社，1987.

[10] 林惠祥. 中国民族史 [M]. 北京: 商务印书馆, 1998.

[11] 王锺翰. 中国民族史 [M]. 北京: 中国社会科学出版社, 1994.

[12] 陈连开. 中国民族史纲要 [M]. 北京: 中国财政经济出版社, 1999.

[13] 翁独健. 中国民族关系史纲要 [M]. 北京: 中国社会科学出版社, 2001.

[14] 林幹. 中国古代北方民族通论 [M]. 呼和浩特: 内蒙古人民出版社, 1999.

[15] 白寿彝. 中国通史 [M]. 上海: 上海人民出版社, 2004.

[16] 内蒙古自治区蒙古语言文学历史研究所历史研究室, 内蒙古大学蒙古史研究室. 中国古代北方各族简史 [M]. 呼和浩特: 内蒙古人民出版社, 1979.

[17] 黄烈. 中国古代民族史研究 [M]. 北京: 人民出版社, 1987.

[18] 赵信田. 北疆通史 [M]. 郑州: 中州古籍出版社, 2003.

[19] 杨建新主编, 马建春著. 中国西北少数民族通史·西晋十六国卷 [M]. 北京: 民族出版社, 2009.

[20] 楼劲, 戴卫红. 魏晋南北朝史研究的新探索 [M]. 北京: 中国社会科学出版社, 2015.

[21] 田继周. 中国历代民族政策研究 [M]. 西宁: 青海人民出版社, 1993.

[22] 胡阿祥. 魏晋南北朝史十五讲 [M]. 南京: 凤凰出版社, 2010.

[23] 杨全照. 中国古代民族统计研究 [M]. 北京: 民族出版社, 2006.

[24] 谭其骧. 中国历史地图集 [M]. 北京: 中国地图出版社, 1982.

[25] 姚薇元. 北朝胡姓考 [M]. 北京: 中华书局, 1962.

[26] 周伟洲. 中国中世纪西北民族关系研究 [M]. 桂林: 广西师范大学出版社, 2007.

[27] 韩国磐. 魏晋南北朝史纲 [M]. 北京: 人民出版社, 1983.

[28] 万绳楠. 陈寅恪魏晋南北朝史讲演录 [M]. 贵阳: 贵州人民出版社, 2008.

[29] 罗宏曾. 中国魏晋南北朝思想史 [M]. 北京: 人民出版社, 1994.

[30] 马长寿. 氐与羌 [M]. 桂林: 广西师范大学出版社, 2006.

[31] 沈起炜. 黎东方讲史之续·细说两晋南北朝史 [M]. 上海: 上海人民出版社, 2007.

[32] 曹文柱. 魏晋南北朝史论合集 [M]. 北京: 商务印书馆, 2008.

[33] 程尼娜. 中国地方史纲 [M]. 长春: 吉林大学出版社, 2006.

[34] 王大华, 秦晖. 陕西通史·魏晋南北朝卷 [M]. 西安: 陕西师范大学出版社, 1997.

[35] 余太山. 两汉魏晋南北朝与西域关系史研究 [M]. 北京: 中国社会科学出版社,

1995.

[36] 余太山. 两汉魏晋南北朝正史西域传研究 [M]. 北京：中华书局，2003.

[37] 余太山. 西域通史 [M]. 郑州：中州古籍出版社，2003.

[38] 马大正. 中国边疆经略史 [M]. 郑州：中州古籍出版社，2000.

[39] 范文澜. 中国通史 [M]. 北京：人民出版社，1994.

[40] 王国维. 观堂集林 [M]. 北京：中华书局，1961.

[41] 吕思勉. 两晋南北朝史（全二册）[M]. 上海：上海古籍出版社，1983.

[42] 钱穆. 中国通史参考材料 [M]. 澳门：东昇出版事业公司，1982.

[43] 钱穆. 国史新论 [M]. 桂林：广西师范大学出版社，2005.

[44] 田余庆. 东晋门阀政治 [M]. 北京：北京大学出版社，2005.

[45] 田余庆. 秦汉魏晋史探微（重订本）[M]. 北京：中华书局，2004.

[46] 田余庆. 拓跋史探 [M]. 北京：生活·读书·新知三联书店，2003.

[47] 王仲荦. 魏晋南北朝史（上、下册）[M]. 上海：上海人民出版社，1994.

[48] 孙危. 鲜卑考古文化学文化研究 [M]. 北京：科学出版社，2007.

[49] 马长寿. 乌桓与鲜卑 [M]. 桂林：广西师范大学出版社，2006.

[50] 马长寿. 北狄与匈奴 [M]. 北京：生活·读书·新知三联书店，1962.

[51] 张金龙. 北魏政治史研究 [M]. 兰州：甘肃教育出版社，1996.

[52] 林幹. 匈奴史 [M]. 呼和浩特：内蒙古人民出版社，2007.

[53] 林幹. 匈奴通史 [M]. 北京：人民出版社，1986.

[54] 林幹. 匈奴历史年表 [M]. 北京：中华书局，1984.

[55] 林幹. 匈奴史料汇编（上、下）[M]. 北京：中华书局，1988.

[56] 林幹. 匈奴史论文选集（1919—1979）[M]. 北京：中华书局，1983.

[57] 武沐. 匈奴史研究 [M]. 北京：民族出版社，2005.

[58] 谷苞. 西北通史（第一、二卷）[M] 兰州：兰州大学出版社，2005.

[59] 唐长孺. 魏晋南北朝史论丛（外一种）[M]. 石家庄：河北教育出版社，2000.

[60] 唐长孺. 魏晋南北朝史论丛续编 [M]. 北京：生活·读书·新知三联书店，
1973.

[61] 唐长孺. 魏晋南北朝史论拾遗 [M]. 北京：中华书局，1983.

[62] 唐长孺. 魏晋南北朝隋唐史三论 [M]. 武汉：武汉大学出版社，1992.

[63] 万绳楠. 魏晋南北朝史论稿 [M]. 合肥：安徽教育出版社，1983.

[64] 万绳楠. 魏晋南北朝文化史 [M]. 安徽：黄山书社，1989.

[65] 杜斗城. 正史佛教资料类编 [M]. 兰州：甘肃文化出版社，2006.

[66] 邓云特. 中国救荒史 [M]. 上海：上海书店，1984.

[67] 冉光荣. 羌族史 [M]. 成都：四川民族出版社，1984.

[68] 杨军. 鲜卑帝国传奇 [M]. 北京：中国国际广播出版社，2008.

[69] 孙危. 鲜卑考古学文化研究 [M]. 北京：科学出版社，2007.

[70] 罗宗真. 魏晋南北朝考古 [M]. 北京：文物出版社，2001.

[71] 罗宗真. 魏晋南北朝文化 [M]. 上海：学林出版社，2000.

[72] 朱大渭. 魏晋南北朝社会生活史 [M]. 北京：中国社会科学出版社，1998.

[73] 郑欣. 魏晋南北朝史探索 [M]. 济南：山东大学出版社，1989.

[74] 中国魏晋南北朝史学会. 魏晋南北朝史研究 [M]. 四川：四川省社会科学院出版社，1986.

[75] 周征松. 魏晋隋唐间的河东裴氏 [M]. 太原：山西教育出版社，2000.

[76] [英] 奥雷尔·斯坦因著，肖小勇，巫新华译. 路经楼兰 [M] 桂林：广西师范大学出版社，2000.

[77] 黄文弼. 新疆考古发掘报告 [M]. 北京：文物出版社，1983.

[78] 马雍. 西域史地文物丛考 [M]. 北京：文物出版社，1990.

[79] 朱伯康，施正康. 中国经济通史 [M]. 北京：中国社会科学出版社，1995.

[80] 汤用彤. 汤用彤全集（第一卷）[M]. 石家庄：河北人民出版社，2000.

[81] 蒋福亚. 魏晋南北朝社会经济史 [M]. 天津：天津古籍出版社，2004.

[82] 周一良. 魏晋南北朝史札记 [M]. 北京：中华书局，1985.

[83] 周一良. 魏晋南北朝史论续集 [M]. 北京：北京大学出版社，1991.

[84] 吴洪琳. 合为一家：十六国北魏时期的民族认同 [M]. 北京：社会科学文献出版社，2020.

[85] 胡鸿. 能夏则大与渐慕华风——政治视角下的华夏与华夏化 [M]. 北京：北京师范大学出版社，2017.

[86] 川胜义雄著，林晓光译. 魏晋南北朝 [M]. 北京：九州出版社，2022.

[87] 谷川道雄著，李济沧译. 隋唐帝国形成史论 [M]. 上海：上海古籍出版社，2011.

三、期刊及论文

[1] 崔明德. 魏晋时期和亲述论 [J]. 中央民族学院学报，1991（2）：21—25.

[2] 崔明德. 李陵·拓跋氏·黠戛斯——兼论汉唐时期北方少数民族的寻根现象和认同心态 [J]. 烟台大学学报（哲学社会科学版），1995（1）：63—71.

[3] 崔明德：略谈中国古代少数民族的思想文化 [J]. 烟台大学学报（哲学社会科学版），2010（1）：82—93.

[4] 周伟洲. 论魏晋南北朝时期北方的民族融合 [J]. 社会科学战线，1990（3）：161—166.

[5] 蒋福亚. 魏晋南北朝的民族融合 [J]. 文史知识，1999（12）：13—18.

[6] 胡祥琴. 政治神话与十六国时期的匈奴汉赵政权 [J]. 西北第二民族学院学报（哲学社会科学版），2008（6）：101—105.

[7] 白翠琴. 魏晋南北朝民族观初探 [J]. 民族研究，1993（5）：66—77.

[8] 侯哲安. 论魏晋南北朝时期民族关系中的经验教训及其现实意义 [J]. 贵州民族研究，1987（2）：101—107.

[9] 李克建. 再论魏晋南北朝的民族迁徙[J]. 西南民族大学学报，2006（7）：42—47.

[10] 陈勇. 拓跋嗣与姚兴联姻考 [J]. 文史哲，2017（5）：110—115.

[11] 胡祥琴. 民族政权构成与魏晋南北朝时期的胡汉融合 [J]. 西北第二民族学院学报，2005（1）：80—83.

[12] 伍晓晴. 魏晋南北朝民族迁徙的特点及影响[J]. 河北学刊，1997（2）：78—81.

[13] 王磊. 变夷从夏：十六国时期汉赵、前燕的政权建设与华夏认同研究 [D]. 昆明：云南民族大学，2022.

[14] 吴洪琳. 前秦苻氏的民族认同——兼谈其史书编撰[J]. 西北民族论丛，2016（2）：16—26.

[15] 李济沧. 论庾亮 [J]. 中华文史论丛，2006（3）：179—212.

[16] 瞿林东. 论魏晋隋唐间的少数民族史学（上）[J]. 河北学刊，2008（3）：67—78.

[17] 瞿林东. 论魏晋隋唐间的少数民族史学（下）[J]. 河北学刊，2008（4）：81—89.

[18] 陈琳国. 十六国时期的"军封"、营户与依附关系[J]. 华侨大学学报，2008（1）：92—99.

[19] 陈琳国. 西晋内迁杂胡与杂胡化趋势 [J]. 学术月刊，2007（10）：114—122.

[20] [韩]李椿浩. 西晋末期王浚集团、张轨集团兴衰之比较[J]. 河北学刊，2002（1）：132—136.

[21] 刘国石. 评刘琨[J]. 史学集刊，2002（4）：21—23.

[22] 郭硕. 拓跋氏与魏晋政权的早期关系 [J]. 烟台大学学报（哲学社会科学版），2018（6）：76—84.

[23] 李磊. 中华制度认同与后赵天王体制的演变[J]. 西南民族大学学报（人文社科版），2021（6）：16—22.

[24] 赵红梅. 慕容鲜卑"中国"认同观念探讨——以前燕"中国"认同形式多样化为中心 [J]. 黑龙江社会科学，2017（2）：133—137.

[25] 高文强. 东晋南朝士人与佛教之关系浅析[J]. 宗教学研究，2006（3）：72—77.

[26] 薛海波. 晋末十六国北方胡族政权与汉族豪族的存在形态[J]. 社会科学辑刊，2009（1）：136—139.

[27] 秦永洲. 东晋南北朝时期中华正统之争与正统再造[J]. 文史哲，1998（1）：69—76.

[28] 李鸿宾.《徙戎论》的命运与"天下一家"的格局[J]. 河北学刊. 2005（3）：77—79.

[29] 钱国旗. 六朝的民族政策[J]. 南京社会科学，1995（10）：71—75.

[30] 李红艳. 对魏晋南北朝时期北方民族融合模式的探讨[J]. 烟台大学学报（哲学社会科学版），1999（2）：76—80.

[31] 瞿林东. 中国历史上历史文化认同的传统[J]. 河北学刊，2005（3）：71—74.

[32] 蒋福亚. 魏晋南北朝时期内徙少数民族对社会经济的影响[J]. 首都师范大学学报（社会科学版），2004（2）：5—11.

[33] 马建春. 西晋十六国时期活动于西域的北方诸族人[J]. 甘肃民族研究，2006（3）：43—47.

[34] 李海叶. 慕容氏辽东政权咸康四年"王国官"考[J]. 内蒙古师范大学学报（哲学社会科学版），2005（2）：52—55.

[35] 郑小容. 慕容鲜卑汉化过程中所保留的本族文化[J]. 西南民族大学学报（人文社科版），2005（2）：302—308.

[36] 杨军. 拓跋鲜卑早期历史辨误[J]. 史学集刊，2006（4）：124—143.

[37] 田余庆. 贺兰部落离散问题——北魏"离散部落"个案考察之一[J]. 历史研究，1997（2）：31—39.

[38] 姚大力. 论拓跋鲜卑部的早期历史——读《魏书·序纪》[J]. 复旦学报（社会科学版），2005（2）：19—27.

[39] 钱国旗. 民族融合的良性发展模式——论南迁拓跋鲜卑与汉族的整合[J]. 民族研究，1998（4）：49—59.

[40] 杨德炳. 论祖逖与北伐[J]. 武汉大学学报（社会科学版），1985（2）：107—112.

[41] 何德章. 鲜卑代国的成长与拓跋鲜卑初期汉化[J]. 武汉大学学报（人文科学版），2001（1）：51—61.

[42] 文川. 试论魏晋南北朝时期民族关系中的"诚信"理念[J]. 中国边疆史地研究，

1995（3）：43—47．

[43] 王铮，张丕远，周清波．历史气候变化对中国社会发展的影响——兼论人地关系 [J]．地理学报，1996（4）：329—339．

[44] 白翠琴．论魏晋南北朝时期民族的迁徙与融合[J]．中央民族学院学报，1987（1）：8—13．

[45] 董文武．魏晋南北朝时期的民族史撰述与民族一统、同祖同源观 [J]．河北学刊，2007（6）：94—102．

[46] [韩] 李椿浩．汉人王弥与匈奴汉国的地方统治 [J]．西安文理学院学报（社会科学版），2007（1）：54—56．

[47] 陈金生．中国古代民族关系中的质子研究 [D]．兰州：兰州大学，2008．

[48] 包文胜．盛乐时期拓跋鲜卑历史初探 [D]．呼和浩特：内蒙古大学，2005．

[49] [韩] 李椿浩．匈奴汉国的中央官制特点 [J]．中国边疆史地研究，2008（4）：81—90．

[50] 闵海霞．匈奴发展史研究 [D]．兰州：兰州大学，2010．

[51] 陈勇．汉赵国胡与屠各分治考 [J]．民族研究，2009（3）：86—97．

[52] 吕一飞．匈奴汉国的政治与氏羌 [J]．历史研究，2001（2）：171—174．

[53] 武沐、尹玉琴．《晋书·北狄传》入塞屠各新论[J]．中国边疆史地研究，2006（4）：75—81．

[54] 罗嗣忠．鲜卑拓跋族统一中国北方原因初探 [J]．青海社会科学，1996（5）：84—88．

[55] 陈勇．汉国匈奴与氐人联盟的解体——以刘义案为中心[J]．历史研究，2009（4）：4—16．

[56] 陈燕．十六国时期氐族和鲜卑族教育政策对比研究 [J]．中国边疆史地研究，2001（2）：37—42．

[57] 胡祥琴．刘渊感生神话的历史形成 [J]．民族研究，2006（1）：87—89．

[58] 何宁生．十六国时期前赵的法制 [J]．西北大学学报（哲学社会科学版），2006（3）：71—75．

[59] 宋秀英，李大龙．刘渊政权的出现与北疆民族主动认同"中国"的开始——中国古代疆域形成理论探讨之二 [J]．中国边疆史地研究，2005（2）：94—101．

[60] 罗自强．西晋内乱和宗室关系分析 [D]．成都：四川大学，2003．

[61] 彭建英．论汉匈关系的演变 [J]．西北民族学院学报（哲学社会科学版），1994（4）：21—25．

[62] 余太山. 前秦、后凉与西域关系述考 [J]. 中国边疆史地研究, 1994（4）: 68—73.

[63] 施光明. 论"凉州之乱" [J]. 社会科学, 1984（2）: 92—97.

[64] 郭锋. 关于秃发南凉早期历史的几个问题 [J]. 兰州学刊, 1986（4）: 79—84.

[65] 赵向群. 秃发南凉始末 [J]. 西北师大学报（社会科学版）, 1985（1）: 119—122.

[66] 陈玉屏. 匈奴与汉朝关系的民族学解读 [J]. 烟台大学学报（哲学社会科学版）, 2008（1）: 75—79.

[67] 王力. 两汉王朝与羌族关系研究 [D]. 兰州: 西北师范大学, 2005.

[68] 左华明. 刘裕北伐后秦考 [J]. 武汉理工大学学报（社会科学版）, 2007（2）: 212—216.

[69] 杨铭. 论刘裕北伐后秦之战及其历史影响——魏晋十六国时期民族战争的个例研究 [J]. 西南民族大学学报（人文社科版）, 2008（2）: 49—52.

[70] 张国杰. 论羌族政治家姚兴 [J]. 青海民族学院学报（社会科学版）, 1990（1）: 12—16.

[71] 周平. 后秦史初探 [D]. 长安: 西北大学, 2010.

[72] 陈琳国. 论中国古代民族观的形成和发展 [J]. 北京师范大学学报（社会科学版）, 1995（1）: 36—42.

[73] [韩] 李椿浩. 论苻坚的民族政策与前秦的灭亡 [J]. 中央民族大学学报（哲学社会科学版）, 2000（1）: 104—111.

[74] 蒋重跃. 五德终始说与历史正统观 [J]. 南京大学学报（哲学·人文科学·社会科学）, 2004（2）: 55—64.

[75] 杨建新. "西域"辩正 [J]. 新疆大学学报（哲学社会科学版）, 1981（1）: 24—29.

[76] 崔明德. 苻坚评述 [J]. 历史教学, 1996（12）: 12—15.

[77] 沈意. 魏晋南北朝时期北方少数民族民歌简论 [J]. 内蒙古大学学报（哲学社会科学版）, 2009（1）: 14—17.

[78] 赵越. 苻坚民族关系思想初探 [J]. 烟台大学学报, 2008（4）: 101—106.

[79] 罗君. 十六国匈奴政权短祚探缘 [J]. 西华师范大学学报, 2004（5）: 136—138.

[80] 罗君. 十六国匈奴政权特点 [J]. 西南师范大学学报（人文社会科学版）, 2004（2）: 100—104.

[81] 胡玉春. 大夏国铁弗匈奴社会经济状况探析 [J]. 兰州学刊, 2010（3）: 4—8.

[82] 姚文波. 赫连勃勃墓地考 [J]. 甘肃社会科学, 2008（6）: 201—205.

[83] 韩景轩. 赫连大夏灭亡原因探究 [D]. 呼和浩特: 内蒙古大学, 2009.

[84] 吴洪琳. 铁弗匈奴的形成及早期历史[J]. 西北民族论丛（第五辑），2007：71—95.

[85] 吴洪琳. 十六国时期铁弗匈奴的民族心态[J]. 陕西师范大学学报（哲学社会科学版），2006.（5）：40—45.

[86] 黎尚诚. 北凉简论[J]. 西北民族学院学报（哲学社会科学版），1984（2）：89—97.

[87] 高华平. 北凉王段业事迹考述[J]. 中南民族大学学报（人文社会科学版），2003（1）：118—122.

[88] 余太山. 西凉、北凉与西域关系考述[J]. 西北史地，1994（3）：1—5.

[89] 陈琳国. 休屠、屠各和刘渊族姓[J]. 北京师范大学学报（社会科学版），2006（4）：105—111.

[90] 要瑞芬. 试论后赵、前燕、前秦统治政策汉化成分之差异及其原因[J]. 中央民族学院学报，1992（2）：42—46.

[91] [韩] 李椿浩. 匈奴汉国的中央官制特点[J]. 中国边疆史地研究，2008（4）：81—90.

[92] 邵华. 前赵政权对中原文明的影响[J]. 湖南医科大学学报（社会科学版），2007（4）：88—89.

[93] 郭丽萍. 北方少数民族统治与桓温北伐[J]. 山西大学师范学院学报（综合版），1991（3）：106—111.

[94] 刘国石. 东晋十六国南北大分裂的原因[J]. 吉林师范学院学报，1997（2）：14—17.

[95] 于志勇. 1995年尼雅考古的新发现[J]. 西域研究，1996（1）：115—118.

[96] 何荣. 论魏晋南北朝时期中原与西域文化交流[J]. 新疆地方志，2005（3）：41—44.

[97] 周泓. 论魏晋十六国时期中原王朝对西域的管辖经营[J]. 新疆师范大学学报（哲学社会科学版），2003（2）：44—47.

[98] 王青. 论西域文化对魏晋南北朝道教的影响[J]. 世界宗教研究，1999（2）：33—42.

[99] 李方. 前秦与西域东部关系考[J]. 新疆师范大学学报（哲学社会科学版），2010（2）：75—81.

[100] 马志冰. 魏晋南北朝时期西域与中原的贸易往来[J]. 新疆社会科学，1988（3）：87—93.

[101] 王恩春. 魏晋南北朝时期西域地方政权与中原王朝的关系[J]. 学术界，2009

（4）：232—236.

[102] 陈勇. 后赵羯胡为流寓河北之并州杂胡说 [J]. 民族研究，2008（1）：66—75.

[103] 康亚军. 羯族西域月氏说商榷 [J]. 青海民族研究，2007（4）：112—116.

[104] 魏益寿，吴晓轩. 罕见的后赵"丰货" [J]. 陕西金融，1995（1）：66—67.

[105] 康亚军. 后赵国史研究 [D]. 兰州：兰州大学，2005.

[106] 赵越. 前秦民族关系初探 [D]. 烟台：烟台大学，2009.

[107] 潘云勇. 后赵民族政策研究 [D]. 兰州：西北师范大学，2009.

[108] 李凭. 刘渊与石勒 [J]. 北京图书馆刊，1994（Z1）：14—17.

[109] 宋肃瀛. 论后赵和前秦的民族政策与宗教政策 [J]. 西南民族学院学报（哲学社会科学版），1993（6）：80—88.

[110] 李智文. 石勒改革略论 [J]. 河北大学学报，1989（2）：136—141.

[111] 张秀平. 石勒军事战略述评 [J]. 民族研究，1987（6）：101—107.

[112] 王青. 石赵政权与西域文化 [J]. 西域研究，2002（3）：91—98.

[113] 韩国磐. 谈谈石勒 [J]. 社会科学战线，1981（3）：149—154.

[114] 林幹. 魏晋时期的匈奴族和羯族 [J]. 历史教学，1980（10）：45—48.

[115] 刘卫鹏. 咸阳出土后赵"丰货"钱 [J]. 陕西金融，1996（5）：65.

[116] 王志刚. 十六国北朝的史官制度与史学发展 [J]. 史学史研究，2008（1）：25—32.

[117] 闫旭梅. 十六国胡汉分治问题试析 [D]. 北京：首都师范大学，2003.

[118] 郭晓华. 试论十六国时期胡汉分治的几个问题 [D]. 成都：四川大学，2006.

[119] 杨炳祥，陈金凤. 十六国时期胡汉合作的再认识 [J]. 华中理工大学学报（社会科学版），1998（4）：122—125.

[120] 刘国石. 十六国时期少数民族贵族的汉文化修养[J]. 社会科学战线，2005（6）：125—129.

[121] 牛润珍，杜英. 十六国史官制度述论 [J]. 齐鲁学刊，1998（4）：74—81.

[122] 陈燕. 十六国时期氐族和鲜卑族教育政策对比研究 [J]. 中国边疆史地研究，2001（2）：37—42.

[123] 张久和. 鲜卑兴盛原因初探 [J]. 内蒙古社会科学（汉文版），2001（6）：45—48.

[124] 黄河. 慕容廆与两晋政治关系浅析 [J]. 东北史地，2007（4）：44—46.

[125] 韩雪松，林革华. 慕容燕与两晋关系略论 [J]. 东北史地，2008（5）：65—67.

[126] 赵红梅. 两晋在慕容廆君臣中的地位与影响探论 [J]. 学习与探索, 2009（4）: 227—230.

[127] 金城淑. 慕容鲜卑的佛教文化 [J]. 文史哲, 2005（2）: 105—109.

[128] 冯君实. 晋南北朝时期北方的民族融合 [J]. 吉林师大学报, 1978（1）: 29—40.

[129] 白翠琴. 论魏晋南北朝民族融合对汉族发展的影响 [J]. 民族研究, 1990（3）: 47—56.

[130] 崔明德. 试析前秦谶言的产生及其应验 [J]. 烟台大学学报（哲学社会科学版）, 1997（2）: 71—76.

[131] 陈琳国. 论前秦政治制度与民族政策 [J]. 华侨大学学报（哲学社会科学版）, 2007（2）: 70—78.

[132] 杨耀坤. 苻坚、姚兴与佛教 [J]. 社会科学战线, 1991（2）: 146—151.

[133] 黎尚诚. 后凉史事述略——兼述氐族文化渊源 [J]. 天水师专学报, 1984（2）: 30—34.

[134] 张建昌. 氐族的兴衰及其活动范围 [J]. 兰州大学学报 (社会科学版), 1982（4）: 54—63.

[135] 马建春. 西晋十六国时期氐人的迁徙与分布 [J]. 西北民族大学学报（哲学社会科学版）, 2006（2）: 13—17.

[136] 万绳楠. 东晋的镇之以静政策和淝水之战的胜利 [J]. 江淮论坛, 1980（4）: 97—103.

[137] 曹永年, 周增义. 淝水之战——前秦溃败原因之检讨 [J]. 内蒙古大学学报（哲学社会科学版）, 1986（1）: 21—28.

[138] 孟永林, 林双成. 苻坚"崇尚文教"与前秦败亡之原因 [J]. 社会科学战线, 2006（5）: 314—315.

[139] 常万生. 苻坚兵败淝水的军事因素 [J]. 史学月刊, 1984（4）: 7—13.

[140] 何兹全. 苻坚和王猛 [J]. 历史教学, 1963（2）: 2—7.

[141] 张先昌. 苻坚灭燕后对关东六州的经营 [J]. 史学月刊, 1988（4）: 27—31.

[142] 蒋福亚. 苻生论 [J]. 辽宁大学学报, 1991（5）: 108—112.

附　表

两晋及北方各民族政权兴亡表、世系表：（资料来源：杨建新主编，马建春著：《中国西北少数民族通史·西晋十六国卷》，北京：民族出版社，2009 年.）

1. 两晋及北方民族政权兴亡表：

国名	民族	创建者	国祚	国都	亡于何国
西晋	汉	司马炎	265—317	洛阳	汉
东晋	汉	司马睿	317—420	建康	宋
汉、前赵	匈奴	刘渊	304—329	平阳、长安	后赵
后赵	羯	石勒	319—351	襄国、邺	冉魏
前燕	慕容鲜卑	慕容皝	337—370	龙城、邺	前秦
后燕	慕容鲜卑	慕容垂	384—407	中山	北燕
南燕	慕容鲜卑	慕容德	398—410	广固	东晋
西燕	慕容鲜卑	慕容泓	384—394	长子	后燕
北燕	高句丽、汉	高云	407—436	和龙	北魏
前秦	氐	苻健	351—394	长安	西秦
后秦	羌	姚苌	384—417	长安	东晋
西秦	乞伏鲜卑	乞伏国仁	385—431	金城	夏
后凉	氐	吕光	389—403	姑臧	后秦
南凉	秃发鲜卑	秃发乌孤	397—414	乐都	西秦
北凉	匈奴	段业	397—439	张掖	北魏
夏	铁弗匈奴	赫连勃勃	407—431	统万	吐谷浑
代	拓跋鲜卑	拓跋猗卢	315—376	云中、盛乐	前秦
段部	段部鲜卑	段日陆眷	310—357	令支	前燕
宇文部	宇文鲜卑	宇文莫槐	302—344		前燕

2. 汉—前赵世系表：

	谥号	帝王号	庙号（封号）	在位时间	世系
1	光文帝	刘渊	高祖	304—310	
2		刘和	梁王	310	刘渊子
3	昭武帝	刘聪	烈宗	310—318	刘渊子
4	隐帝	刘粲	少主	318	刘聪子
5		刘曜	秦王	318—329	刘渊族子

3. 前秦世系表：

	谥号	帝王号	庙号（封号）	在位时间	世系
1	武惠帝	苻洪	太祖	350—351	
2	景明帝	苻健	世宗	351—355	苻洪子
3	厉王	苻生	越王	355—357	苻健子
4	宣昭帝	苻坚	世祖	357—385	苻健侄
5	哀平帝	苻丕		385—386	苻坚子
6	高帝	苻登	太宗	386—394	苻坚族孙
7	末帝	苻崇		394	苻登子

4. 后秦世系表：

	谥号	帝王号	庙号（封号）	在位时间	世系
1	武昭帝	姚苌	太祖	384—394	
2	文桓帝	姚兴	高祖	394—416	姚苌子
3		姚泓	后主	416—417	姚兴子

5. 后凉世系表：

	谥号	帝王号	庙号（封号）	在位时间	世系
1	懿武帝	吕光	太祖	386—400	
2	隐王	吕绍	天王	399	吕光子
3	灵帝	吕纂		400—401	吕光子
4		吕隆	后主	401—403	吕光侄

6. 夏世系表：

	谥号	帝王号	庙号（封号）	在位时间	世系
1	武烈帝	赫连勃勃	世祖	407—425	
2	秦王	赫连昌	废主	425—428	赫连勃勃子
3	平康王	赫连定	后主	428—431	赫连勃勃子

7. 前、后仇池国世系表：

	自号	王名	封号	统治时间	世系
1	右贤王	杨茂搜	右贤王	？—317	氐王杨飞龙外甥
2	左贤王	杨难敌	武都王	317—334	杨茂搜子
3	左贤王	杨毅	下辨公	334—337	杨难敌子
4	仇池公	杨初	天水公	337—354	杨毅族兄
5	仇池公	杨国		355—356	杨初子
6	仇池公	杨俊	仇池公	356—360	杨国从父
7	仇池公	杨世	仇池公	360—370	杨俊子
8	仇池公	杨纂	仇池公	370—371	杨世子
9	陇西公	杨定	仇池公	385—394	杨难敌曾孙
10	仇池公	杨盛	武都王	394—425	杨难敌曾孙
11	南秦王	杨玄	武都王	425—429	杨盛子
12	武都王	杨保宗		429	杨玄子
13	大秦王	杨难当	武都王	429—442	杨玄弟

8. 后赵世系表：

	谥号	帝王号	庙号（封号）	在位时间	世系
1	明帝	石勒	高祖	319—333	
2		石弘		333—334	石勒子
3	武帝	石虎	太祖	334—349	石勒之侄
4		石鉴		349—350	石虎子
5		石祗		350—351	石虎子

9. 慕容部世系：

姓名	在位时间
莫护跋	220—245
慕容木延	245—271
慕容涉归	271—283
慕容耐	283—285
慕容廆	285—337

10. 前燕世系表：

	谥号	帝王号	庙号（封号）	在位时间	世系
1	文明皇帝	慕容皝	太祖	337—348	
2		慕容儁	烈祖	348—360	慕容皝子
3	景诏皇帝	慕容暐	烈帝	360—384	慕容儁子

11. 后燕世系表：

	谥号	帝王号	庙号（封号）	在位时间	世系
1	成武皇帝	慕容垂	世祖	384—396	
2	惠愍帝	慕容宝	烈宗	396—398	慕容垂子
3	昭武皇帝	慕容盛	中宗	398—401	慕容宝子
4	昭文皇帝	慕容熙		401—407	慕容垂少子

12. 南燕世系表：

	谥号	帝王号	庙号（封号）	在位时间	世系
1	献武皇帝	慕容德	世宗	398—405	慕容皝子
2		慕容超		405—410	慕容德兄

13. 西燕世系表：

	谥号	帝王号	在位时间	世系
1	济北王	慕容泓	384	慕容儁子
2	威帝	慕容冲	385—386	慕容泓弟

	谥号	帝王号	在位时间	世系
3	成祖	段随	386	慕容冲部将
4	中帝	慕容顗	386	慕容冲族弟
5	文帝	慕容瑶	386	慕容冲子
6	代帝	慕容忠	386	慕容泓子
7	河东王	慕容永	386—394	前燕宗室

14. 北燕世系表：

	谥号	帝王号	庙号（封号）	在位时间	世系
1	惠懿皇帝	高云		407—409	
2	文成皇帝	冯跋	北燕太祖	409—430	
3	昭成皇帝	冯弘		430—436	冯跋弟

后 记

两晋十六国时期是中国历史上民族关系、民族关系思想以及民族文化重要转折期，也是各民族共同进步的历史时期。各少数民族第一次大规模主动融入中原社会，争当中原霸主，在发展本民族的同时，也在客观上推动了各民族的共同繁荣以及中国社会的全面进步。本书在前人研究的基础上，详细占有历史文献和考古资料，吸收、借鉴学术界相关研究成果，运用历史学、民族学、社会学、宗教学、历史地理学等多学科的理论与方法，从政治、经济、文化、民族等多个方面对两晋与北方民族政权的关系进行全面、系统、深入的梳理与研究。

本书的研究主要集中在以下几个方面：

一是对两晋与北方民族政权政治军事关系的研究，包括慕容燕与两晋的关系、代—北魏与两晋的关系、段部鲜卑与两晋的关系、汉—前赵与两晋的关系、后赵与两晋的关系、前秦与东晋的关系、后秦与东晋的关系、夏与东晋的关系、西域诸政权与西晋的关系。纵观两晋时期的民族关系，大体以政治、军事联系为主，各民族政权与西晋尚保持臣属、依附关系，而至东晋时，双方关系则以各民族政权的实力变化、利益得失为出发点，并与统治者的思想观念密切相关。以前秦为例，苻氏集团在受到后赵统治集团排挤后，为得到关中汉族人民支持，两次向东晋称藩，其后前秦势力扩张，脱离与东晋的臣属关系，苻坚时甚至发动了试图吞并东晋的战争，而在战争结束后，又出现前秦部将据地降晋的情况。除此之外，东晋南移，北方汉族士庶与各民族政权的关系也是这一时期民族关系的一个重要方面。通过对各政权之间关系的研究，来探讨中华民族多元一体格局的形成。

二是对两晋与北方民族政权经济文化交流的研究。在少数民族逐渐在中原建立政权的过程中，因为中原地区民族成分的复杂，在交流中逐渐相互影响。少数民族汉化是主流，而少数民族文化也渗入中原文化之中，丰富了中原文化。

三是对北方不同民族政权与两晋关系的异同进行比较，对两晋时期民族关系与两汉时期民族关系进行比较，从而探究两晋时期民族关系的特点；通过对两晋时期民族关系的整体把握，来探讨其对后世的民族关系、历史演变、思想文化等方面的影响。

书中部分内容已在期刊发表，因水平有限，难免会有不足和错误之处，敬请同仁和读者指教。

庄金秋

2023 年 10 月 6 日